全国基层
文化队伍培训用书

公共文化服务
标准化建设

阮 可 编著

Training Books for
National Grassroots Cultural Teams

北京师范大学出版集团
BEIJING NORMAL UNIVERSITY PUBLISHING GROUP
北京师范大学出版社

"全国基层文化队伍培训用书"编委会

总　序

　　公共文化服务体系建设是满足公民基本文化需求、维护公民基本文化权益的保障，是解决好文化发展不平衡不充分问题的重要方式。近年来，中共中央、国务院高度重视公共文化服务体系建设，随着《中华人民共和国公共文化服务保障法》和《中华人民共和国公共图书馆法》等一系列政策法规的出台、实施，我国公共文化服务体系布局日趋合理，资源建设日渐丰富，服务能力不断提高，人民群众的幸福感日益提升。

　　加快构建现代公共文化服务体系，队伍是基础，人才是关键。为提高基层文化队伍理论素养和业务能力，文化和旅游部自 2010 年启动全国基层文化队伍培训，并组织编写"全国基层文化队伍培训用书"。首批 18 种图书出版后，受到全国文化系统学员的普遍欢迎。为适应新时代公共文化服务发展的新要求，第二批"全国基层文化队伍培训用书"选取当前实践中的热点问题，重点涵盖公共文化服务理论政策、实践案例及工作实务三方面内容，突出科学性和实用性，为相关从业人员提供规范、有用的指导参考。

　　"全国基层文化队伍培训用书"由文化和旅游部公共服务司指导，中央文化和旅游管理干部学院组织编写，来自国家公共文化服务体系建设专家委员会和全国文化馆、图书馆的优秀专家担任主编。在编写过程中，编者查阅了大量资料，付出了宝贵的心血，在此一并致谢。丛书交付出版正值国务院机构改革之际，原文化部与原国家旅游局合并组建为文化和旅游部，因时间仓促，书中所涉部分仍以文化部为称，特此说明。受编者水平所限，书中内容难免有所疏漏，恳请各位读者批评指正。

前　言

当前，中国特色社会主义进入新时代，我国社会主要矛盾已经转化为人民日益增长的美好生活需要和不平衡不充分的发展之间的矛盾。公共文化服务标准化，是破解文化发展不平衡不充分的一种重要方法和有效路径；通过标准化建设，可促进并实现均等化。可以说，公共文化服务标准化是构建中国特色社会主义文化体系的组成部分，是国家治理体系和治理能力现代化在文化领域的生动实践。

近年，我国加快推进公共文化服务标准化建设，成绩斐然。主要包括：一是出台国家基本公共文化服务指导标准及省级基本公共文化服务实施标准，为人民群众提供"兜底性"文化权益的基本保障，强化各级政府在发展文化事业的主体责任，提供了公共文化产品的服务"清单"。二是制定各类管理和服务标准，明确工作职责、优化工作流程、提升服务效能，为各项公共文化工作提供"准绳"。三是明确相关评估标准，为衡量文化发展水平提供测量"标尺"。

本书是文化系统从业人员学习加快构建现代公共文化服务体系背景下，掌握公共文化服务标准化建设的基本知识和方法的参考性资料。将《公共文化服务标准化建设》纳入全国基层文化队伍培训用书具有重要意义。一是有助于提升公共文化从业人员工作水平。文化系统从业人员面临知识不断更新的变化，而近年陆续进入的新人对实务理论未进行系统学习，工作往往处于边干边摸索的状态。二是有助于强化公共文化理论的实践性。标准化建设经验源于实践工作，上升为认识规律，最终要指导基层工作。三是有助于推进公共文化学科建设。公共文化标准化研究近年取得较大进展，但以培训用书形态呈现还是第一次，本书可丰富公共文化理论知识谱系。

目　录

第一章 公共文化服务标准化概述

【目标和任务】

了解公共服务标准化的相关知识；掌握公共文化服务标准化的概念，公共文化服务标准化的发展，公共文化服务标准体系构成和公共文化服务标准化的意义；理解在建设服务型政府的背景下，公共文化服务标准化既是推进均等化的手段，也是提升公共服务效能的手段。

第一节 公共服务标准化

一、标准化、标准分类和标准体系

标准化属于管理科学的范畴，是研究如何通过人类社会实践中共同使用和重复使用的条款来达到最佳秩序的理论和方法的一门科学。作为标准化系统的最基本要素和标准化学科的最基本概念，标准有多种分类和界定方法（见表1-1）。其中，我国国家标准 GB/T 20000.1—2002 把标准表述为"为了在一定的范围内获得最佳秩序，经协商一致制定并由公认机构批准，共同使用的和重复使用的一种规范性文件"。由此可见，标准化本质上是一种简化，是克服过去形成的社会习惯的一种活动。在实际使用中，为了方便，可将标准化的对象进一步细分为术语、符号、试验、有形产品、过程、服务和接口等。

表 1-1 标准的分类和界定

分类依据	具体划分	概念界定
根据标准的层级划分	国际标准	由国际标准化组织或国际标准组织制定并公开发布的标准
	区域标准	由某一区域标准化组织或标准组织制定，并公开发布的标准
	国家标准	由国家标准机构制定并公开发布的标准

分类依据	具体划分	概念界定
根据标准的层级划分	行业标准	对没有国家标准而又需要在全国某个行业范围内统一的技术要求所制定的标准
	地方标准	对没有国家标准和行业标准而又需要在省、自治区、直辖市范围内统一的工业产品安全、卫生要求；药品、兽药、食品卫生、环境保护、节约能源、种子等法律、法规规定的要求；其他法律、法规规定的要求所制定的标准
	企业标准	对企业范围内需要协调、统一的技术要求、管理要求和工作要求所制定的标准
根据标准的性质划分	强制性标准	保障人体健康，人身、财产安全的标准和法律，行政法规规定强制执行的标准
	推荐性标准	不具有法律约束力，但一旦被强制性标准所引用或纳入指令性文件，则在相关文件指定的范围内具有了约束力
	指导性技术标准	为仍处于技术发展过程中（如变化快的技术领域）的标准化工作提供指南或信息，供科研、设计、生产和管理等有关人员参考使用而制定的标准文件
根据标准的内容类别划分	技术标准	对标准化领域中需要协调统一的技术事项所制定的标准
	管理标准	对标准化领域中需要协调统一的管理事项所制定的标准
	工作标准	为实现整个工作过程的协调，提高工作质量和工作效率，对工作岗位所制定的标准

资料来源：王登华、卓越等：《公共服务标准化导论——以南京市江宁区财政局实践探索为个案》，4～8页，北京，中国财政经济出版社，2011。

标准体系是一定范围内的标准按其内在联系形成的科学有机整体。一般包括标准体系编制说明、标准体系框架和标准体系表三部分。标准体系作为标准的系统集成，应该布局合理、领域完整、结构清晰、系统完善、功能协调，满足所在领域对标准的总体配置需求。合理的标准体系结构要求具备合理的标准层次、时间序列和数量比例。

二、公共服务标准化的发展

在标准化的应用方面，公共事业明显滞后于经济领域。20世纪70年代，西方国家政府出现了机构臃肿、效率低下、政策失效等问题，面临着巨大的信任危机和管理危机。在此背景下，西方国家掀起了大规模的"政府再造"运动，强调运用新公共管理的理论和方法促进政府效能提升。如今，随着社会各界对标准化的呼声日益强烈，西方发达国家都在不断优化和完善社会管理及公共服务体系，相关标准化工作因此被带动。

目前，实现由过去的以政府为中心的重控制、轻服务的"管理型行政"向以群众为中心的，注重公共服务的"服务型行政"转变，已成为政府职能发展的新趋势。公共服务质量持续改进有特定的程序，可分为不同的阶段，并通过各个阶段不间断的运行实现质量持续改进和全方位的质量管理。从当前国内外的实践来看，公共服务质量持续改进是一个"推动—反馈"式的运行过程。对公共服务质量的关注促使西方政府开始借鉴工商企业的管理理念，即在政府内部引入公共服务标准。

三、公共服务标准化的特征

对政府部门而言，公共服务标准化不仅是理论设计，更是实实在在的具体实践。作为一项政府创新实践，公共服务标准化突出了"规范、高效、精细、透明、为民"的特点，其实质是通过制定标准来规范公共权力运行，提升公共服务质量，减少政府管理的随意性。

公共服务标准化具有如下特征：

(1)公共服务标准是一整套体系。它包括服务领域、服务对象、服务质量、服务供给时间、服务供给方式、服务评价、服务申诉及服务救济等方面的详细规定。

(2)公共服务标准是动态可调整的。政府部门会依据服务标准对各部门绩效进行评估，并根据评估结果，修正和更新服务标准。

(3)公共服务标准的制定和执行体现了"共同治理"的理念。在制定和执行公共服务标准的过程中，政府需要更新执政理念，重视所有公共服务利益相关者的意见，并保护他们的利益。

四、公共服务标准化的功能

从实践层面看，公共服务标准化与公共服务均等化之间存在着密不可分的联系。健全的公共服务体系离不开标准化的技术支撑，标准化是均等化的基础和保障。基础作用表现在：公共服务体系新建或改建之初，就应从公共资源配置开始运用标准化方法和技术，制定相关人力、物力和财力等资源投入的基础标准，以保障提供公共服务所需的必要条件；保障作用表现在：若把每项公共服务视作一件公共产品，那么从产品的设计、生产到服务的全过程，都应该制定相关的业务流程、工作规范和服务标准，以保障公共服务机构能提供基本同质化的公共产品。

五、公共服务标准化的发展趋势

标准化本身属于技术范畴，但在公共服务领域，随着公共行政从现代性向后现代性的过渡，公共服务标准化必须同时兼顾工具理性与价值理性。要将价值理性作为公共服务的永恒主题，要体现对公平、责任与回应性等价值理性的关注。我国各个省市的经济、社会发展水平和技术条件差异很大，在制定质量目标时必须具体问题具体分析，必须正确处理好共性指标与个性指标、内部指标与外部指标、"软指标"与"硬指标"、客观指标与主观指标、定性指标与定量指标、个体指标与团体指标之间的关系。

同时，公共服务标准化是一个科学的、动态的过程。政府自身要反复梳理其公共服务职责，明确自身的服务对象和应满足的要求。在标准制定过程中，要对相应的标准和规范进行试点验证，使最佳操作规范能够接受实践检验并不断改善。政府还要组织相关专家和群众进行论证，在充分沟通、协调的基础上，达成全社会的共识。

值得注意的是，标准化管理并不是一切都制度化、标准化，过度的标准化可能导致组织僵化。僵化的、过于强调工作程序化和标准化的制度会使工作者按部就班，不思进取，甚至扼杀他们的积极性和创造性。因此，适度的、合理的标准是标准化管理成功的关键。

第二节　公共文化服务标准体系

一、公共文化服务标准化的概念

1. 公共文化服务

公共文化服务是指由政府主导、社会力量参与，以满足公民基本文化需求为主要目的而提供的公共文化设施、文化产品、文化活动以及其他相关服务。

2. 公共文化服务标准化

公共文化服务标准化是指通过标准化的技术手段，引入标准化的方法，推进公共文化服务规范化和均等化而开展的工作。通过设定具体的标准，各级政府明确与自身职责相应的服务，确定应提供何种内容，提供到何种程度，达到何种标准，从而建立制度化的约束，实现公共文化服务的最佳秩序和最佳效能。

二、公共文化服务标准化的发展

近年来，在文化行业标准化方面，文化部于 2007 年制定了《文化标准化中长期发展规划(2007—2020)》，对文化领域标准化工作提出了要求。2007 年以来，国家标准化管理委员会先后启动了包括南京市江宁区、杭州市上城区、安徽省广德县、山东省济南市等在内的 80 多项涉及社会管理和公共服务的国家级标准化试点，探索以标准化手段创新社会管理和公共服务的新模式。我国自实施"十一五"规划以来，文化行业共获批国家标准立项 31 项，文化部发布实施行业标准 23 项，先后颁布实施了《公共图书馆建设标准》(建标 108—2008)、《公共图书馆建设用地指标》(建标〔2008〕74 号)、《文化馆建设标准》(建标 136—2010)、《文化馆建设用地指标》(建标〔2008〕128 号)、《乡镇综合文化站建设标准》(建标 160—2012)、《公共图书馆服务规范》(GB/T 28220—2011)等国家标准。2012 年，国务院印发了《国家基本公共服务体系"十二五"规划》，首次明确了我国公民有权享受政府提供的基本公共服务，及基本公共服务的项目、服务对象、保障标准、支出责任、覆盖水平等国家基本标准，并明确提出要"加快建立健全公共文化体育服务国家标准体系"。

在地方公共文化服务标准化层面，近年各地都有一些新的探索。云南省昆明市在2012年全面推广"公共文化服务包"，对原来不同部门的服务项目进行集中管理，形成一系列不同层次、不同类别的基层公共文化服务项目，并提出管理和服务标准。2013年4月，江苏省制定统一的《江苏省公共数字文化系统建设标准》，对文化信息资源共享工程、数字图书馆推广工程和公共电子阅览室建设计划三大数字文化工程进行了有效整合。2014年，浙江省把《浙江省基本公共文化服务标准化均等化的目标和实施路径》作为省长研究课题，形成了浙江省基本公共文化服务保障标准及五年行动计划，通过试点市县实现三级联动，协调发改委、财政、广电等部门合力共促，取得了成效。

2015年1月中共中央办公厅、国务院办公厅颁布了《关于加快构建现代公共文化服务体系的意见》和《国家基本公共文化服务指导标准(2015—2020年)》。《国家基本公共文化服务指导标准(2015—2020年)》规定了基本服务项目、硬件设施、人员配备3大类22条标准。《国家基本公共文化服务指导标准(2015—2020年)》的颁布是公共文化服务标准化发展的里程碑，标志着公共文化发展有了刚性保障，有了硬约束。

2015年6月11日，北京市率先制定贯彻中共中央办公厅、国务院办公厅文件的地方性省级实施意见——《北京市人民政府关于进一步加强基层公共文化建设的意见》《首都公共文化服务示范区创建方案》《北京市基层公共文化设施建设标准》和《北京市基层公共文化设施服务规范》"1＋3"公共文化政策文件，对推动基本公共文化服务实现标准化、均等化、社会化和数字化，保障人民群众基本文化权益做出了全面部署。

三、公共文化服务标准体系

公共文化服务标准是一套体系，从大的方面可以分为：公共文化服务保障标准、公共文化设施建设和服务标准(也称公共文化技术标准)和公共文化服务评估标准。地方政府和部门在推进公共文化服务标准化建设时要注意整体性和综合性，既要考虑制定当地的保障标准作为对群众的基本文化权益的承诺，又要考虑到各单项的服务标准和评价标准。

1. 公共文化服务保障标准

2015年1月，中共中央办公厅、国务院办公厅印发了《关于加快构建现代公共文化服务体系的意见》，与之一同印发的《国家基本公共文化服务指导标准(2015—2020年)》(见附录1-1)，对各级政府应向人民群众提供的基本公共文化服务项目、硬件设施条件及人员配备等做出了明确规定，并提出了"国家标准兜底线，地方标准促特色"的分级保障思路。各省级单位颁布的基本公共文化服务标准本质上也是保障标准。

2. 公共文化设施建设和服务标准

公共文化设施建设和服务标准包括建设用地指标、建设标准、建筑设计规范、各级公共文化服务机构的服务标准和数字化建设标准等，这些标准是技术标准。建设用地指标包括《公共图书馆建设用地指标》《文化馆建设用地指标》《广播电视工程建设项目用地指标》等；建设标准指标包括《公共图书馆建设标准》《文化馆建设标准》，《乡镇综合文化站建设标准》等；建筑设计规范包括《文化馆建筑设计规范》《图书馆建筑设计规范》《公共图书馆建筑防火安全技术标准》《博物馆建筑设计规范》等；公共文化服务机构的服务标准包括《文物保护单位开放服务规范》《公共图书馆服务规范》等；数字化建设标准包括《共享工程设备配置标准》《数字资源建设标准》《公共电子阅览室建设标准》等。

文化行业的技术标准内容十分丰富。其涉及文化领域的安全、环保、质量、工艺、功能、资质、消费者权益保护等各个环节，覆盖图书馆、文化馆、美术馆、文化娱乐场所、演出场所、社会艺术教育、网络文化、动漫游戏、乐器、工艺美术等各个方面，对繁荣文化事业、发展文化产业起到了积极作用。

3. 公共文化服务评估标准

公共文化服务评估标准包括公共文化机构评估标准和地方党委、政府的评估标准。例如，公共图书馆、文化馆站、博物馆、美术馆等的评估定级标准属于前者。全国文明城市测评指标体系、国家公共文化服务体系示范区创建标准、全国文化先进县评审标准等对地方政府的评价标准属于后者，详见表1-2。

表 1-2 公共文化服务评估标准

标准类别	具体标准
对党委、政府的 考核标准	全国文明城市测评指标体系、国家公共文化服务体系示范区创建标准、全国文化先进县评审标准等涉及相关考核的标准
	将公共文化内容纳入地方党委、政府领导班子和个人的绩效考核指标
对文化部门的考核标准	组织人事部门工作绩效和领导班子相关工作考核标准
对公共文化机构的 考核标准	图书馆评估定级标准、文化馆评估定级标准、乡镇综合文化站评估定级标准、博物馆评估定级标准、美术馆评估定级标准
对重点文化项目 的考核标准	文化信息资源共享工程、广播电视村村通、农家书屋、农村电影放映工程等相关重大文化惠民工程考核标准
	公共数字文化管理办法和"数字图书馆推广工程"等工程的评价标准

四、公共文化服务标准化的意义

1. 推动服务型政府的建设

服务型政府是一个含义广泛的概念，既包括政治、经济、社会等范畴，也包括文化领域的公共服务。公共服务标准化建设是服务型政府建设的重要发展阶段，标志着政府由强化公共服务职能到以公民需求为导向提供公共服务的转变，标志着公共服务提供方式由粗放型向精细化的转变。

2. 促进公共文化服务均等化

现阶段，我国公共文化服务不均等的现象仍然存在，集中体现在人群不均等、区域不均等及城乡不均等，公共文化资源相对集中在城市。公共文化服务标准化建设工作，可有效推进文化资源下沉到农村和基层，提高均等化程度，特别是在"十三五"期间，要实现"精准文化服贫"，让部分贫困地区能同步迈入小康社会。公共文化服务标准化是促进均等化的有效手段。

3. 提升公共文化服务效能

近年来，我国现代公共文化服务体系建设取得了一定成绩，但与基层群众日益增长的精神文化需求相比，仍然不相适应。重投入轻产出，重建设轻管理的不良现象还普遍存在，部分地区公共文化设施的使用效能不高。公共文化服务标准化能推动供需对接，通过规范化的服务提升服务效能，

第三节 公共文化服务标准化实践：
杭州公共文化服务标准化"1＋X"模式

2015 年 10 月，杭州市拱墅区发布了《文化志愿管理服务规范》，这是国内第一部文化志愿管理服务地方标准。同月，该市萧山区发布了《乡镇（街道）公共文化服务评估规范》。作为国内第一个镇级公共文化服务评估标准，其借助基层公共文化服务动态评估系统平台，通过绩效考核，对乡镇进行动态排名。除此之外，杭州市已出台余杭区《乡镇（街道）综合文化站公共服务规范》、下城区《社区公共文化服务动态评估规范》、江干区《文化团队服务管理规范》等单项标准共 7 项，加上市本级颁布的《杭州市基本公共文化服务标准（2016—2020 年）》和其他 3 项单项标准，杭州市在全国城市中率先形成"底线保障合理、单项结合实际、体系基本完善"的"1＋X"模式的公共文化服务标准体系。

一、杭州市推进公共文化服务标准化的主要做法

1. 主领导领衔，列入重点改革任务

杭州市公共文化服务标准化工作起步较早，推进顺利。2014 年《市委全面深化改革领导小组 2014 年重点改革任务》（市委办发〔2014〕51 号）第 26 条明确规定：推进文化基本公共服务标准化、均等化，加快构建覆盖城乡、结构合理、网络健全、运行有效、惠及全民的公共文化服务体系，统筹公共文化服务设施网络建设。该市市长及各级领导十分重视推进公共文化服务标准化工作，将其列入 2015 年的重点工作，分管副市长为牵头领导，市文化体制改革专项小组为协调单位，市文化广电新闻出版局为责任单位。

2. 市县联动，分类推进标准化试点

杭州市公共文化服务同样存在着发展区域不均衡的现象，个别区、县（市）还未建有公共图书馆等基础文化设施，因此该市在推进公共文化服务标准化工作时，未搞"一刀切"，遵循试点先行、阶段实施、稳步推进的原则。通过标准化工作推动均等化，逐渐缩小公共文化服务之间的落差，重点解决城乡不均等、区域不均等、人群不均等的问题。在选取试点时，确定了两种类型：一是综合试点。在城区及中、西部的县市，选择具有较好工作基础和积极性的县区作为试点，综合试点单位有余杭区、萧山区、拱墅区、富阳区和建德市。二是单项试点。单项试点的选取以市、县各级公共图书馆、文化馆、博物馆、科技馆等公共文化机构为主体，各类公共文化行业组织，以及有积极性的民办公共文化机构、文化企业和文化非营利组织可列入试点。单位有：杭州市图书馆（数字化图书馆）、江干区图书馆、桐庐县图书馆、下城区文化馆、杭州市经济开发区（高校文化站）、杭州低碳博物馆、杭州博物馆。

按照标准化工作方案，工作实施分两个阶段：一是试点推进阶段，从 2015 年 9 月开始启动到 2015 年年底结束。由市文化广电新闻出版局统筹协调其他相关部门确定本市试点县区和试点单位。目前部分区、县（市）已经先行先试，出了成果。二是全面推进阶段，从 2016 年到 2018 年。该阶段的任务是在杭州市全面推进实施公共文化服务标准化、均等化建设工作，争取在浙江省率先建成现代公共文化服务体系。

3. 因地制宜，分项制定基本标准和单项标准

2016 年 1 月，杭州市委办公厅、市政府办公厅印发了《关于加快构建现代公共文化服务体系的实施意见》。该意见和标准遵循中共中央办公厅、国务院办公厅，浙江省委办公厅、省人民政府办公厅的意见和标准，结合杭州社会经济发展的状况，在浙江省基本公共文化服务标准的基础上适当提高标准。《杭州市基本公共文化服务标准（2016—2020 年）》共 60 条，是杭州市颁布的底线标准，标准高于或不低于《浙江省基本公共文化服务标准》。其中有 27 条高于浙江省标准，20 条执行浙江省标准，13 条为杭州市创新标准。创新标准为解决供需对接设置的"文化预报"规定：统筹整合各类文化资源，提前 1 个月公布面向基层的基本文化服务项目"大菜单"；新增文化服务项目或由于装修等原因暂停文化设施服务的，须提前 7 天向社会预告。还有数字文化建设项目中的"每年发布数字杭州文化地图"，"为市、区（县、市）中小学学生提供数字资源进校园服务，中小学学生可免费下载电子书"等条款。这充分体现了杭州市在制定标准时，因地制宜，考虑到了社会经济的发展水平和文化与教育、旅游等部门的融合需要。

此外，杭州还鼓励各县市区结合本地工作基础，先行先试，出台县级单项标准。2015 年 3 月，下城区在社区公共文化服务动态评估的基础上，发布了全国第一个社区公共文化服务动态评估规范，成为基层公共文化服务绩效评价的范式。西湖区积极探索将基层文化走亲"321"工程转化为制度设计，形成基层文化联动服务。桐庐县已有比较成熟的乡镇图书馆分馆考核标准。杭州文化馆形成特色鲜明的高校文化站工作机制，结合江干、上城、富阳、滨江等区、县(市)已有的较为成熟的制度设计，依托浙江大学城市学院现代公共文化研究基地，推动以上各地、各部门标准的制定和出台。

二、杭州市公共文化服务标准化"1+X"模式的构建

2014年年底杭州市制定了《杭州市推进公共文化服务标准化、均等化工作方案》，明确了工作目标为形成"1+X"杭州公共文化服务标准体系。即，制定杭州市《关于加快构建现代公共文化服务体系的实施意见》和《杭州市基本公共文化服务标准(2016—2020年)》为指导全市标准化工作的基础政策文件"1"。在此基础上，指导各区、县(市)结合本地实际，制定各具特色的"X"单项标准。目的是：形成制度化、系统化的标准实施模式，形成运转顺畅、协调高效的标准化工作机制，确保基本公共文化资源配置有标可依，基本公共文化服务质量有章可循，基本公共文化财政绩效有据可考。争取在3年内(2016—2018年)逐步建立起较为完善的公共文化服务标准体系，引导各级政府和公共文化机构科学、规范地开展公共文化建设，切实提高服务整体效能，推动公共文化服务均等化。

1. 市本级底线保障：制定基本公共文化服务标准60条

杭州市《关于加快构建现代公共文化服务体系的实施意见》和《杭州市基本公共文化服务标准(2016—2020年)》的制定依据为《国家基本公共文化服务指导标准(2015—2020年)》和《浙江省基本公共文化服务标准(2015—2020年)》。标准以县为基本单位推进落实，各县(市、区)要按照市定标准，制订实施方案，确保标准实施落到实处。杭州市标准共60条，是杭州市颁布的底线标准，标准不低于或高于《浙江省基本公共文化服务标准》。

《杭州市基本公共文化服务标准(2016—2020年)》中标准的数量和水平结合杭州市社会经济的发展程度，按照以下四个原则设定。

一是适当拉高底线。参照省里定的标准，在数量和水平上做增量。其中有27条高于浙江省标准，比如省标准规定：乡镇(街道)综合文化站配备编制人员1～2名，规模较大的乡镇适当增加；而杭州市规定：乡镇(街道)综合文化站配备编制人员不少于2名，服务人口数5万以上的不少于3名，综合文化站站长任职期间享受乡镇(街道)中层正职相应待遇。又如省标准规定：社区建有面积不低于100平方米的文体活动中心；而杭州市规定：社区建有面积不低于200平方米的文体活动中心，具备条件的建有文化公园。

二是执行省定标准。其中有20条执行浙江省标准，如省标准规定：农家书屋每周开放时间不少于40小时。由于省新闻出版广电局原来规定标准是每周开放5天，每天开放4小时，共计20小时，所以目前农家书屋的开放时间仅余杭区和富阳区达到标准，杭州大多数区、县(市)未达到标准，现在要求按省定标准执行实施。又如省标准规定：市建有公共美术馆。目前杭州市还未建有美术馆，按照省标准要求，在"十三

五"规划将杭州市美术馆项目建设列入其中。

三是创新杭州特色标准。其中有 13 条为杭州创新项目,如中小学校体育场地错时、免费向社会开放,其中工作日每天早晚相加不少于 3 小时,双休日、节假日每天不少于 6 小时。该规定为推进中小学校体育场地免费向社会开放提供了量化标准,让更多市民能共享公共设施资源。又如,乡镇(街道)公共文化设施内免费提供 Wi-Fi,社区(行政村)图书室(农家书屋)、农村文化礼堂免费提供 Wi-Fi,每年发布数字杭州文化地图。这三条标准结合了"智慧杭州"和"宽带杭州"建设,对提高公共文化设施的服务效能,提供市民文化需求的有效对接发挥了积极作用。此外,标准规定:杭州市文化馆与高校联建高校文化站,实现杭州高校文化站全覆盖。每年为各高校提供各类培训指导活动不少于 1 次。高校文化站建设为高校文艺骨干提供培训,实现与高校的文化设施和服务的互联互通。

四是剔除不适合杭州实际的标准。浙江省标准有 2 条未被列入杭州市标准,其中第 40 条"乡镇设广电站(含有线电视机房和广播站),村建成广播室,设备配置达到省颁标准",从杭州市的情况来看,只是建设方式不同,但功能上已经达到并超过省级标准;第 41 条"137 千瓦功率(含)以上大中型海洋捕捞船,安装接收中星 9 号直播卫星电视设备",由于杭州市没有海洋作业,该条标准不适合杭州。

此外,在标准的实施中,要求各县(市、区)政府依据市标准提供相应的资金保障,市财政部门根据绩效考核情况对成绩优秀的县(市、区)予以奖励。按照浙江省公共文化服务标准化动态评估系统,对县(市、区)基本公共文化服务在设施建设、服务供给、资金投入等方面工作情况进行年度评估。鼓励县(市、区)开展对乡镇(街道)公共文化服务标准化建设实施动态评估,探索实施公共文化服务第三方评价机制。

2. 余杭区:发布全国第一个县级《乡镇(街道)综合文化站公共服务规范》

2014 年 9 月,杭州市余杭区的《乡镇(街道)综合文化站公共服务规范》发布。这是浙江省发布的首个公共文化服务的地方标准,也是全国第一个乡镇综合文化站的地方标准。《中国文化报》评述余杭区的探索为推进公共文化服务标准化工作提供了生动样本。乡镇综合文化站公共服务标准在宣传教育、文化阵地服务、群众业余文化体育团队建设、辅导和培训、群众文化活动开展等方面设定了标准,提供了硬约束指标。

3. 下城区:发布全国第一个县级《社区公共文化服务评估规范》

对公共文化建设水平进行量化评估并进行政策指引是科学建设公共文化服务体系的内在要求。设计一套科学合理的、可量化的公共文化评估体系将有助于解决当前公共文化建设过程中存在的盲目性、低效率、科学性不强等问题,对客观、全面、准确地评价公共文化建设的总体情况并引领公共文化建设健康、持续发展具有重大意义。2014 年,下城区通过浙江省第二批公共文化服务示范项目——社区动态评估体系的建设,给全区公共文化服务搭建了质量标尺的框架。2015 年,下城区发布了《社区公共文化服务评估规范》,为考核区内 72 个社区的公共文化服务的文化管理、文化投入、文化设施、文化队伍、服务质量、创新创优等方面提供了量化考核的标准，这是全国第一个针对社区的公共文化服务评估规范。

4. 拱墅区：发布全国第一个县级《文化志愿服务管理规范》

近年来，杭州市拱墅区通过成立运河文化公益促进会，开设文化志愿者网站，制订文化志愿者培训计划，发挥运河文化传播使者和文化名人的效应，努力构建参与广泛、形式多样、活动经常、机制健全的文化志愿服务体系，成为杭州市文化志愿服务制度化的典型。为建立文化志愿服务长效管理机制，提高公共文化志愿服务成效，拱墅区启动《文化志愿服务管理规范》区级标准制定工作。该标准于 2015 年 9 月中旬通过文化部国家公共文化服务体系建设专家委员会委员、中国计量学院人文社科学院等专家的审定。2015 年 10 月 8 日，杭州市拱墅区市场监督管理局批准发布了《文化志愿服务管理规范》。该规范规定了文化志愿服务管理的术语和定义、管理组织、文化志愿者、文化志愿服务活动、管理要求、服务评价，对于推动文化志愿服务的规范化、制度化意义重大。该标准是全国第一个针对文化志愿服务管理的地方性标准。

5. 萧山区：发布全国第一个镇级《乡镇（街道）公共文化服务评估规范》

随着信息技术的发展，目前许多政府管理工作都通过网络来开展，对信息化、无纸化办公的要求也越来越高。萧山区的公共文化服务评估系统面向乡镇，以基层公共文化服务评价管理制度为基础，集合应用云计算和大数据分析等最新信息技术手段，实时进行工作指导，落实任务，采集数据。2015 年 10 月 12 日，萧山区发布《乡镇（街道）公共文化服务评估规范》，该规范与萧山区公共文化绩效评估系统和《关于实施基层公共文化服务绩效评估的通知》（萧政办发〔2015〕80 号）构成了完整的基层公共文化服务评估体系，通过量化绩效考核，对乡镇进行动态排名。该标准作为全国第一个镇级公共文化服务评估标准，对公共文化服务打通"最后一公里"，推进乡镇公共文化服务建设具有重要示范意义。

6. 江干区：发布全国第一个区级《文化团队服务管理规范》

杭州市江干区有各类文化团队 573 支，注册团员超 3 万，年均开展各类群众文化活动 3000 余场次。江干区是杭州城市化进程中拆迁量最大的区域，近十年来，该区累计拆迁住户 2.2 万余户，拆迁面积为 1400 万平方米。江干区通过文化团队建设，让这些新市民实现"零门槛"文化参与，平等享有公共文化服务。同时通过文化团队标准化建设，提高基层文化设施利用率，防止设施陷入"沉睡"模式。《文化团队服务管理规范》以江干区群众文化团队的实践为基础，依据国家相关法律法规和政策规定，科学设定了区文化团队服务管理规范体系，格式符合 GB/T 1.1《标准化工作导则》的规定。《文化团队服务管理规范》从文化团队定义、文化团队组建、文化团队活动、文化团队管理、文化团队星级评定五个方面，明确规定了文化团队的基本要求和服务规范，为文化团队建设提供统一规范，对提高文化团队建设水平和健康发展具有重要意义。

三、杭州市公共文化服务标准化"1＋X"模式的示范意义

对政府部门而言,公共服务标准化既是管理工具,又是检测和考核政府绩效的指标,为公共服务可量化、可比较、可考核提供了技术支撑。杭州市公共文化服务标准化"1＋X"模式建设的示范性在于以下几点。

1. 起点高,推进快,效果明显

杭州市在全国城市里较早形成了保障标准、技术和服务标准、评价标准三个层面的公共文化服务标准体系。保障标准结合杭州市社会经济发展水平,适当拉高底线,改革创新,在国标、省标的基础上制定了13条创新标准。单项标准制定因地制宜,如余杭区的《乡镇(街道)综合文化站公共服务规范》、萧山区的《乡镇(街道)公共文化服务评估规范》等都是全国的第一个单项标准,可为更高层面的单项标准提供范式。

2. 注重顶层设计,工作有规划

杭州市制订了公共文化服务标准化实施方案,结合东、中、西三类地区,试点先行,分步推进。

3. 机制保障,分工明确

由主要领导抓统筹,分管领导抓落实,在标准化工作推进中,同步建立了协调机制,加强与财政、发改、质监等部门的沟通协作。市文化广电新闻出版局会同财政等部门,组织指导各地有关单位开展工作,为标准化工作在机制、经费等方面提供必要保障,争取相关部门对标准的认可。

4. 加强标准化制度理论研究工作

设立基本公共文化服务研究课题组,由市文广新局、浙江大学城市学院现代公共文化研究基地等有关人员组成,委托有关专家具体承担研究,为指导标准制定提供智力支持。

【思考题】

1. 为什么要推进公共文化服务标准化建设?在现阶段有哪些实际意义?

2. 公共文化服务标准体系包括哪些内容?

3. 杭州市公共文化服务标准化建设的实践案例,对其他地区有哪些启发?

4. 县级层面推进公共文化服务标准化建设的主要任务有哪些?

【参考文献】

[1]黄恒学,张勇. 政府基本公共服务标准化研究[M]. 北京:人民出版社,2011:9.

[2][日]松浦四郎. 工业标准化原理[M]. 熊国风,薄国华,译. 北京:技术标准出版社,1981:4.

[3]王佃利. 城市治理中的利益主体行为机制[M]. 北京：中国人民大学出版社，2009：70.

[4]尹文嘉，唐兴霖. 迈向共同治理：社会建构下的公共参与及模式转换[J]. 经济社会体制比较，2014(3)：153.

[5]葛红林. 从农村标准化学校建设看政府公共服务供给[J]. 中国行政管理，2010(11)：122.

[6]胡税根，黄天柱，翁列恩，等. 政府管理与公共服务标准化创新研究——以杭州市上城区为例[M]. 杭州：浙江大学出版社，2013：240.

[7]邓剑伟. 厦门市岛内外一体化进程中的公共服务标准化研究[J]. 中共福建省委党校学报，2012(5)：45.

[8]邱妍. 以标准化促进人社公共服务体系建设[N]. 中国劳动保障报，2012-08-17.

[9]卓越，张世阳，兰丽娟. 公共服务标准化顶层设计的战略思考[J]. 中国行政管理，2014(2)：36.

[10]孔祥利. 地方政府引入ISO 9000质量管理体系的困境与思考[J]. 中国行政管理，2013(11)：82.

[11]胡税根，徐元帅. 我国政府公共服务标准化建设研究[J]. 天津行政学院学报，2009(6)：44.

[12]姬二明. 我国社会管理和公共服务标准化现状与思考[J]. 质量与标准化，2013(6)：18.

[13]江苏五大举措狠抓文化系统政风行风建设[EB/OL]. [2013-12-02]. http://www.zgjssw.gov.cn/gongzuodongtai/xunachuan/201312/t1354187.shtml.

[14]北京出台"1+3"公共文化政策　打造"15分钟文化服务圈"[EB/OL]. [2015-06-12]. http://culture.people.com.cn/n/2015/0612/c22219-27142796.html.

[15]鄢爱红. 公共需求管理与公共服务标准化[J]. 北京行政学院学报，2012(2)：42.

[16]戴园丽，龚蓓. 余杭发布《乡镇（街道）综合文化站公共服务规范》地方标准[N]. 中国文化报，2014-10-23.

[17]李少惠，尹丹. 公共文化建设评估体系的建构及其应用研究[J]. 科学·经济·社会，2012(4)：73。

[18]陈钦. 公共文化三联模式　暖到百姓的心坎里[EB/OL]. [2015-01-28]. http://www.gongshu.gov.cn/ztzl/ztzl_list/2015ngsqlh/cjyzw_20369/201501/t20150128_653123.html.

[19]王卫星. 积极稳妥推进农村公共服务标准化[J]. 农村财政与财务，2014(3)：32。

国家基本公共文化服务指导标准（2015—2020 年）

一、服务项目与内容

项目	内容	标准
基本服务项目	读书看报	1. 公共图书馆(室)、文化馆(站)和村(社区)(村指行政村，下同)综合文化服务中心(含农家书屋)等配备图书、报刊和电子书刊，并免费提供借阅服务。 2. 在城镇主要街道、公共场所、居民小区等人流密集地点设置阅报栏或电子阅报屏，提供时政、"三农"、科普、文化、生活等方面的信息服务。
	收听广播	3. 为全民提供突发事件应急广播服务。 4. 通过直播卫星提供不少于 17 套广播节目，通过无线模拟提供不少于 6 套广播节目，通过数字音频提供不少于 15 套广播节目。
	观看电视	5. 通过直播卫星提供 25 套电视节目，通过地面数字电视提供不少于 15 套电视节目，未完成无线数字化转换的地区，提供不少于 5 套电视节目。
	观赏电影	6. 为农村群众提供数字电影放映服务，其中每年国产新片(院线上映不超过 2 年)比例不少于 1/3。 7. 为中小学生每学期提供 2 部爱国主义教育影片。
	送地方戏	8. 根据群众实际需求，采取政府采购等方式，为农村乡镇每年送戏曲等文艺演出。
	设施开放	9. 公共图书馆、文化馆(站)、公共博物馆(非文物建筑及遗址类)、公共美术馆等公共文化设施免费开放，基本服务项目健全。 10. 未成年人、老年人、现役军人、残疾人和低收入人群参观文物建筑及遗址类博物馆实行门票减免，文化遗产日免费参观。
	文体活动	11. 城乡居民依托村(社区)综合文化服务中心、文体广场、公园、健身路径等公共设施就近方便参加各类文体活动。 12. 各级文化馆(站)等开展文化艺术知识普及和培训，培养群众健康向上的文艺爱好。
硬件设施	文化设施	13. 县级以上(含县级，下同)在辖区内设立公共图书馆、文化馆，乡镇(街道)设置综合文化站，按照国家颁布的建设标准等进行规划建设。 14. 公共博物馆、公共美术馆依据国家有关标准进行规划建设。 15. 结合基层公共服务综合设施建设，整合闲置中小学校等资源，在村(社区)统筹建设综合文化服务中心，因地制宜配置文体器材。
	广电设施	16. 县级以上设立广播电视播出机构和广播电视发射(监测)台，按照广播电视工程建设标准等进行建设。
	体育设施	17. 县级以上设立公共体育场；乡镇(街道)和村(社区)配置群众体育活动器材设备，或纳入基层综合文化设施整合设置。

项目	内容	标准
硬件设施	流动设施	18. 根据基层实际，为每个县配备用于图书借阅、文艺演出、电影放映等服务的流动文化车，开展流动文化服务。
	辅助设施	19. 各级公共文化设施为残疾人配备无障碍设施，有条件的配备安全检查设备。
人员配备	人员编制	20. 县级以上公共文化机构按照职能和当地人力资源社会保障、编办等部门核准的编制数配齐工作人员。 21. 乡镇综合文化站每站配备有编制人员1至2人，规模较大的乡镇适当增加；村（社区）公共服务中心设有由政府购买的公益文化岗位。
	业务培训	22. 县级以上公共文化机构从业人员每年参加脱产培训时间不少于15天，乡镇（街道）和村（社区）文化专兼职人员每年参加集中培训时间不少于5天。

二、标准实施

（一）本标准是国家颁布的指导性标准，各省、自治区、直辖市和新疆生产建设兵团要根据国家指导标准，结合当地群众需求、政府财政能力和文化特色，制定适合本地区的实施标准，建立国家指导标准与地方实施标准相衔接的标准体系。

（二）国家基本公共文化服务指导标准从2015年起开始实施，各相关部门根据职能职责和任务分工，制订具体实施方案；各地根据国家指导标准以及本地制定的实施标准，明确具体的落实措施、工作步骤和时间安排，确保标准实施工作科学、规范、有序开展。标准以县为基本单位推进落实。

（三）县级以上各级政府按照标准科学测算所需经费，将基本公共文化服务保障资金纳入财政预算，落实保障当地常住人口享有基本公共文化服务所需资金。中央和省级财政通过转移支付对老少边穷地区基本公共文化服务保障资金予以补助，同时，对绩效评价结果优良的地区予以奖励。县级以上各级政府安排资金，面向社会力量购买公共文化服务。

（四）文化部、各省级文化行政部门会同有关部门建立对标准实施情况的动态监测机制和绩效评价机制，加强督促检查。积极引入社会第三方开展公众满意度测评，对公众满意度较差的要进行通报批评，对好的做法和经验及时总结、推广。

第二章 基本公共文化服务保障标准化

【目标和任务】

了解基本公共文化服务保障标准的相关知识；掌握基本公共文化服务标准化的内容和范围及其主要任务；明确基本公共文化服务标准制定的原则和框架；熟悉国家基本公共文化服务标准的相关项目和内容；了解推进基本公共文化服务保障标准的实施路径；理解基本公共文化服务标准的纯公共文化产品性质，是一种政府兜底的保障。

第一节 基本公共文化服务保障标准概述

一、基本公共文化服务保障标准的概念

基本公共文化服务保障标准是体现基本权益、政府职责、地方特色以及未来发展方向的标准，内容涵盖公共文化服务设施及布局基本标准、产品及资源配置基本标准、人员配备和经费投入基本标准等。

二、基本公共文化服务保障标准的目标

基本公共文化服务保障标准的目标是实现均等化。我国东部、中部和西部的文化发展失衡问题十分突出，尤其是地区间公共文化的投入差异非常明显。因此有必要通过划定国家基本保障标准，来"熨平"地区间的差异鸿沟。此外，随着城市化进程的加快及社会阶层的分化，需要对外来务工群体加大文化扶助力度，确保其都能享受基本公共文化服务，进而实现人群均等。还有，我国长期受城乡二元经济结构影响，城乡基本公共服务依然存在较大差距，也需要通过设定基本保障标准和创新服务方式推进城乡间的均等。

三、基本公共文化服务保障标准的核心

基本公共文化服务保障标准的核心是起点均等。作为现代公民的一项基本人权，文化权利的出现是人类文明进步的体现，社会成员公平享有文化权利、使用文化资源、享受文化服务是和谐社会的重要标志。如果把均等化分为起点、过程、结果三部分，那么保障标准强调的是起点均等，也就是人人享有相同的基本公共文化服务的机会。《国家基本公共服务体系"十二五"规划》明确指出基本公共服务均等化是"全体公民都能公平可及地获得大致均等的基本公共服务，其核心是机会均等，而不是简单的平均化和无差异化。"对于政府而言，其职责便是通过出台和实施保障标准，促成全体公民能够公平均等地享受公共文化服务，并借由机会的均等保证起点的公平。必须指出的是，文化消费是一种选择性消费，保障标准并非指向每个公民最终享有公共文化服务"量"和"质"的平均，保障标准并不排斥文化享有的自由选择和多样选择。

四、基本公共文化服务保障标准的内容和范围

基本公共文化服务保障标准的内容和范围具有相对性。公共文化服务标准化建设标志着公共文化服务提供方式由粗放型向精细化的转变。从内容上看，保障标准突出基本公共文化服务的均等供给，而非所有文化服务的均等供给；从程度上看，保障标准强调以满足群众基本文化需求为目标和以政府财政支持能力为尺度的统一；从范围上看，由于国内经济社会发展水平的地区差异长期存在，大致均等的公共文化服务允许存在地区差异。经济发达地区在国家标准的基础上，可以增加保障的内容、范围和标准。随着经济社会的发展，底线标准将不断被拉高。

五、基本公共文化服务保障标准的主要任务

基本公共文化服务保障标准的主要任务是通过标准化促进均等化。基本公共文化服务均等化的政策目标是逐步建立城乡一体化的基本公共文化服务体系，促进公共文化资源在城乡之间、区域之间均衡配置，缩小地区之间、城乡之间和社会群体之间基本公共文化服务水平的差距，确保所有社会成员都能够平等享有水平大致相当的基本公共文化服务的权利。但群众文化需求的无限性和政府责任与公共财政支持能力的有限性是矛盾的，如何把实现公共文化服务均等化变为各级政府的自觉行动，这需要有制度化的约束，有明确具体的标准，使各级政府能明确与自身职责相应的均等化的公共文化服务应该提供何种内容，提供到何种程度，达到何种标准，这就是公共文化服务的标准化。标准化通过制定、发布和实施一系列具有约束性的公共文化服务标准来实现。

十八届三中全会提出促进公共文化服务标准化、均等化，真正的含义是以公共文化服务的标准化促进均等化。标准化是手段，均等化是目的，标准化是均等化的基础

和前提，离开了标准化，均等化就没有尺度，没有约束，没有衡量准则，也就没有真正的均等化了。为建立"结构合理、发展均衡、网络健全、运行有效、惠及全民"的公共文化服务体系，实现"城乡基本公共文化服务一体化、均等化"的目标，在制定《国家基本公共文化服务指导标准（2015—2020 年）》的基础上，深入宣传和贯彻实施《中华人民共和国公共文化服务保障法》，可进一步推进公共文化服务体系建设，将公共文化服务投入标准、政府责任等纳入其中，提高公共文化服务水平，保障实现群众基本文化权益，为公共文化服务标准化、均等化提供刚性保障。

六、基本公共文化服务保障标准的财政支出

基本公共文化服务保障标准的财政支出应选择最低公平模式。从国际经验来看，基本公共服务的财政支出模式有以下四种。

1. 财政收入均等模式

中央政府根据地方人均税收水平拨款，同时以专项补助作为配套，目的是确保地方政府公共服务提供的能力均等。运用此种模式的典型国家是加拿大。加拿大实行收入均等化拨款政策，对全国十个省和三个行政区按人均税收收入水平从高到低进行排序，取前 2～6 位的均值作为补助标准，对低于标准的省或地区给予补助，补助数额为低于标准的差额乘以该地区的人口。

2. 收支均衡模式

中央政府综合考量地方财政收入和支出两方面情况，最终决定所分配的转移支付资金，拨款依据是地方财政收不抵支的缺口，因而这一模式相对适用于地区间支出成本差异较大的国家。与前一种模式相比，该模式更为合理，但计算过程也更为复杂。运种此种模式比较有代表性的国家是日本和澳大利亚。如日本实行地方交付税制度，中央根据地方政府的标准收入和标准支出需求进行再分配，资金来源于中央五项税收按一定比例提成，分配方式是中央直接到基层，即国家财政直接对都、道、府、县和村进行分配。

3. 公共服务标准化模式

中央政府制定各类具体标准，包括设施和服务等方面，地方政府按此标准向居民提供公共服务，中央再根据地方财力的状况专项转移支付。这一模式比较适用于地域面积不大、经济发展水平差异较小的国家。

4. 公共服务最低公平模式

中央政府在宏观上制定最低标准，同时通过多级政府分担所需经费，保障地方政府提供最低标准的服务能力。另外，鼓励财政能力较强的地方政府提供更多和更优质的公共服务，但经费由地方政府承担。这一模式主要适用于地区差异较大的发展中国家，代表国家为印度尼西亚。

我国地广人多，区域、城乡、群体之间的差距都比较大，即使是广东、浙江等省，

虽然同属沿海经济发达省份，但以上三类差距也都存在，并且不容小觑。由于差距和差异的客观存在，就不能一味地搞"一刀切"。另外，还要考虑到社会主义初级阶段的国情和政府承受能力。因此，最为恰当和可行的办法是寻找出最大公约数，确立一个最低标准。可见，在模式的选择上，我国应采用公共服务最低公平模式。国家出台一个最低标准，各省按此标准实施，财力较强的省份可在此基础上做些标准的提高，无法落实此标准的省份，可通过中央政府财政转移支付，保障标准的有效实现。该模式充分体现了基本公共文化服务均等化分阶段、分步骤推进的客观规律，同时也兼顾了欠发达省份资源有限的实际情况。

从《国家基本公共文化服务指导标准（2015—2020 年）》来看，国家设定了基本公共文化服务保障标准的项目和类别，具体数量和水平由各省根据当地的社会和经济发展水平确定。但国家标准中明确的数量，各省只能"就高不就低"，可以拉高底线。如国家标准中规定"乡镇综合文化站每站配备有编制人员 1 至 2 人，规模较大的乡镇适当增加"，各省标准就不能少于此标准规定的人员数，如甘肃省，在其省标准中就规定："乡镇综合文化站每站配备有编制人员不少于 3 人"。

第二节 基本公共文化服务保障标准的制定

一、基本公共文化服务保障标准的制定原则

1. 统筹安排，保障底线

标准要体现公共文化服务体系建设的同一性，在加强内容引导、协调推进方面做出规定。坚持机会均等、起点公平，维护公民的基本文化权益，切实保障公民享有平等的文化发展机会，努力缩小基本公共文化服务在区域间、城乡间、群体间的差距。

2. 需求导向，因地制宜

制定标准的依据是广大群众的公共文化服务需求和各地公共文化部门的服务能力。从国情、省情出发，依据各地经济发展水平和政府财政支持能力，制定科学合理的基本公共文化服务标准，明确各级政府保障责任。国家的基本公共文化服务标准由中央有关部门制定发布，经济发达地区可以适当提高，短时间内难以达到相关标准的省份，可以借助财政转移支付制度保障其实现。

3. 公开透明，简单易行

公共文化服务标准是面向公众的服务承诺，在制定过程中应广泛征求意见，发布后要广泛宣传，提高公共文化服务的公众满意度。同时，为了便于政府及公共文化部门根据标准开展服务，便于公众参与监督服务，标准内容应做到简洁明了，便于操作。

4. 提升效能，完善监督

公共文化服务标准化是一个动态的过程，制定标准要试点验证，让最佳的操作规范能接受实践检验并不断改善。标准制定应该考虑便于工作实施时效能的提升，提高资金、设施、人力、物力的使用效率。同时，建立对标准执行的考核评估体系，确保标准体系在实际工作中发挥作用。

二、基本公共文化服务保障标准的内容

当前公共文化服务发展的关键是确定服务的优先顺序和重点领域，其基本依据在于社会需求、服务现状和经济社会发展战略。基本公共文化服务保障标准主要分为基本服务项目和内容、基本设施、经费和人员保障三大类，指标细化、文字简明、语言通俗，便于群众阅读理解，同时也便于地方各级政府和部门明确自身的责任。

1. 围绕读书看报、收听广播、观看电视、观赏电影、送地方戏、设施开放、文体活动等八项基本服务项目和内容制定具体标准

八项基本服务项目和内容主要依据是中共中央办公厅、国务院办公厅《关于加强公共文化服务体系建设的若干意见》(中办发〔2007〕21号)中规定的群众基本文化权益，并在传统的"6"个基本项目加上农村看电影的"1"的基础上，增加了《国家基本公共服务体系"十二五"规划》提到的免费开放、特殊群体服务项目，并将其进行了归类整合。由于基层群众的文化活动和体育活动往往交错在一起，将文体活动作为一个基本服务项目，不再细分。

2. 围绕公共图书馆、文化馆、博物馆、体育场馆、乡镇综合文化站、新闻广电设施、流动文化服务设施和无障碍设施等基本公共文化服务设施，制定具体标准

基本设施标准的制定主要考虑两点：一是设置率。不改变现有行政体制，如县级有两馆(图书馆、文化馆)、乡镇有文化站、村(社区)有综合文化服务中心。二是根据行政区域内服务人口数由各省确定设施规模。另外，这里的设施不单指文化设施，还包括了新闻广电、体育的公共服务设施，体现了十八届三中全会通过的《中共中央关于全面深化改革若干重大问题的决定》中提到的"整合基层宣传文化、党员教育、科学普及、体育健身等设施，建设综合性文化服务中心"的要求。其中，将无障碍设施这一项目单列，体现了对弱势群体的关注。

3. 围绕经费保障、人员等保障内容制定具体标准

基本公共文化服务的均等本质上是财力的均等，以财力的均等推动资源配置均等最终实现服务的均等，经费的保障尤为重要。根据国家财政部门的要求，文化经费的投入不能提占比，只能按照十七届六中全会《中共中央关于深化文化体制改革推动社会主义文化大发展大繁荣若干重大问题的决定》中提出的"把主要公共文化产品和服务项目、公益性文化活动纳入公共财政经常性支出预算，保证政府财政对文化建设投入的

增长幅度高于财政经常性收入的增长幅度"。基本公共文化服务是纯公共产品，但仍然可以通过市场的机制和手段购买服务，提升基本公共文化服务的效能，所以标准中设定了：县级以上政府安排资金，通过政府购买服务方式面向企业、社会组织购买公共文化服务。这可为社会力量、民营资本进入公共文化服务领域留下空间。

·· 扩展阅读

山东发布省级《基本公共文化服务标准》

2015 年 6 月 10 日，山东省政府新闻办举行发布会，邀请相关部门领导介绍制定出台《关于加快构建现代公共文化服务体系的实施意见》《基本公共文化服务实施标准（2015—2020 年）》和推进全省现代公共文化服务体系建设有关情况。山东省的实施标准依据《国家基本公共文化服务指导标准（2015—2020 年）》制定，结合山东实际略高于国家标准。其中，有 12 条延续国家指导标准要求。11 条在国家指导标准基础上进行指标细化、数字化。比如，"一村一月一场电影、一年一场戏"计划，免费开放、错时开放时间，公共图书馆、文化馆建设标准，市县博物馆、美术馆、综合性文化服务中心建设，以及应急广播建设任务等。24 条为结合山东实际新增特色条目。比如公共图书馆总分馆制及藏书量、群众文体活动、"图书馆＋书院"创新模式、县及县以下历史文化展示体系、海疆数字文化长廊、服务特殊群体、经费和队伍保障等，形成既有基本共性又有特色个性的标准指标体系。

三、基本公共文化服务保障标准数值的区域差异

国外公共服务标准化建设的一条经验是：将公共服务总量化的指标和个性化的指标相结合，并以个性化指标为主。我国东、中、西部公共文化服务差异较大，以人均藏书量为例，东部地区超过 1 册，中部地区只有不到 0.5 册，国家保障标准如果采取"一刀切"，统一规定为 0.8～1 册的话，对于中、西部地区，中央财政转移支付压力很大。对于东部地区，该保障标准又偏低。因此，在制定保障标准时，要充分考量东、中、西部地区的发展现状，在部分指标值的设置上，如公共图书馆人均藏书量，文化馆每年组织开展群众文体活动，乡镇（街道）综合文化站组织开展群众文体活动，人均年新增公共图书馆藏量，博物馆（纪念馆）、美术馆、非遗展示馆基本陈列、公益性临时展览，公共图书馆、文化馆公益性展览、讲座、培训等宜采用分类定标的方法，不再确定国家统一的指标值，而是由各省根据自身的社会经济发展水平确定。

第三节　基本公共文化服务保障标准实施的路径

基本公共文化服务是价值理念与具体实践、战略目标与实现机制、指导原则与路径选择紧密联系的长期过程和复杂系统。在此意义上，坚持科学的实施路径是重要的现实任务。

一、以财力均等化实现资源合理配置

首先，县级以上政府要将基本公共文化服务所需保障资金纳入公共财政经常性支出预算，落实保障当地常住人口享有基本公共文化服务项目所需资金。东、中、西部地区县域人均文化事业费，不低于本区域上一年度平均水平。其次，要明确公共文化服务投入的重点。均等化的目标是促进区域均等、城乡均等、群体均等，投入要有助于公共文化设施空间布局的优化，重点投入城乡基层文化基础设施建设、文化普及和精品生产。最后，要加快完善财政转移支付制度，加快形成统一、规范、透明的财政转移支付制度，要科学设置、合理配置一般性转移支付和专项支付。

二、创新服务，面向基层下沉优质资源

当前，基本公共文化服务的短板在基层，尤其是在一些民族地区、山区和海岛地区。要创新服务供给，把更多的设施、人才、产品、服务引向基层，提升基层服务能力。依照党的十八届三中全会精神，采取措施，加强基层文化基础设施建设，从组织体系、经费支持、人员保障等方面深度整合基层公共文化资源，形成组织合力和组织优势，有效对接群众需求，建立基层综合性文化服务中心，让广大群众随时随地都能方便快捷地享受基本公共文化服务。

三、通过部门统筹协调，综合利用文化资源

现代公共文化服务体系的建设，是涉及文化产品生产、分配、管理和资源保障各个系统在内的整体系统设计，必须整合政府与社会各个方面的力量，突破行业壁垒和公共资源体制内循环的制度局限。建立公共文化服务体系建设协调机制，是加强政府机构改革的协同性，提升公共文化服务效能的必然要求。要以深化文化体制改革为契机，联合宣传、组织、发改、财政、文化、广电、体育、工青妇等部门，成立公共文化服务体系建设协调组织机构，促进工作的规范化、常态化，协调解决矛盾和问题，加快形成科学有效的宏观文化管理体制。依托协调机制，定期召开协调会议，负责行动计划的组织领导、政策制定、统筹规划，协调解决均等化实施过程中的重大问题，确保标准化均等化工作顺利推进。

四、建立供需对接机制，精准服务百姓

作为改进政府服务质量的有效途径，公共服务标准化的深入发展需要强化"以公民为中心"的服务理念，需要关注整体性行政服务质量的持续改进，需要推动公共服务从回应走向参与和协作。现阶段，我国公共文化产品和服务供给基本以自上而下的单向度为主导，文化部门"送文化"多，"种文化"少，城乡群众被动参与多，主动参与少。要建立反馈机制，充分发挥政府的作用，强化基层文化站的职能，组建专家团对群众的基本文化需求进行定期的测度和反馈。文化职能部门要通过实地调研，把文化惠民工作与保障广大群众的知情权、参与权、监督权相结合，提升服务供给的公平效率。

五、完善考核评价机制，提供"硬约束"

要推进绩效评价指标体系的制度安排，推动基本公共文化服务成为各级政府的硬任务、硬指标，真正使其成为可衡量、可监测的对象，并纳入政绩考核评价体系当中。在基本公共文化服务满意度测评中，要科学选取测评的项目、测评对象和测评方法，避免主观性很强的测评手段。同时也要注意不能为了测评的客观性，而选择过于复杂的测评方法。有的测评需要依靠数学模型和专业软件进行，尽管客观性比较强，但可实施性比较差，基层单位基本无法实行。要建立一个开放性强、透明度高的政府主导和社会参与相结合的评估系统，探索建立公共文化服务的第三方评价机制，增强公共文化服务评价的科学性和有效性。

【思考题】

1. 如何科学认识基本公共文化服务保障标准？
2. 公共文化服务标准化和均等化的关系是怎样的？
3. 你所在的县（市、区）公共文化服务的短板在哪里？如何破解？
4. 基本公共文化服务标准实施的路径有哪些？
5. 你所在省（直辖市、自治区）的省级基本公共文化服务标准有多少条？包括哪些内容？和国家基本公共文化服务指导标准的22条有什么区别？

【参考文献】

[1]何义珠，李露芳. 公民参与视角下的城乡公共文化服务均等化研究[J]. 图书馆杂志，2013(6)：19.

[2]阮可. 公共文化服务标准化均等化的实践与思考——基于浙江的视角[J]. 上海文化，2014(2)：88.

[3]胡税根，徐元帅. 我国政府公共服务标准化建设研究[J]. 天津行政学院学报，

2016(6)：44.

[4]卢映川，万鹏飞，等. 创新公共服务的组织与管理[M]. 北京：人民出版社，2007：244.

[5]中共中央关于全面深化改革若干重大问题的决定[EB/OL]. [2013-11-16]. http://www. sn. xinhuanet. com/2013-11/16/c_118166672. htm.

[6]中共中央关于深化文化体制改革推动社会主义文化大发展大繁荣若干重大问题的决定[EB/OL]. [2011-12-05]. http://news. xinhuanet. com/politics/2011-10/25/c_122197737. htm.

[7]李泷，孟春，李晓玉. 公共服务均等化中的服务标准：各国理论与实践[J]. 财政研究，2008(10)：79-81.

[8]杨永，朱春雷. 公共文化服务均等化三维视角分析[J]. 理论月刊，2008(9)：150.

[9]安应民，等. 构建均衡发展机制——我国城乡基本公共服务均等化研究[M]. 北京：中国经济出版社，2011：283.

[10]李国新解读"现代公共文化服务体系"[EB/OL]. [2013-11-26]. http://www. ccdy. cn/xinwen/gongong/xinwen/201311/t20131126_811499. htm.

[11]浙江省发改委课题组. 加快推进基本公共服务均等化——加快浙江基本公共服务均等化研究[J]. 浙江经济，2008(13)：27.

[12]傅才武. 当代公共文化服务体系建设与传统文化事业体系的转型[J]. 江汉论坛，2012(1)：136.

[13]国家公共文化服务体系建设协调组今天成立[EB/OL]. [2014-03-19]. http://culture. people. com. cn/n/2014/0319/c1013-24682122. html.

[14]陈振明，耿旭. 公共服务质量管理的本土经验——漳州行政服务标准化的创新实践评析[J]. 中国行政管理，2014(3)：15-20.

[15]闫平. 服务型政府的公共性特征与公共文化服务体系建设[J]. 理论学刊，2009(12)：93.

[16]张瑜. 公共文化服务体系发展思考——以宁夏银川市为例[J]. 社会科学家，2013(9)：158.

附录 2-1

广东省基本公共文化服务实施标准(2015—2020 年)

一、服务内容与项目

内容	标准
场馆建设	1. 各级政府规划建设与当地经济发展水平、人口状况和服务要求相适应的公共文化设施。到 2020 年,每万人室内公共文化设施面积不少于 1200 平方米,服务半径不低于城市"十分钟文化圈"、农村"十里文化圈"。
	2. 地级以上市按照建设标准建立公共图书馆、文化馆、博物馆、公共体育场(馆)等,设立广播电视播出机构和发射(监测)台。
	3. 县(市、区)按照建设标准建立公共图书馆、文化馆、公共体育场(馆)、文化广场等,设立广播电视播出机构和发射(监测)台。
	4. 乡镇(街道)按照建设标准建立综合文化站、文体广场(全民健身广场)等。
	5. 按照建设标准在村(社区)(村指行政村,下同)建立综合文化服务中心、文体广场(全民健身广场)等。
	6. 为公共文化场馆免费开放配置必要的器材设备和文化资源。
	7. 公共博物馆、公共美术馆、电影院、演艺场馆等依据标准进行规划建设。
辅助设施	8. 根据基层实际,为每个县配备用于图书借阅、文艺演出、电影放映等服务的流动文化车,开展流动文化服务。
	9. 各级公共文化场馆为残障人士配置无障碍设施,有条件的配备安全检查设备。
	10. 根据基层实际,设立公共文化服务自助设施设备。
场馆开放	11. 公共图书馆、文化馆(站、室)、博物馆(非文物建筑及遗址类)、美术馆等公共文化设施免费开放,基本服务项目健全。公共文化设施免费开放实行错时开放,错时开放时间不少于总开放时间的三分之一。
	12. 未成年人、老年人、现役军人、残疾人和低收入人群参观文物建筑及遗址类博物馆实行门票减免,文化遗产日免费参观。
图书报刊	13. 县级以上按照标准设立公共图书馆,乡镇(街道)、村(社区)设立公共图书馆(室),配备图书、报刊和电子书刊,并免费提供借阅服务。
	14. 人均公共藏书不少于 1.2 册。每个村(社区)综合文化服务中心(含农家书屋)藏书量不少于 1200 种、1500 册。民族地区公共图书馆(室)提供一定数量的少数民族语言文字读物。
	15. 县级公共图书馆、乡镇(街道)综合文化站(室)藏书年新增不少于人均 0.03 册。每个村(社区)综合文化服务中心(含农家书屋)藏书年新增不少于 60 种、100 册。
	16. 县级以上公共图书馆为视障人士配置盲文书籍或有声读物,县级以下公共图书馆(室)采取其他方式为视障人士提供阅读服务。
	17. 各级政府每年举办的全民阅读活动不少于 1 次,每次持续时间不少于 2 天。

内容	标准
图书报刊	18. 在城镇主要街道、公共场所、居民小区等人流密集地点设置阅报栏或电子阅报屏，提供时政、"三农"、科普、文化、生活等方面的信息服务。每个村(社区)设置阅报栏或电子阅报屏不少于1处，每天更新报刊不少于2份。
广播电视	19. 为全民提供突发事件应急广播服务。
	20. 通过直播卫星提供不少于17套广播节目，通过无线模拟提供不少于6套广播节目，通过数字音频提供不少于15套广播节目。
	21. 通过直播卫星提供25套电视节目，通过地面数字电视提供不少于17套电视节目，未完成无线数字化转换的地区，提供不少于5套电视节目。
电影	22. 为农村群众提供电影放映服务，每个村每年不少于12场，其中每年国产新片(院线上映不超过2年)比例不少于1/3。
	23. 为中小学生每学期提供2部爱国主义教育影片。
文艺演出	24. 每年为农村乡镇居民提供不少于5场文艺演出，其中地方戏曲不少于1场。
文体活动	25. 城乡居民依托村(社区)综合文化服务中心、文体广场、公园、健身路径等公共设施就近方便参加各类文体活动。每年每个村(社区)举办文体活动不少于2次。
文艺培训	26. 提供基础性的文化艺术知识普及和培训服务，培养居民健康的文艺爱好。每年县级文化馆提供5个、乡镇(街道)文化站提供3个、村(社区)综合文化服务中心提供1个以上类别文艺培训。
陈列展览	27. 公共博物馆、纪念馆、美术馆，或由财政支持开放的民办博物馆、纪念馆、美术馆，常年设有1项以上的基本陈列，每年举办专题陈列展览不少于2次。
免费上网	28. 公共图书馆、文化馆(站、室)建立公共电子阅览室并配置一定数量的上网设备和数字文化资源，免费提供上网服务。
	29. 县级以上公共文化设施内提供免费无线上网服务。
人员配置	30. 县级以上公共文化机构按照职能和当地人力资源社会保障、编办等部门核准的编制数配齐工作人员。
	31. 乡镇(街道)综合文化站每站配备有编制人员1至2人，规模较大的乡镇(街道)适当增加。从业人员应具备公共文化体育服务的知识技能。村(社区)综合文化服务中心设有由政府购买的公益文化岗位。
业务培训	32. 县级以上公共文化机构从业人员每年参加脱产培训时间不少于15天，乡镇(街道)和村(社区)文化专兼职人员每年参加集中培训时间不少于5天。

二、标准实施

（一）本标准是根据国家指导标准制定的省级标准。以县为基本单位制订实施方案和实施（不设县的地级以上市统一制订本市实施方案），建立国家指导标准、省级标准、地方实施方案相衔接的标准体系。

（二）省基本公共文化服务实施标准从 2015 年起开始实施，各相关部门根据职能职责和任务分工，制订具体实施方案。各地根据省级标准以及本地制订的实施方案，明确具体的落实措施、工作步骤和时间安排，确保标准实施工作科学、规范、有序开展。珠江三角洲地区要在 2017 年前全面达到或超过省级标准，其他地区要在 2018 年前基本达到省级标准。

（三）县级以上各级政府按照标准科学测算所需经费，将基本公共文化服务保障资金纳入财政预算，落实保障当地常住人口享有基本公共文化服务所需资金。中央和省级财政通过转移支付对老少边穷地区基本公共文化服务保障资金予以补助，同时对绩效评价结果优良的地区予以奖励。

（四）各地要建立动态监测机制和绩效评价机制，加强督促检查，总结推广经验。省级文化行政部门将会同有关部门引入社会第三方开展公众满意度测评，对公众满意度较差的进行通报批评。

附录 2-2

杭州市基本公共文化服务标准（2016—2020年）

项目	内容	标　准
基本服务项目	读书看报	1. 公共图书馆免费开放，每周开放时间不少于60小时；乡镇公共电子阅览室开放时间不少于30小时；农家书屋每周开放时间不少于40小时。
		2. 县级公共图书馆人均藏书1.2册以上，或总藏量不少于65万册；人均年新增藏书量不少于0.08册。农家书屋图书不少于1200种、1500册，报刊不少于10种，年新增图书不少于60种。
		3. 市、区县(市)公共图书馆每年组织送书下乡1.3万册次；县级公共图书馆对乡镇图书分馆每年流通图书不少于4次。市、区县(市)、乡镇政府(街道办事处)每年指导举办1次全民阅读活动。
		4. 在城镇主要街道、公共场所、居民小区等人流密集地点设置阅报栏或电子显示屏，提供时政、"三农"、科普、文化、生活等方面的信息服务。
	收听广播	5. 乡镇有线广播联网率达到100%，有线对农广播覆盖率达到100%；农村有线广播村村响每天播出次数不少于2次，每次不少于30分钟。
		6. 为全民提供突发事件应急广播服务。
		7. 通过直播卫星免费提供17套广播节目，通过无线模拟免费提供不低于6套广播节目，通过数字音频免费提供不低于15套广播节目。
	观看电视	8. 有线电视联网率达100%，农村有线数字电视实际入户率达90%以上；电视自办对农栏目每周不少于3档，平均每档不少于10分钟。
		9. 通过直播卫星提供25套电视节目，通过地面数字电视提供不低于15套电视节目，未完成无线数字化转换的地区，提供不少于5套电视节目。在城市和有线电视通达的农村地区，为城乡低保户免费提供基本有线(数字)电视节目。
	观赏电影	10. 为农村群众提供数字电影放映服务，合理调整放映结构，其中每年国产新片(院线上映不超过两年)比例不少于1/3。城镇社区、外来务工人员聚集地纳入农村电影服务。
		11. 为中小学生每学期提供2部爱国主义教育影片。
	看戏	12. 根据群众需要，通过政府采购等方式，平均每年为每个乡镇(街道)送地方戏曲等文艺演出6场(含)以上。
		13. 国有剧院每年举办公益性演出不少于15场。
	设施开放	14. 公共图书馆、文化馆(站)、公共博物馆(非文物建筑及遗址类)、公共美术馆等公共文化设施免费开放，基本服务项目健全。
		15. 未成年人、老年人、现役军人、残疾人和低收入人群参观文物建筑及遗址类博物馆实施门票全免。

项目	内容	标　准
基本服务项目	设施开放	16. 文物建筑及遗址类博物馆在文化遗产日、国际博物馆日等特殊节日向社会免费开放。
		17. 公园、绿地等公共场所全民健身器材免费使用。
		18. 中小学校体育场地错时、免费向社会开放，其中工作日每天早、晚开放时间累计不少于 3 小时，双休日、节假日每天不少于 6 小时。
		19. 公共体育场馆公益开放时间每天累计不少于 6 小时。
		20. 工人文化宫、青少年宫、妇女儿童活动中心、科技馆等文体设施向公众免费开放，每周不少于 40 小时。
	文体活动	21. 每个区、县(市)每年组织开展群众文体活动不少于 15 次；每个乡镇(街道)每年举办文化节、读书节、运动会等文体活动不少于 12 次；每个村(社区)每年组织群众性文体活动不少于 4 次。
	展览展示	22. 公共博物馆、公共图书馆、文化馆、公共美术馆每年分别举办免费展览不少于 6 次。
	文化走亲	23. 市、区县(市)每年组织跨区域文化走亲不少于 6 次。
	文化联动	24. 乡镇(街道)之间每年组织跨区域联动不少于 4 次；村(社区)之间不少于 2 次。
	数字文化	25. 市、区县(市)公共文化设施内免费提供 Wi-Fi，公共电子阅览室免费提供上网服务。
		26. 乡镇(街道)公共文化设施内免费提供 Wi-Fi。
		27. 村(社区)图书室(农家书屋)、农村文化礼堂免费提供 Wi-Fi。
		28. 每年发布数字杭州文化地图。
		29. 为市、区县(市)中小学生提供数字资源进校园服务，中小学生可免费下载电子书。
		30. 通过手机、电脑等网络终端可以享受数字文化服务；建有杭州智慧图书馆、杭州智慧文化馆。
	培训讲座	31. 公共图书馆、文化馆每年举办公益培训或讲座不少于 16 次；乡镇(街道)综合站每月开展文化、体育、科技、教育、卫生等各类公益培训或讲座(含视频)不少于 1 次，全年不少于 12 次；村(社区)文化活动室或文化礼堂每年不少于 6 次。
		32. 公共博物馆、公共美术馆每年举办公益培训或讲座不少于 8 次。
	文化预报	33. 统筹整合各类文化资源，提前 1 个月公布面向基层的基本文化服务项目"大菜单"；新增文化服务项目或由于装修等原因暂停文化设施服务的，应当提前 7 天向社会预告。

项目	内容	标　　准
硬件设施	图书馆(室)	34. 市、区县(市)政府所在地常住人口超过150万的,设置1座大型公共图书馆。
		35. 杭州图书馆建有不少于10个主题分馆;建有24小时图书馆不少于10个。
		36. 区、县(市)政府所在地设置1座独立建制、部颁一级的公共图书馆,建有24小时图书馆不少于2个。
		37. 省级中心镇或常住人口超过10万的乡镇(街道)设立图书分馆。
		38. 村(社区)设置图书室(含农家书屋)。
		39. 乡镇(街道)、村(社区)建有标准配置的公共电子阅览室或文化共享工程基层服务点。
	文化馆	40. 市设置大型文化馆。
		41. 区、县(市)政府所在地设置1座独立建制、部颁一级的文化馆。
		42. 杭州市文化馆与高校联建高校文化站,实现在杭高校文化站全覆盖;每年为高校提供各类培训指导活动不少于1次。
	博物馆非遗馆	43. 市建有1座国有公共博物馆,建筑面积10000平方米(含)以上。
		44. 区、县(市)博物馆建筑面积5000平方米(含)以上。
		45. 市、区县(市)设立独立建制的非遗展览展示场所(馆),区、县(市)级不少于200平方米。
	美术馆	46. 市建有公共美术馆。
	乡镇综合文化站	47. 乡镇(街道)建有单独设置的综合文化站。
		48. 服务人口在5万人(含)以上的乡镇(街道)综合文化站,建筑面积不低于2000平方米,其设备配置、活动开展、人员配备、综合管理等达到《乡镇(街道)文化站建设标准》;服务人口3万－5万的乡镇(街道)综合文化站,建筑面积不低于1500平方米;服务人口3万人以下的乡镇(街道)综合文化站,建筑面积不低于800平方米。乡镇(街道)综合文化站的室外活动场地不低于800平方米。乡镇(街道)文化站的建筑面积可累计单体站、分站及其他延伸服务网点的面积。
	文化礼堂(文化活动室)	49. 村里建设的农村文化礼堂,面积不少于200平方米,其中讲堂不少于50平方米,具备演出、展览、科普、广播、阅读、影视、信息共享、体育健身等功能;尚未建设文化礼堂的村,结合基层服务综合设施建设,整合闲置中小学校等资源,建设建筑面积不少于100平方米、室外活动场地不少于300平方米、因地制宜配置器材的文化活动中心。
		50. 社区建有面积不低于200平方米的文体活动中心,具备条件的建有文化公园。

项目	内容	标　　　准
硬件 设施	广电设施	51. 市、区县(市)设立符合建设标准的广播电视播出机构和广播电视发射(监测)台。
	体育设施	52. 全市人均公共体育设施1.8平方米。市、区县(市)设立公共体育场;乡镇(街道)建设全民健身中心,省级中心村建设全民健身广场,社区(居住区)建设健身点(可与文化礼堂或文化活动中心合建)。
	流动设施	53. 开展流动文化服务。区、县(市)配有不少于1台流动服务车。
	辅助设施	54. 公共文化场所为残疾人配备无障碍设施。有条件的公共文化场所配备安全检查设备。
人员 配备	人员编制	55. 县级以上公共文化机构按照职能和当地人力社保、编委办等部门核准的编制数量配齐工作人员。
		56. 单独设置的综合文化站站长任职期间享受相应待遇。
		57. 村(社区)公共服务中心设立由政府购买服务的公益文化岗位,具体工作由乡镇(街道)落实。
	业务培训	58. 县级以上公共文化机构从业人员每年参加脱产培训时间不少于15天;乡镇(街道)、村(社区)基层文化专兼职人员每年参加集中培训时间不少于5天;对优秀民间文化人才和农村文艺骨干进行专门培训,时间不少于2天。
	文化团队	59. 各乡镇(街道)拥有相对稳定并经常开展活动的各类文体团队不少于4支;每个村(社区)至少建立1支经常性群众文体团队。
	文化 志愿者	60. 市、县、乡三级建立具有一定数量的文化志愿者队伍;区、县(市)注册文化志愿者人数不少于常住人口数的2‰。

第三章　公共图书馆服务标准化

【目标和任务】

了解公共图书馆服务标准化的相关概念；掌握公共图书馆服务标准化的内容、特点和意义；了解我国公共图书馆服务标准制定的基本情况；掌握公共图书馆服务标准的相关内容；熟悉公共图书馆评估定级的有关指标和框架。

第一节　公共图书馆服务标准化概述

一、公共图书馆服务标准化的相关概念

1. 公共图书馆

公共图书馆是由各级人民政府投资兴办，或由社会力量捐资兴办的向社会公众开放的图书馆，是具有文献信息资源收集、整理、存储、传播、研究和服务等功能的公益性公共文化与社会教育设施。公共图书馆是保障公民文化权益的基础阵地，是开展社会教育活动的终身课堂，是城市文明进步的显著标志，是现代公共文化服务体系的重要组成部分。

2. 公共图书馆服务标准化

公共图书馆服务标准化是由政府主管部门、图书馆专业组织，或政府指定的专门委员会负责研究制定，根据图书馆设置的目标，就图书馆服务所应达到的要求及图书馆经营涉及的具体条件（如藏书、人员、经费、建筑、设备等）所应达到的最低数量要求做出规定的过程。

3. 公共图书馆的服务资源

公共图书馆的服务资源是指公共图书馆在开展服务过程中所拥有的物力、财力、人力等各种物质要素，主要包含硬件资源、人力资源、文献资源和经费资源。

二、公共图书馆服务标准化的内容

公共图书馆服务标准化的内容包括公共图书馆馆舍建筑、公共图书馆人力资源、公共图书馆文献资源、公共图书馆服务效能、公共图书馆服务标识和公共图书馆服务监督与反馈等方面的标准化建设。

三、公共图书馆服务标准化的特点

1. 复杂性

图书馆服务特性包括有形特性和无形特性两个方面，有形特性和无形特性构成其服务的特点。所以，人们对服务质量的衡量比实体产品质量复杂得多。

2. 导向性

服务质量的主观性决定了标准的图书馆的服务是在读者与图书馆硬软件设施接触中产生的，其质量更多的是通过读者的满意度进行衡量和检验的。而读者的满意程度是凭个人的主观感知而决定的，所以，在制定服务标准时要以读者的主观感知为导向。影响读者主观感知的主要因素有服务人员的结构、素质，服务组织、环境，服务时间、流程，意见的反馈等方面。

3. 差异性

我国经济社会发展的不平衡性以及图书馆的等级差异造成了服务标准的差异，只有正视这些差异，制定的服务标准才具有可操作性。

4. 统一性

图书馆服务标准是内部标准与外部标准的统一。图书馆服务的内部标准是指业内人士根据服务活动需要制定的标准；外部标准是业内人士根据读者的需要，以达到读者满意为尺度制定的标准。要做到内部标准和外部标准的统一，在制定服务标准时就必须以读者使用的效益作为出发点，树立投资效益观。

四、公共图书馆服务标准化的意义

第一，公共图书馆服务标准的制定是中国当代图书馆事业大发展大繁荣的必然要求，体现了国家文化发展的标准战略，有效发挥了其在提升公共图书馆服务效益和质量中的首要作用。

第二，公共图书馆服务标准的制定与成功实践是我国公共图书馆法制化进程中的阶段性成果，必将有助于我国图书馆法制环境的营造，是中国图书馆事业走向科学规范管理迈出的坚实步伐。

第三，公共图书馆服务标准的研制是我国公共图书馆事业全面协调可持续发展的重要保障，更是我国图书馆融入世界图书馆大家庭的重要体现。

第四，公共图书馆服务标准化促进了我国公共图书馆服务不断创新，为完善我国公共图书馆服务体系起到积极的指导和引领作用。

第二节　我国公共图书馆服务标准的制定

一、我国公共图书馆服务标准化的背景

《国家"十二五"时期文化改革发展规划纲要》提出：到 2015 年，我国文化改革发展的主要目标是"按照公益性、基本性、均等性、便利性的要求，以公共财政为支撑，以公益性文化单位为骨干，以全体人民为服务对象，以保障人民群众看电视、听广播、读书看报、进行公共文化鉴赏、参与公共文化活动等基本文化权益为主要内容，完善覆盖城乡、结构合理、功能健全、实用高效的公共文化服务体系。"公共图书馆是公共文化服务体系中最重要的组成部分，是实现公共文化服务"两个基本"目标——实现和保障公民基本文化权益和满足广大人民群众基本文化需求的主要形式与内容。

我国传统的公共图书馆服务标准一般以办馆条件为重点评估内容。一方面，公共图书馆应尽可能为群众提供方便可及的服务，让读者以最短的距离到达图书馆；另一方面，考虑各地的具体情况和人口分布规律，使投入的资源发挥最大的效用。"十二五"期间，我国加强公共图书馆与其他系统图书馆的共建共享，带动全国图书馆事业发展，从而使公共图书馆在公共文化服务体系和公共数字文化建设中发挥主体作用，使公共图书馆成为满足人民群众基本文化需求的重要阵地，逐步建立起覆盖城乡、结构合理、功能健全、实用高效的服务网络(见表 3-1)。

表 3-1　"十二五"时期公共图书馆事业发展主要指标

指标	单位	地区	2010 年	2015 年
公共图书馆覆盖率/%		地市	81.98	100
		县	86.10	100
公共图书馆达标率(部颁三级以上)/%		县以上	55.8	60
公共图书馆免费开放率/%		县以上		100
人均公共图书藏书量	册	全国	0.46	0.7
		东部	0.65	1.0
		中部	0.33	0.5
		西部	0.36	0.5
人均公共图书馆年新增图书藏量	册	全国	0.02	0.05
人均公共图书馆购书经费	元	全国	0.83	1.65
国家数字图书馆资源总量	TB	全国	480	1000

指标		单位	地区	2010 年	2015 年
有效读者总人数		万人	全国	2020	5050
文献外借册次		亿册次	全国	2.64	4
总流通人次		亿人次	全国	3.28	4.5
提供远程访问服务的公共图书馆比例/%			省		100
			地市		90
			县		50
图书馆专业技术人员比例/%	高级职称		全国	8.2	10.66
	中级职称		全国	32.4	36.29

资料来源：《文化部关于印发〈全国公共图书馆事业发展"十二五"规划〉的通知》，http://www.gov.cn/gong bao/content/2013/content_2404725.htm。

二、我国公共图书馆服务标准制定的基本情况

1.《公共图书馆建设标准》

由国家文化部主编、住房和城乡建设部与国家发展和改革委员会批准发布的《公共图书馆建设标准》于 2008 年 11 月 1 日起正式施行。《公共图书馆建设标准》共 5 章 43 条，包括"总则、规模分级、项目构成与选址、总建筑面积和分项面积、总体布局与建设要求、建筑设备"六大部分。目前我国公共图书馆基础设施比较落后，城乡发展水平差距也比较大，《公共图书馆建设标准》的出台，保证了政府对公共图书馆基础设施建设必要的、适当的投入，保证了公共图书馆的建筑、设施、设备与经济社会发展水平相适应，具有相当的权威性和实际指导意义。

2.《公共图书馆建设用地指标》

由文化部委托中国图书馆学会制定的《公共图书馆建设用地指标》于 2008 年 6 月 1 日起正式实施。其与《公共图书馆建设标准》成为全国公共图书馆建设的统一标准，是我国公共图书馆建设逐步走向科学化、法制化、规范化的重要里程碑，是公共图书馆建设项目科学决策、合理确定项目建设投资水平的全国标准，是编制、评估和审批公共图书馆建设项目建议书及可行性研究报告的依据，有利于厘清图书馆建设中的数量指标，规范各地公共图书馆的投资行为，从而实现和保障人民群众利用图书馆的权利，满足人民群众基本的知识、信息和文化需求。

3.《公共图书馆服务规范》

《公共图书馆服务规范》(GB/T 28220—2011)是由国家质量监督检验检疫总局、国家标准化管理委员会批准发布的。该标准于 2012 年 5 月 1 日起正式实施。《公共图书馆服务规范》由文化部提出，全国图书馆标准化技术委员会归口，上海图书馆作为牵头起草单位，联合浙江图书馆、长春市图书馆共同起草完成。该规范规定了图书馆服务资

源、服务效能、服务宣传、服务监督与反馈等内容，适用于县(市)级以上公共图书馆、街道、乡镇级公共图书馆以及社区、乡村和社会力量办的各类公共图书馆基层服务点。《公共图书馆服务规范》的发布填补了当时我国图书馆规范体系中服务类标准规范的空白，为检验公共图书馆服务效能与管理提供了技术依据，对于改善公共图书馆服务的条件，提高公共图书馆服务的整体品质，提高公共图书馆的服务效能具有重要意义。在推动我国公共图书馆事业健康有序发展，加快建设覆盖全社会的公共文化服务体系，有效保障社会公众的基本文化权益等方面发挥了积极作用。

4.《社区图书馆服务规范》

该项目是由全国图书馆标准化技术委员会于2012年立项的文化行业标准制定项目。由深圳图书馆牵头，联合深圳市罗湖区图书馆、全国中小型图书馆联合会、深圳市福田区图书馆、贵州省图书馆、深圳市南山区图书馆、深圳市龙岗区图书馆、东莞图书馆共同研制。该项目旨在促进社区图书馆改善服务条件，规范服务工作，提升服务能力，提高服务效能，保障社区图书馆服务工作正常开展，使基层民众享受普遍均等的公共图书馆服务。《社区图书馆服务规范》(WH/T 73—2016)被批准为推荐性行业标准，自2016年5月1日起实施。

5. 数字图书馆的相关规范

数字图书馆的服务标准建设工作随着我国数字图书馆的建设进度也在不断深入。我国自1987年便开始机读目录开发，1992年出版了基于UNIMARC的《中国机读目录通信格式》(CNMARC)。1999年，中国高等教育文献保障系统(CALIS)开始与部分高校共同开展元数据标准的研究，之后又逐步增加存档标准、数字加工标准等内容。2001年，北京大学图书馆在正式开展数字图书馆研究后，总结出一套规范和指导各类元数据标准的设计制定规则和方法——《中文元数据标准框架》。在此框架下，又设计并应用了古籍、拓片、舆图等具体的元数据标准。2002年10月，科技部启动了"我国数字图书馆标准规范建设"(CDLS)项目。该项目是科技基础性工作专项资金重点项目，由中国科技信息研究所、中国科学院文献情报中心和国家图书馆联合发起，主要针对数字图书馆系统的数字资源建设与服务，制定我国数字图书馆标准规范发展战略与标准规范框架，制定数字图书馆核心标准规范体系。截至2012年，其成果主要包括15个建设子项目及多个技术成果报告，如《数字图书馆建设中标准规范应用指南》《基本元数据规范》《元数据扩展规划》《专门元数据规范》《唯一标识符应用规范》等。

6. 地方公共图书馆的服务规范

从地方层面来看，2007年5月，上海市文化广播影视管理局正式颁布和施行《上海市公共图书馆行业服务标准(试行)》，这是全国首个公共图书馆行业服务标准。江西省于2008年11月下发了《关于颁发江西省公共图书馆服务标准(试行)的通知》。新疆维吾尔自治区文化厅2010年5月颁布了《新疆维吾尔自治区公共图书馆服务标准(试行)》。安徽省于2011年11月颁布了《安徽省公共图书馆服务标准》。这些标准大都包括总则、服务设施与环境、服务对象和开放时间、服务内容和方式、服务保障与监督、附则等方面的内容。

7. 公共图书馆总分馆的服务规范

在各地积极开展公共图书馆服务网络建设的实践过程中，制定了一系列规章制度和标准规范，有效地统一了区域性图书馆服务网络的网点布局、资源共享以及服务规范。例如，东莞图书馆总分馆建设中，通过编写《东莞地区图书馆总分馆建设指南》《东莞图书馆总分馆工作条例》《东莞图书馆总分馆运行管理制度》《东莞图书馆分馆建设标准》《东莞图书馆分馆服务标准》等业务工作管理制度，明确了总分馆的建设条件、程序以及分馆的馆舍、经费投入、设备、人员、职责与业务工作要求等。同时制定了《东莞图书馆业务规范——行业条码使用规则》《东莞图书馆业务规范——图书馆单位代码使用规则》等一系列工作规程、业务标准和规章制度。在分馆代码、读者证、条形码规范、流通规则等涉及馆际运行的业务工作项目上严格管理，为总分馆各类合作业务的顺利开展打下了坚实基础。

三、我国公共图书馆服务标准的基本内容

1. 公共图书馆馆舍建筑

(1)设置布局。公共图书馆设置布局应遵循普遍均等原则，选址要考虑服务半径、服务人口等因素，并应按《公共图书馆建设用地指标》执行。服务人口是指公共图书馆服务范围内的常住人口。为了保证读者阅览空间和图书馆为读者服务的能力，总建筑面积、阅览室用房使用面积的比例、总阅览座位数应按《公共图书馆建设标准》执行。还要为残障读者的无障碍服务提供必要的服务设施。

(2)建筑功能总体布局。公共图书馆建筑功能总体布局应遵循以读者服务为中心，与图书馆的管理方式和服务手段相适应，做到分区明确、布局合理、流线通畅、安全节能、朝向和通风良好。少年儿童阅览区应与成人阅览区分开，宜设置单独的出入口，有条件的可设室外少年儿童活动场地。视障阅览室宜设在图书馆本体建筑与社会公共通道之间的平行层。

(3)电子信息设备

①计算机。公共图书馆应配备一定数量的计算机专供读者使用。各级政府应支持图书馆配备与经济和技术发展水平相适应的信息技术设备。各级公共图书馆所需计算机数量见表3-2。

表3-2　公共图书馆计算机设备配置及用途指标

等级	计算机总数量(台)	其中：读者使用计算机数量(台)	其中：OPAC计算机数量(台)
省级馆	100以上	60以上	12以上
地级馆	60以上	40以上	8以上
县级馆	30以上	20以上	4以上

注：1. 省级馆包含省(自治区、直辖市)、副省级市(计划单列市)级图书馆；地级馆包含地(市、地区、盟、州)级图书馆；县级馆包含县(市)级图书馆。

2. OPAC(Online Public Access Catalogue)指在线公共检索目录。

②网络与宽带接入。公共图书馆网络与宽带接入，是为读者提供网络信息服务的基础。各级公共图书馆网络与带宽接入指标见表3-3。

表3-3 网络与带宽接入指标

等级	互联网接口	局域网主干	局域网分支
省级馆	≥100兆	≥千兆	≥百兆
地级馆	≥10兆	≥千兆	≥百兆
县级馆	≥2兆	≥百兆	≥百兆

③信息节点。信息节点是指在馆内与局域网或互联网连接的计算机网络接口。阅览室的信息点设置应不少于阅览座位的30%，电子阅览室的信息点设置应多于阅览座位数。有条件的可提供互联网无线网络接入服务。

2. 公共图书馆人力资源

(1)人员要求。公共图书馆工作人员应受过专业训练，具备良好的职业道德，在读者服务工作中应平等对待所有读者，尊重和维护读者隐私。工作人员须挂牌上岗，仪表端庄，使用文明用语，热忱并努力为读者提供准确、全面的信息服务。

(2)人员配备。公共图书馆应配备数量适宜的工作人员。具有相关学科背景的专业技术人员应占在编人员的75%以上，少数民族自治地区公共图书馆要配备熟悉少数民族语言文字的专业技术人员。

公共图书馆专业技术人员是指符合下列条件之一并从事相关业务工作的人员：

①具有助理馆员等各类初级及以上专业技术职务任职资格；

②具有图书馆学专业(或图书情报专业)专科或以上学历；

③非图书馆学专业(或图书情报专业)专科或以上学历，须经过省级及以上学会(协会)、图书馆、大学院系举办的图书馆学专业(或图书情报专业)课程培训，培训课时不少于320学时，并成绩合格。

(3)人员数量。公共图书馆工作人员数量的确定，应以所在区域服务人口数为依据。每服务人口10000~25000人应配备1名工作人员。各级公共图书馆所需的人员数量的配备，还应兼顾服务时间、馆舍规模、馆藏资源数量、年度读者服务量等因素。

(4)教育培训。公共图书馆应坚持实施针对全体工作人员的教育培训计划。每年用于工作人员教育培训的经费预算应占职工年工资总额的1.5%~2.5%。年人均受教育培训时间应不少于72学时。

(5)志愿者队伍。公共图书馆应引入志愿者服务机制，吸引更多图书馆工作人员和社会公众加入志愿者队伍。

3. 公共图书馆文献资源

(1)馆藏文献

①文献采集原则。馆藏文献资源建设应遵循以下原则：

a. 与日益增长的读者需求和本地区经济、文化及社会事业发展相适应；

b. 与国家知识产权保护等法律法规的要求相一致；

c. 与本馆文献资源建设规划、采集方针及服务功能相匹配；

d. 有利于形成资源体系和特色；

e. 有利于促进区域文献资源共建共享；

f. 有利于积淀与丰富历史文献。

②馆藏文献总量。馆藏文献包括印刷型文献、电子文献、缩微文献等。公共图书馆应在确保印刷型文献入藏的基础上，逐步增加电子文献的品种和数量，并根据当地读者和居住的外籍人员的需求，积极配置相应的外文文献。

a. 馆藏印刷型文献以图书、报刊合订本的册数计。省级馆、地级馆、县级馆的入藏总量分别应达到 135 万册、24 万册、4.5 万册以上，省、地、县级馆年人均新增藏量分别应达 0.017、0.01、0.006 册以上。

b. 馆藏电子文献包括电子图书、电子报刊、视听资料等，以品种数计。省级馆、地级馆、县级馆的年入藏量分别应达到 9000 种、500 种、100 种以上。

③少数民族语言文献。少数民族集聚地区的各级公共图书馆应承担该地区少数民族文字文献资料的收藏和服务的职能。其他地区各级公共图书馆也应收藏与本地少数民族状况相适应的少数民族语言文献。

（2）呈缴本。根据有关法律或法令规定，出版者每出版一本新书刊都要免费呈缴一定的样本给指定图书馆，这种制度称为呈缴本制度，所呈缴的样本为呈缴本。省级公共图书馆负有依法接受所在省（市）出版机构呈缴出版物和保存地方文献版本的职能。呈缴本的入藏应符合本馆的文献入藏原则和范围，征集的品种、数量应达到地方正式出版物的 70% 以上。

（3）政府出版物。公共图书馆应承担当地政府出版物的征集、保存与服务职能，设置政府公开信息查阅点，并做好服务工作。

（4）文献购置经费。公共图书馆的文献购置经费由各级政府投入，专款专用，确保公共图书馆服务的正常开展。省级馆年人均文献购置费应达到 0.52 元以上；地级馆年人均文献购置费应达到 0.3 元以上；县级馆年人均文献购置费应达到 0.18 元以上。文献购置经费应与财政收入的增长同步增加。图书馆应在文献购置经费中安排电子文献购置经费，并根据馆藏结构和文献利用情况逐年提高或不断调整其与印刷型文献的比例。

4. 公共图书馆服务效能

（1）基本服务

①服务时间。公共图书馆应有固定的开放时间，双休日应对外开放。其中省级馆每周开放时间不少于 64 小时，地级馆每周开放时间不少于 60 小时，县级馆每周开放时间不少于 56 小时。各级独立建制的少年儿童图书馆每周开放时间不少于 40 小时。

②流动服务。公共图书馆应通过流动站、流动车等形式，将文献外借服务和其他图书馆服务向社区、村镇等延伸，定期开展巡回流动服务。

③总分馆服务。公共图书馆应在政府主导、多级投入、集中分层管理、资源共享的原则下，建立普遍均等的公共图书馆服务体系，因地制宜地开展形式多样的总分馆服务，形成统一的机构标识，统一的业务规范，建立便捷的通借通还，文献分拣传递物流体系，提升同一地区公共图书馆系统的整体形象和服务能力。

（2）拓展服务

①远程服务。公共图书馆应利用互联网、手机等信息技术手段和载体，开展不受时空限制的网上书目检索、参考咨询、文献提供等远程网络信息服务。

②个性化服务。公共图书馆可为个人、企事业机构及政府部门提供多样化的、灵活的、有针对性的服务。

（3）服务效率

①文献加工处理时间。公共图书馆需根据不同类型（如印刷型、电子、缩微等）、不同来源（如购买、受赠、交换等）的文献资源特点和服务要求，优化文献加工处理流程，缩短文献加工处理周期，提高文献加工处理效率。文献加工处理时间以文献到馆至文献上架（或上线）服务的时间间隔计。其中，报纸到馆当天上架服务，期刊到馆2个工作日内上架服务，省级馆、地级馆及县级馆分别在图书到馆20、15、7个工作日内上架服务。

②闭架文献获取时间。闭架文献获取时间以读者递交调阅单到读者获取文献之间的间隔时间计。闭架文献提供不超过30分钟，外围书库文献提供不超过2个工作日。古籍等特种文献，另按相关规定执行。

③开架图书排架正确率。开架图书提倡按《中国图书馆分类法》分类号顺序排列整齐。省级馆、地级馆及县级馆的开架图书排架正确率分别不低于96%、95%、94%。

④馆藏外借量。馆藏外借量以外借文献册数计。公共图书馆应合理调整外借文献范围、外借文献册数、借期等流通规则，保持馆藏外借量逐年增长。

⑤人均借阅量。公共图书馆应分别根据有效持证读者和服务人口的总数，计算已外借文献量（册）占有效持证读者总数和服务人口总数的比例，以反映流通馆藏对有效持证读者的服务使用情况。公共图书馆应适时调整外借册数、借期等流通规则，并在流通规则合理范围内，保持人均借阅量逐年增长。

⑥电子文献使用量。电子文献使用量由数据库检索量和全文下载量组成。公共图书馆应积极宣传电子文献，举办电子文献使用辅导讲座，提升读者使用电子文献的信息素养，保持电子文献使用量逐年增长。

⑦文献提供响应时间。文献提供响应时间以收到读者文献请求至回复读者之间的间隔时间计。响应时间不超过2个工作日，并告知读者文献获取的具体时间。

⑧参考咨询响应时间。公共图书馆需提供多样化的文献咨询服务方式，有效缩短

文献咨询的响应时间。多样化的文献咨询服务方式包括现场、电话、信件、传真、电子邮件、网上实时和短信等。响应时间是以收到读者咨询提问至回复读者之间的间隔时间计。现场、电话、网上实时咨询需在服务时间内当即回复读者，其他方式的咨询服务的响应时间不超过 2 个工作日。

5. 公共图书馆服务标识

(1)导引标识

①方位区域标识。公共图书馆导引标识志系统应使用标准化的文字和图形建立，公共信息标识应采用国家标准 GB/T 10001.1《标识用公共信息图形符号　第 1 部分：通用符号》，根据需求可采用双语或多语言对照。公共图书馆应在主体建筑外竖立明显的导向标识。公共图书馆入口处应标明区域划分，如阅览区域、活动区域、办公区域等，以方便读者到达目标区域。公共图书馆应在每一楼层设立醒目的布局功能标识。

②文献排架标识。公共图书馆应在阅览区和书库设置文献排架标识。

③无障碍标识。公共图书馆应设置无障碍设施的专用标识。

(2)服务告示

①告示内容和方式。公共图书馆的服务范围、服务内容、服务时间、服务公约、读者须知、借阅(使用)规则、服务承诺等基本服务政策应在馆内醒目位置和图书馆网站的相关栏目向读者公示，其他服务政策及各类服务信息等应通过各种途径方便读者获取。

②闭馆告示。因故须暂时闭馆，须向上级文化行政主管部门报告并经其同意后，提前一周向读者公告。如遇公共安全、网络安全等突发事件须临时闭馆或关闭部分区域、暂停部分服务的，应及时向读者公告。

(3)馆藏揭示

公共图书馆应借助计算机管理与书目检索系统，将纸质、电子和缩微等不同载体的馆藏文献目录向公众揭示，提供题名、著者、主题等基本检索途径，方便读者查询。公共图书馆还应通过网站、宣传资料、专题展览等形式，向公众推介、揭示最新入藏的文献和特色馆藏。

(4)活动推广

公共图书馆应通过媒体、网站、宣传资料、宣传栏及各种现代化通信手段等形式，邀请、吸引读者的参与和互动。

6. 公共图书馆服务监督与反馈

(1)监督途径和方法。公共图书馆应在馆舍显著位置设立读者意见箱(簿)。公开监督电话，开设网上投诉通道，建立馆长接待日制度，组建社会监督员队伍，定期召开读者座谈会。认真对待并正确处理来自读者的意见或投诉，在 5 个工作日内回复并整改落实。

(2)读者满意度调查。读者满意度调查表中读者对图书馆满意度的选项为"满意"

"基本满意"和"不满意"三项。读者满意度以参与问卷调查的读者中选择"基本满意"和"满意"的人数占调查总人数的比例计。各级公共图书馆的读者满意度应在85%(含)以上。公共图书馆每年应进行一次读者满意度调查,可自行或委托相关机构向馆内读者随机发放读者满意度调查表。调查表发放数量,省、地、县级图书馆分别不少于500、300、100份,回收率不低于80%。公共图书馆应对回收的读者满意度调查表进行分析,针对薄弱环节提出整改意见。调查数据应系统整理,建档保存。

四、我国公共图书馆服务标准化的发展方向

第一,应按照公共图书馆服务"普遍均等"的原则,着眼于构建覆盖全社会的、实用便捷高效的图书馆服务网络的思想,降低或放弃图书馆大型化甚至"形象工程化"的单纯追求。

第二,充分考虑我国图书馆事业发展的现实基础、现实可能与可持续性,科学规范政府的投资行为和建设标准,使公共图书馆项目建设达到最佳秩序,获得最佳效益。

第三,公共图书馆的规模、面积、分区和布局要服从于公共图书馆的服务功能,体现现代图书馆理念,适应现代图书馆服务方式的需要。现代图书馆兼有人类文明记录的保存及传承、知识信息传播、社会教育、终身学习和休闲娱乐等功能。现代图书馆建筑,应该满足现代图书馆理念和服务功能的拓展,适应现代图书馆服务手段由传统借阅向网络传输变革的需要。

第四,积极吸取工程实践先进经验和应用新的科技成果,建设绿色图书馆,使体现人类文明进步的图书馆建筑成为全社会节约、环保、开放、人文型建筑的典范。

第五,在基层图书馆标准化制定与修订工作中,应积极培养新生力量,通过专业培训和学术交流等方式,有计划、有步骤地培养基层图书馆标准规范建设人才,建设一支集标准化知识、图书馆专业知识及业务实践能力于一身的标准化工作队伍。

五、国外图书馆服务标准化的特点

1. 注重保障弱势群体

英国、美国、澳大利亚等国家制定公共图书馆标准规范时均以用户为中心,注重用户服务,特别是为不同群体服务的差异性。如美国大部分州立公共图书馆的标准中都提到了为特殊群体服务,各标准中也提到了要遵守美国残疾人法案(Americans with Disabilities Act,ADA)中对残疾人服务的规定。澳大利亚图书馆行业非常重视服务标准的制定与实施,各类标准规范都能显示出服务标准在图书馆标准建设中的重要地位,尤其重视对不同人群(包括家庭用户、青少年、土著居民、残障人士等)的服务,还详细地制定了为不同人群服务的相关标准。作为指导未来公共图书馆建设和服务的标准,其建设工作理应在内容中体现以人为本的公共图书馆建设和服务理念。

2. 注重标准的动态调整

服务标准的制定是一个不断进行的过程，西方国家对制定图书馆服务指南等纲领性文件的探索之路从未中断过。英国从 1849 年以来出版了 10 余份里程碑式的公共图书馆报告、3 份有关公共图书馆的法规及 2 份公共图书馆服务标准。从国外公共图书馆服务标准发展历程可以看出，一个标准的制定与执行不是一劳永逸的，而是可持续发展的，需要随着经济社会的发展而不断完善。如果指标脱离实际，则有违标准设立的初衷，最终还是要与实际相结合。无论是全国性还是地区性的图书馆相关法律和标准，都需要定期根据实际情况进行修订和更新，以此来保证标准功能持续有效地发挥作用，更好地服务于公共图书馆事业。

扩展阅读

国外图书馆的标准化概况

国外共有 60 多个国家制定了图书馆法，以法律的形式规范了经费来源、图书馆设置与运行标准、图书馆服务规范、文献呈缴制度、从业人员准入资格等。为了确保公共图书馆制定有效的服务措施，达到满足公众需求的目的，很多国家还制定了指导图书馆工作的标准和指南。这些标准不仅对公共图书馆的目标、活动和功能做出了规定，而且给出了指导性建议和可操作标准。

为制定一个能被图书馆界普遍认可和广泛推行的指标体系，国际标准化组织在图书馆范围内大量征集绩效指标，并综合 ISO/TC46/SC8 等研究成果，于 1998 年制定并颁布了国际标准 ISO11620：1998，即《信息与文献——图书馆绩效指标》。该标准对每一项指标的名称、设置目的、应用范围、指标定义、数据收集及计算方法、解释使用该指标时需要注意的情况及影响指标的因素、该指标的来源出处以及相关指标都做了详尽的描述，从用户评价、公共服务和技术服务三个方面共用 29 项指标对传统图书馆的运营活动及服务质量等多个方面进行了定性、定量相结合的综合测定和评价，这其中未涉及人力资源和电子资源的评价指标。2003 年 7 月国际标准化组织颁布 ISO11620：1998/Amd1：2003，即《图书馆绩效指标补充本》，其在第一版的基础上增加了一些关于人力资源的评价，但仍未涉及电子资源的相关指标。

公共图书馆的国际性标准以 1949 年由联合国教育、科学及文化组织（United Nations Educational，Scientific and Cultural Organization，UNESCO）公布的《联合国教科文组织公共图书馆宣言》为滥觞。其后，国际图书馆协会联合会（International Federation of Library Associations and Institutions，IFLA）于 1958 年在马德里通过了《公共图书馆服务标准》，又于 1959 年通过了《公共图书馆建筑标准》，这些标准对各国图书馆事业之影响至深且远。国际图书馆协会联合会在图书馆服务规范方面经历了从标准到指南的发展过程（见表3-4）。

表 3-4 国际图书馆协会联合会公共图书馆服务标准的发展演变

年份	标准(或指南)	主要内容
1973	《公共图书馆标准》 (Standards for Public Libraries)	馆藏规模、行政管理规模、开馆时间、雇用员工的数量、建筑标准等。
1986	《公共图书馆指南》 (Guidelines for Public Libraries)	确定了图书馆治理、管理、馆藏、服务、建筑、经费等方面标准的制定原则。
2001	《公共图书馆服务发展指南》 (Public Library Services： Guidelines for Development)	公共图书馆的作用与目标、法律和经费框架、满足用户的需求、馆藏发展、人力资源、公共图书馆的管理与营销。
2010	《IFLA 公共图书馆服务指南》 (IFLA Public Library Service Guidelines)	公共图书馆的使命和宗旨、法律和经费框架、满足客户的需求、馆藏发展、人力资源、公共图书馆的管理、公共图书馆的营销。

资料来源：孙蓓、束漫：《图书馆服务标准到指南的变化——基于国外发展历程的研究》，载《图书馆杂志》，2012(12)：8。

1973 年《公共图书馆标准》(1977 年修改重版)的统一性指南思想清晰明了，其提供了一系列量化标准，包括馆藏规模等。1986 年《公共图书馆指南》取代之前的标准并修正了之前的指导思想，内容也由标准向建议性指南转变。随后经过多次讨论修改，新修订的《公共图书馆服务发展指南》在 2001 年 8 月第 67 届国际图联波士顿大会上正式发布。2010 年的《IFLA 公共图书馆服务指南》是对"指南"的最新修订，在原有基础上加入了新内容，目的是通过提供知识、信息和成功的经验，最终提高图书馆所服务社区公众的学习能力和生活质量。

▸▸ 扩展阅读

美国图书馆标准化

美国是世界上图书馆法制建设最为完善的国家之一，其图书馆服务标准体系也相当完备，这一体系的建立经历了由最初的国家统一制定标准到各州制定各自标准的发展阶段。1933 年，美国图书馆协会(American Library Association，ALA)公布了国家级《公共图书馆服务标准》，1943 年修改成《公共图书馆战后标准》，1956 年和 1966 年又分别对该标准进行了修订。1966 年之后，美国图书馆学界认识到，在国家多样化的形势下实行统一的标准是不切实际的。因此美国图书馆协会转变策略，使其分支机构——美国公共图书馆协会着手帮助各州制定《公共图书馆标准》。很多州的图书馆相继制定并公布了各自的公共图书馆标准，并将其作为图书馆计划和评估的依据。目前，美国50个州共有35个制定了《公共图书馆标准》。另外，其他一些州关于公共图书馆要遵循的相关规定一般包含在州的图书馆法或管理规则内，如马萨诸塞州、新墨西哥州和宾夕法尼亚州。美国各州标准的指导思想和制定目的主要有：①对于公共图书馆和图书馆系统而言，制定标准可以激励本地范围内的公共图书馆致力于达到标准以促使公众能享受图书馆高质量的服务。②标准中将图书馆的发展需求最终形成文件，可作为图书馆获取发展资金的依据。③标准可以作为评估本地图书馆服务的有效工具，并辅助图书馆为未来的发展制订计划。此后，美国图书馆协会1982年出版了《公共图书馆服务绩效评估手册》，大学及研究图书馆协会于1990年制定了《评估学术图书馆绩效标准》等。现在，美国的图书馆服务标准与发展指南体系相当完备，这一体系的建立经历了最初国家统一制定标准到指南性纲领取代全国性标准并协助各图书馆制订各自发展计划的发展阶段（见表3-5）。

表 3-5 美国公共图书馆服务标准的发展演变

年份	标准（或指南）	主要内容
1933	《公共图书馆标准》 （Standards for Public Libraries）	确认公共图书馆在教育、信息、娱乐等方面的作用，图书馆在职员、藏书、财政、图书馆利用的评估等方面的重要事项及标准。
1943	《公共图书馆战后标准》 （Postwar Standards for Public Libraries）	提出公共图书馆向所有人免费提供服务的原则，满足居民的教育、信息、审美、研究和娱乐需求的目标，在服务、经营管理、规模和区域、财政、建筑、藏书、职员、整理技术等方面的标准和规定。
1956	《公共图书馆服务》 （Public Library Service）	公共图书馆的功能和图书馆系统的概念，在结构和行政、服务、图书与非图书馆资料、职员、资料的组织和设施设备方面的原则和标准。
1966	《公共图书馆系统最低标准》 （Minimum Standards for Public Library Systems）	提出了建立公共图书馆的最低人口标准、建立地区性图书馆系统的意见等。
1979	《公共图书馆使命陈述及其对服务的必要性》 （The Public Library Mission Statement and Its Imperatives for Service）	提出教育、文化、信息等十大公共图书馆使命。

年份	标准（或指南）	主要内容
1980	《公共图书馆计划过程》 (A Planning Process for Public Libraries)	提供各图书馆基于当地社区的需求制订计划目标并实现发展的方法。
1987	《公共图书馆计划与功能设计： 选项与程序指南》 (Planning and Role Setting for Public Libraries：A Manual of Options and Procedures)	提出服务计划制订的 7 个阶段，公共图书馆 8 大使命。
1998	《面向结果的计划：图书馆变革过程》 (Planning for Results：A Public Library Transformation Process)	提出服务计划制订的 6 个阶段，立足社区需求的公共图书馆 13 项使命。
2001	《新编面向结果的计划：流水作业法》 (The New Planning for Results a Streamlined Approach)	计划制订过程（6 个阶段），公共图书馆服务响应，工具包等。

资料来源：孙蓓、束漫：《图书馆服务标准到指南的变化——基于国外发展历程的研究》，载《图书馆杂志》，2012(12)：8。

第三节　公共图书馆服务标准化的地方实践：
浙江省桐庐县乡镇分馆建设

一、桐庐县图书馆乡镇分馆建设基本概况

桐庐县地处浙江省西北部，总面积 1825 平方千米，辖 4 个街道、6 个镇、4 个乡，总人口 48.43 万。桐庐县政治、经济综合状况在杭州市区、县（市）中属中游水平。近年来，随着经济社会的快速发展，缩小城乡差距、协调统筹城乡发展已成为各级党委、政府迫切而重要的工作任务。因此，构建城乡一体化公共图书馆服务体系也成为协调统筹城乡发展推进过程中加快公共文化服务体系建设的重要内容之一。

公共图书馆的公平性，要求其布局必须尽量扩大社会覆盖面，使尽可能多的，乃至全体居民都能很方便地利用公共图书馆，这也是公共图书馆事业总体规划、布局的基本原则之一。目前很多城市在图书馆的顶层布局时使用了总分馆模式，即在一个城市设立一个或多个中心馆，围绕中心馆形成多个卫星式分馆，同时以流动图书馆作为辅助工具，从而形成辐射全市的服务模式。杭州图书馆作为全市公共图书馆服务网络的中心馆，主要承担对区、县（市）公共图书馆业务的规划、指导、协调和评估考核等工作，整合区、县（市）公共图书馆资源，建立统一的技术平台、检索平台和服务标准。

桐庐县图书馆为总馆，负责其辖区范围内各级图书馆的具体业务操作，根据总分馆体系的具体任务要求，组织落实统一采购、集中编目、通借通还、数字资源库建设、资源共享等工作任务，统筹管理乡镇分馆的购书经费、人员经费、资源建设和相关业务活动。乡镇图书馆作为桐庐县图书馆分馆，接受县总馆业务管理，其主要职责在于拓展乡镇分馆的服务领域和服务功能，创新服务手段，提高服务质量和服务水平，采取多种服务方式提高文献信息资源利用率，充分发挥公共图书馆宣传教育、陶冶情操、娱乐休闲等多种功能，为当地经济社会发展和科学文化普及提供服务。

二、桐庐县图书馆乡镇分馆建设实践

1. 顶层设计出政策，签订协议明责任

根据《桐庐县构建城乡一体化公共图书馆服务体系实施意见》和《桐庐县图书馆乡镇分馆管理暂行办法》，明确了乡镇分馆的管理职责、资金管理、人员管理、设备管理、乡镇分馆服务与读者权益、绩效考评等。桐庐县文化广电新闻出版局作为县政府文化行政主管部门，与各乡镇政府签订《乡镇（街道）分馆合作共建协议书》，约定和明确了县图书馆总分馆建设的主体和管理责任，建立了合作共建机制和长效管理机制。协议主要内容如下：

（1）明确责任。桐庐县文化广电新闻出版局负责全县乡镇分馆建设的整体规划，协调相关政策、运行保障措施，督查指导建设任务的落实。乡（镇）政府为当地乡（镇）分馆建设的责任主体，负责乡镇分馆建设规划、政策、措施的出台，落实分馆开馆的筹备工作，并在每个行政村建立图书流通点。乡镇分馆的业务建设和指导由桐庐县图书馆负责。

（2）文献配置。总馆（桐庐县图书馆）在乡镇分馆开馆时，一次性给予1500册以上的图书与碟片，以备流通。

（3）派驻人员。总馆（桐庐县图书馆）负责向每个乡镇分馆派出图书管理工作人员1名。

（4）经费保障。乡（镇）政府负责落实乡镇分馆日常运行（如水电、通信、办公等）、馆舍维护及由当地配备的管理人员的工资等费用；乡（镇）政府每年确保人均不少于1元的购书经费，交县图书馆统一管理；县政府每年给予分馆1：1的配套购书经费用于统一配置书刊。

（5）业务指导。对乡镇分馆的业务指导由总馆（桐庐县图书馆）全权负责，主要包括负责指导乡镇分馆开馆的准备工作，并安排业务干部给予技术支持；为乡镇分馆人员提供免费的业务培训，并随时解答乡镇分馆读者及工作人员的疑问等。

2. 循序渐进稳推进，因地制宜求实效

桐庐县按照成熟一个发展一个的原则，注重实效。优先在条件较为成熟的乡镇创建分馆，以发挥较好的示范作用。2009年年初，依托凤川镇新建的文体综合楼项目，

在该镇建设了全县首个分馆。此后，各乡镇分馆在一年多的时间内纷纷建立，目前，已建成乡镇分馆 12 家，实现 100％全覆盖。在馆舍的选址上，本着便利、节约、共享的原则，尽量与乡镇(街道)文体站、"东海明珠"工程用房共建共享。如合村乡分馆的馆舍就利用原"东海明珠"工程用房，凤川分馆选择在人口密集的综合文化楼，百江分馆安置在已腾空的原小学教学楼等。

在建设标准上，不搞"一刀切"，以建于人口密集地区为主要标准，注重实效。如合村乡、莪山畲族乡、新合乡等总人口不到一万的小乡镇，在分馆建设时，从实际情况出发，对馆舍建筑面积不作硬性要求，只要人员容易集聚即可，充分保障居民利用图书馆的方便与快捷，使公共图书馆服务更贴近百姓、方便百姓。

3. 科学设计定标准，刚性措施重保障

为保证县—乡镇总分馆的建设质量，桐庐县对分馆建设制定了明确的标准，如表3-6 所示。

表 3-6　桐庐县乡镇图书馆分馆建设标准一览表

项目	要求	标准
馆舍选址和面积	在文化中心楼内或乡镇人员集聚地	≥500 平方米
设施设备	配备适当的书架，报刊架，阅览桌、椅	≥1 个/张
	配备空调	≥1 台
	配备电脑(可用网络)	≥1 台
	配备扫描仪	≥1 台
	配备办公桌	≥1 张
馆藏文献	各类文献总藏量	≥10000 册
	每年新增报刊	≥30 种
人员	配有高中以上文化的专职图书管理员	≥1 人
购书经费	按乡镇常住人口计算，上交给县图书馆统一管理	1 元/人
电子阅览室	配备一定数量的电脑	≥10 台
开放时间	每周开放 6 天，节假日要求照常开放	≥48 小时/周

总分馆建设归根结底是一个制度设计问题。具体包括：①政府主导，分级投入。按照《桐庐县构建城乡一体化公共图书馆服务体系实施意见》的文件通知，明确了乡镇图书馆由县、镇(乡)两级政府共同投入，即镇(乡)政府每年必须确保人均 1 元以上的购书经费，县财政按 1∶1 落实配套经费，并交县图书馆(总馆)统一采购。②总馆派员，统筹管理。实行人力资源集中管理的模式，奠定馆员队伍保障体系。乡镇分馆建成后，由总馆派出工作人员，负责日常业务管理，乡镇负责配备一定数量具有相应资质的管理人员。乡镇配备的管理人员，由总馆统一培训，统一考核，统一管理。③集中采购，统一配送。集中管理购书经费优化了全县范围内的文献资源和布局结构，实

现了文献编目工作的标准化和规范化，避免了机构重复设置和人员重复劳动，极大地保障了总分馆制内各级分馆文献的有序增长和书目数据的统一连贯，并且节约了资源，优化了馆藏，为通借通还和服务一体化打下了坚实的基础。④通借通还，资源共享。依附于中心馆的"图书馆集群管理系统"，通过互联网技术，实现全杭州地区图书馆书目检索和数字资源的共享共用。通过全国文化信息资源共享工程平台，读者在分馆可以享用县、市公共图书馆的电子图书、数据库等数字资源及全国文化信息共享工程数据等资源，初步实现了面向乡镇读者的服务保障。

4. 考核评价定绩效，服务效能显提升

桐庐县文化广电新闻出版局牵头组成考核小组，每年一次，从办馆条件、人才队伍、基础业务、读者服务、内部管理、提高指标六个方面对乡镇分馆开展绩效考核与评价(见表3-7)。实行定级制度，将"必备条件"和绩效考核评价结果作为乡镇分馆年度补助经费的依据。

表 3-7　桐庐县乡镇图书馆绩效考核指标与标准

序号	考评指标	分值
	一、办馆条件(18分)	
1	1. 镇每年补助人均购书经费在1元以上； 2. 镇每年补助人均购书经费在1元左右； 3. 镇每年补助人均购书经费在1元以下。	5 4 3
2	1. 馆舍面积在300平方米以上，阅览座位50座位以上； 2. 馆舍面积在200平方米以上，阅览座位40座位以上； 3. 馆舍面积在150平方米左右，阅览座位30座位以上。	5 4 3
3	1. 有能力存放纸质文献1.5万册以上，报纸期刊45种左右； 2. 有能力存放纸质文献1万册以上，报纸期刊30种左右； 3. 有能力存放纸质文献8000册左右，报纸期刊20种以上。	3 2 1
4	1. 电脑20台以上，10M光纤连接互联网； 2. 电脑15台以上，10M光纤连接互联网； 3. 电脑10台以上，10M光纤连接互联网。	5 4 2
	二、人才队伍(12分)	
5	1. 在职职工3名(含总馆下派人员)，均经专业培训； 2. 在职职工2名(含总馆下派人员)，均经专业培训； 3. 在职职工1名以上(含总馆下派人员)，均经专业培训。	9 6 3
6	1. 高中学历以上占70%，且每年有继续教育学分； 2. 高中学历以上占50%，且部分每年有继续教育学分； 3. 高中学历以上占50%以下，且部分每年有继续教育学分。	3 2 1

序号	考评指标	分值
	三、基础业务（5分）	
7	1. 书架藏书、报刊整齐，差错率在5‰以下； 2. 书架藏书、报刊整齐，差错率在5‰～8‰； 3. 书架藏书、报刊整齐，差错率在8‰以上。	3 2 1
8	图书、报刊及时上架；旧报刊及时装订；破旧图书及时修补、装订。	2
	四、读者服务（55分）	
9	1. 坚持连续开放、节假日对外开放，每周开放时间不少于48小时； 2. 坚持连续开放、节假日对外开放，每周开放时间不少于45小时； 3. 坚持连续开放、节假日对外开放，每周开放时间不少于40小时。	10 8 6
10	1. 年外借图书册次1万册以上； 2. 年外借图书册次0.5万册以上； 3. 年外借图书册次0.3万册以上。	10 8 6
11	1. 年流通总人次0.5万以上； 2. 年流通总人次0.3万以上； 3. 年流通总人次0.2万以上。	8 6 5
12	1. 第一年办新证200张以上，年增10%； 2. 第一年办新证100张以上，年增8%以上； 3. 第一年办新证50张以上，年增5%以上。	9 7 4
13	1. 每年向读者推荐优秀图书8次以上，开展读者咨询工作15次以上； 2. 每年向读者推荐优秀图书6次以上，开展读者咨询工作12次以上； 3. 每年向读者推荐优秀图书4次以上，开展读者咨询工作10次以上。	3 2 1
14	1. 开设阵地活动项目3个，并建立文化活动档案； 2. 开设阵地活动项目2个，并建立文化活动档案； 3. 开设阵地活动项目1个，并建立文化活动档案。	5 4 3
15	1. 每年馆以上媒体录用宣传报道稿件5篇以上； 2. 每年馆以上媒体录用宣传报道稿件4篇以上； 3. 每年馆以上媒体录用宣传报道稿件2篇以上。	5 4 2
16	1. 每月组织播放"文化共享工程"数字资源4次； 2. 每月组织播放"文化共享工程"数字资源3次； 3. 每月组织播放"文化共享工程"数字资源2次。	5 4 3

序号	考评指标	分值
	五、内部管理(10分)	
17	镇分馆领导明确,根据有关规定落实人员和经费,并及时帮助解决分馆出现的问题。	5
18	按时进行业务工作统计、财务统计并上报,做到无差错;消防、保卫工作,确保全年无安全事故;保持馆内整洁卫生,环境优美,文化气氛浓厚。	5
	六、提高指标(10分)	
19	1. 获当年县委、县政府表彰; 2. 获当年县文化行政主管部门表彰; 3. 获当年镇政府表彰。	5 4 3
20	乡镇分馆工作创新。	3
21	撰写反映本镇社会文化发展优秀调研报告、理论研究文章及图书馆工作方面的论文。	2

三、桐庐县图书馆乡镇分馆建设效果

1. 区域文化资源配置不断完善

充分整合了乡镇综合文化站、闲置校舍、村级活动室等场所优势,利用这些已有房屋建设乡镇分馆或村级流通点,降低了硬件的投入成本,基本构成桐庐全县"十五分钟文化圈"。

2. 文献资源保障程度获得提高

桐庐县12个乡镇分馆的平均年购书经费达3.25万元,最少不低于1万元。充足的经典有利于提高文献资源的保障程度。

3. 服务效能显著提高

主要表现在文献资源通借通还、互联网络免费使用、阅览座位明显增加,方便程度明显改善等方面。

4. 区域公共图书馆服务体系建设水平明显提高

桐庐全县已建成并正常运行的乡镇分馆有12家,183个行政村(社区)都建立了图书流通点,实现了公共图书馆服务的全覆盖,把公共图书馆服务真正送到群众的身边,不仅极大地满足了当地百姓阅读、学习、休闲的需求,更是对农民阅读习惯的培养及文明农村的建设起到了积极作用。

5. 互联网信息获取水平明显提高

除向当地群众提供免费的上网服务外,分馆馆员在日常工作中还对农民进行信息知识的普及,如网络信息的查询及搜索方法,如何下载网络信息等,这对农民信息素

养的提升具有积极意义。

6. 为村级图书馆(室)建设与成长创造条件

县—乡镇总分馆制的成功实施与运作，为下一步计划实施乡镇—村级图书馆(室)服务网络建设积累了经验，提供了样本。

桐庐县的图书馆乡镇分馆模式创新了分级财政基础上的多元建设主体和多层管理体制。桐庐县试点总分馆制建设以后，通过县(市、区)政府主导，县(市、区)、乡镇两级投入，分级管理的模式，有效解决了影响乡镇分馆可持续发展的人、财、物的投入和保障问题，实现了人、财、物的统一管理。同时，又得到中心馆(市级图书馆)在业务、技术、培训、数字资源等方面的有力支持，因此，桐庐县总分馆建设的发展前景较为稳定，能够保持可持续的良性发展。目前，桐庐县总分馆建设正积极准备将服务辐射到村(社区)，完善公共图书馆服务体系的模式创新，将文化工作重心下沉，文化资源下沉，文化阵地前移，实现全县 183 个行政村(社区)图书流通服务点全覆盖。

【思考题】

1. 公共图书馆服务标准化的主要内容包括哪些方面?

2. 结合自己所在地的公共图书馆实际，思考如何推进公共图书馆总分馆建设?

3. 我国目前有哪些关于公共图书馆服务的标准?

4. 对照公共图书馆评估定级标准，评价自己所在地的公共图书馆有哪些指标分值上可以进一步提升?

【参考文献】

[1]王秀香.《公共图书馆服务规范》指标内容分析——与美国、澳大利亚、英国公共图书馆服务标准的对比研究[J]. 图书馆建设，2014(6)：17.

[2]彭一中，凌美秀. 高校图书馆服务标准化探讨[J]. 图书馆，2013(1)：105.

[3]王聪聪. 从标准化走向均等化——对推进我国公共图书馆服务均等化的若干思考[J].《图书馆建设》，2010(1).

[4]文化部发布"十二五"时期文化改革发展规划纲要[EB/OL]. [2012-02-16]. http://www. gov. cn/gzdt/2012-02/16/content_2068848. htm.

[5]孟广均. 享受深港公共图书馆服务感言[J]，图书情报知识[J]. 2009(11)：9-10.

[6]朱军华. 公共图书馆事业发展的新推助——文化部《公共图书馆建设标准》解读[J]. 图书馆研究与工作，2009(3)：4.

[7]李慧敏.《公共图书馆建设标准》和《公共图书馆建设用地指标》述评[J]. 图书馆论坛，2010(2)：132.

[8]《公共图书馆服务规范》发布 5 月 1 日起正式实施[EB/OL]. [2012-01-20].

http://www.gov.cn/gzdt/2012-01/20/content_2050157.htm.

[9]赵晓瑞，束漫. 广东省地级市公共图书馆服务标准的思考[J]. 图书馆，2012 (6)：29.

[10]潘薇，喻浩. 数字图书馆相关技术领域标准规范综述[J]. 世界标准化与质量 管理，2008(6)：40-43.

[11]张晓林，肖珑，孙一刚，等. 我国数字图书馆标准与规范的建设框架[J]. 图 书情报工作，2003(4)：7-11.

[12]肖珑，陈凌，冯项云，等. 中文元数据标准框架及其应用[J]. 大学图书馆学 报，2001(5)：29-35.

[13]黄文镝. 区域图书馆标准化与东莞地区图书馆的建设实践[J]. 数字图书馆论 坛，2012(1)：51-56.

[14]李国新. 关于《公共图书馆建设标准》的若干问题[J]. 国家图书馆学刊，2007 (2)：12.

[15]邵燕，姜晓曦. 国外公共图书馆标准化工作对我国基层图书馆标准制定的启 示[J]. 图书情报工作，2012(21)：25.

[16]孙蓓，束漫. 图书馆服务标准到指南的变化——基于国外发展历程的研究 [J]. 图书馆杂志，2012(12)：7.

[17]李建霞. 图书馆绩效评价国际标准体系分析[J]. 图书馆杂志，2012 (11)：39.

[18]文化部图书馆事业管理局科教处. 世界图书馆事业资料汇编[M]. 北京：书 目文献出版社，1990：111.

[19]杨柳. 论图书馆的服务标准[J]. 图书馆学研究，2004(7)：98-101.

[20]刘璇. 美国公共图书馆标准概况及启示——以《威斯康星公共图书馆标准》为 例[J]. 图书馆建设，2009(7)：73.

[21]王频，张健. 高校图书馆服务标准研究[J]. 图书馆，2010(5)：105.

[22]吴建华，莫少强. 学习借鉴香港公共图书馆经验，努力建设广东省公共图书 馆服务体系[J]. 图书馆论坛，2009(3)：45.

[23]吴悦. 论国外城市公共图书馆服务体系建设中的核心元素[J]. 图书馆建设， 2013(9)：66.

[24]叶爱芳. 桐庐县图书馆建立总分馆制的实践与思考[J]. 图书馆学研究(应用 版)，2011(2)：16-18.

[25]程建宇. 试论总分馆制下县级公共图书馆"四抓"工程的实施[J]. 图书馆研究 与工作，2012(1)：16-18.

[26]桐庐倾力为百姓打造"十五分钟文化圈"[EB/OL]. [2007-09-13]. http://www. zj.xinhuanet.com/2007special/2007-09-13/content_11144019.htm.

附录 3-1

第六次全国公共图书馆评估定级——县级图书馆等级必备条件

一级图书馆

必备条件		东部		中部		西部	
		县级	地级市下辖区	县级	地级市下辖区	县级	地级市下辖区
服务效能	年文献外借量(万册次)	13	13	12	12	11	11
	年每万人参加读者活动人次	4	4	3	3	2	2
	读者满意率(%)	85	85	85	85	85	85
业务建设	本区域服务体系规划与共建共享(分)	15	15	15	15	15	15
	业务统计分析(分)	10	10	10	10	10	10
保障条件	年财政拨款总额(万元)	160	160	150	150	140	140
	年人均新增文献入藏量(册件)	0.03	0.03	0.02	0.02	0.01	0.01
	建筑面积(万平方米)	0.6	0.55	0.5	0.45	0.4	0.35

二级图书馆

必备条件		东部		中部		西部	
		县级	地级市下辖区	县级	地级市下辖区	县级	地级市下辖区
服务效能	年文献外借量(万册次)	13	13	10	10	9	9
	年每万人参加读者活动人次	2	2	1	1	0.5	0.5
	读者满意率(%)	75	75	75	75	75	75
业务建设	本区域服务体系规划与共建共享(分)	10	10	10	10	10	10
	业务统计分析(分)	8	8	8	8	8	8
保障条件	年财政拨款总额(万元)	140	140	130	130	120	120
	年人均新增文献入藏量(册件)	0.02	0.02	0.013	0.013	0.0067	0.0067
	建筑面积(万平方米)	0.55	0.5	0.45	0.4	0.35	0.3

三级图书馆

根据评估结果确定三级图书馆分数线。

县级图书馆评估标准

部分	基本分值	加分分值
服务效能	400	200
业务建设	300	150
保障条件	300	150
合计	1000	500

第一部分　服务效能(基本 400 分；加分 200 分)

标号	一级指标	二级指标	指标值	基本分值	加分项分值	指标解释与分项说明	指标索引号
1.1	**基本服务**			**110**	**75**		C1289
1.1.1		基本服务项目健全并免费提供	0—15				C1290
1.1.2		周开馆时间(小时)	60 54 48	10 8 6	0—10	加分项包括：(1)节假日开放，加 5 分；(2)夜间开放，加 5 分。	C1291
1.1.3		持证读者占比(%)	0.1 0.05 0.02 0.01 0.005	5 4 3 2 1	0—5	1. 计算方法：持证读者数/服务人口数×100%。 2. 加分项共 5 分：达到 0.5%，加 2 分；达到 1%，加 5 分。	C1292
1.1.4		年读者人均到馆量(人次)	0.5 0.2 0.1 0.05 0.01	10 8 6 4 2	0—10	1. 计算方法：年到馆总人次/服务人口数。 2. 加分项共 10 分：达到 0.8 次，加 5 分；达到 1 次，加 10 分。	C1293
1.1.5		年文献外借量(万册次)	12 10 8 6 4	20 16 12 8 4	0—15	加分项共 10 分：达到 20 万册次，加 5 分；达到 40 万册次，加 10 分；达到 60 万册次，加 15 分。	C1294

标号	一级指标	二级指标	指标值	基本分值	加分项分值	指标解释与分项说明	指标索引号
1.1.6		年文献流通率	0.7 0.5 0.3	10 8 6	0—10	1. 计算方法：年流通总册次/馆藏书刊总量。 2. 加分项共 10 分：达到 1，加 5 分；达到 1.2，加 10 分。	C1295
1.1.7		年员工人均流通量（册次）	5000 4000 3000 2000 1000	5 4 3 2 1	0—10	1. 计算方法：年外借总册次/员工数。 2. 加分项共 10 分：超过 8000 册次/人，加 5 分；超过 10000 册次/人，加 10 分。	C1296
1.1.8		馆际互借与文献传递		0—5	0—5	1. 基本分项：建立有馆际互借关系，5 分。 2. 加分项共 5 分：与本馆建立馆际互借与文献传递关系的图书馆达到 20 个，加 2 分；达到 50 个，加 5 分。	C1297
1.1.9		年馆外流动服务点文献借阅量（万册次）	0.5 0.2 0.1 0.05	20 16 12 8	0—10	加分项共 10 分：达到 0.7 万册次，加 5 分；达到 1 万册次，加 10 分。	C1298
1.1.10		政府公开信息服务		0—10		基本分项包括：(1)提供纸质查询，有查询专区，5 分；(2)提供电子查询，5 分。	C1299
1.2	**未成年人及其他特殊群体服务**			**40**	**10**		C1300
1.2.1		未成年人服务		0—25	0—10	基本分项包括：(1)服务保障，10 分；(2)服务效果，15 分。 加分项包括：(1)未成年人服务专门品牌活动，加 5 分；(2)留守儿童服务，加 5 分。	C1301
1.2.2		其他特殊群体服务		0—15		基本分项包括：(1)残疾人服务，5 分；(2)老年人服务，5 分；(3)农民工服务，5 分。	C1302

标号	一级指标	二级指标	指标值	基本分值	加分项分值	指标解释与分项说明	指标索引号
1.3	**阅读推广与社会教育**			**85**	**50**		C1303
1.3.1		年讲座、培训次数	18 12 9	15 12 9	0—10	加分项共10分：达到20次，加5分；达到40次，加10分。	C1304
1.3.2		年展览次数	5 3 1	15 12 9	0—10	加分项共10分：达到10次，加5分；达到20次，加10分。	C1305
1.3.3		年阅读推广活动次数	15 12 8 6	15 12 9 6	0—10	加分项共5分：达到25次，加5分；达到50次，加10分。	C1306
1.3.4		年数字阅读量占比（%）	50 40 30 20 10		5 4 3 2 1	计算方法：年数字资源借阅总次数/年各类文献借阅总次数×100%。	C1307
1.3.5		年每万人参加读者活动人次	3 2 1 0.5 0.05	15 12 9 6 3	0—10	计算方法：年参加图书馆活动的总人次/服务人口数量×10000。加分项共10分：达到5人次，加5分；达到10人次，加10分。	C1308
1.3.6		阅读指导		0—10	0—5	1. 基本分项包括：(1)阅读指导的组织和策划，5分；(2)阅读指导的效果，5分。2. 加分项：设立导读岗，加5分。	C1309
1.3.7		图书馆服务宣传推广		0—15		基本分项包括：(1)服务宣传周的媒体宣传推广工作，2.5分；(2)全民读书月媒体宣传推广工作，2.5分；(3)世界图书与版权日的媒体宣传推广工作，2.5分；(4)对其他相关活动的媒体宣传推广工	

标号	一级指标	二级指标	指标值	基本分值	加分项分值	指标解释与分项说明	指标索引号
						作，2.5分；(5)馆内、馆外利用各种方式开展的书刊宣传推广活动，5分。	C1310
1.4	**信息咨询服务**			**20**	**10**		C1311
1.4.1		决策信息服务	0—10		0—5	1. 基本分项包括：(1)政府信息服务，4分；(2)其他决策信息服务，6分。 2. 加分项：决策信息服务效果突出，且获得县级以上表彰，加5分。	C1312
1.4.2		普通参考咨询	0—10		0—5	1. 基本分项包括：(1)咨询台服务，2分；(2)文献提供，2分；(3)提供网上咨询和回复服务的，2分；(4)设立专职人员进行实时咨询回复的，4分。 2. 加分项：参加联合数字参考咨询，加5分。	C1313
1.5	**网络资源服务**			**30**	**15**		C1314
1.5.1		图书馆网站	0—10			基本分项包括：(1)网站结构，2分；(2)网站内容，2分；(3)网站美化，2分；(4)网站维护，2分；(5)管理与更新等方面，2分。	C1315
1.5.2		年人均网站访问量（次）	0.1 0.05 0.02 0.01 0.005	15 12 9 6 3	0—5	1. 年人均网站访问量指图书馆网站中所有网页(含文件及动态网页)被访客浏览的总次数/服务人口。 2. 加分项：网站提供实时访问统计数据，含访客数据、访问页面等，加5分。	C1316

标号	一级指标	二级指标	指标值	基本分值	加分项分值	指标解释与分项说明	指标索引号
1.5.3		可远程访问数字资源占比(%)	30% 20% 15% 10% 5%	5 4 3 2 1	0—10	1. 计算方法：可远程访问的数据库个数/本馆发布服务的数据库的总个数×100%。 2. 加分项共10分：达到50%，加5分，达到80%，加10分。	C1317
1.6	**新媒体服务**			**5**	**20**		C1318
1.6.1		微信公众平台、微博服务		0—5	0—5	1. 基本分项：有正式注册微信或微博平台，5分。 2. 加分项包括：能定期推送（每月至少2次）服务信息，加5分。	C1319
1.6.2		移动图书馆			0—10	加分项包括：(1)实现移动图书馆服务且效果良好，加7分；(2)提供相应版本软件，加3分。	C1320
1.6.3		触摸媒体服务			0—5	加分项：无触摸媒体，0分；每增加1台，加1分，加分最高不超过5分。	C1321
1.7	**服务管理与创新**			**30**	**10**		C1322
1.7.1		服务数据显示度		0—10	0—5	1. 指图书馆以多种方式将服务数据向社会公示。 2. 基本分项包括：(1)定期宣传发布图书馆服务数据，6分；(2)利用图书馆网站定期发布服务数据，4分。 3. 加分项包括：(1)图书馆馆舍入口处服务数据实时显示，加3分；(2)手机等移动客户端实时发布服务数据，加2分。	C1323
1.7.2		服务品牌建设	2 1	15 7.5			C1324

标号	一级指标	二级指标	指标值	基本分值	加分项分值	指标解释与分项说明	指标索引号
1.7.3		服务创新推广		0—5	0—5	1. 基本分项包括：(1)服务推广手段与方法创新，2.5分；(2)服务创新在本区域内的推广，2.5分。 2. 加分项：服务创新获得表彰，并在上级区域内推广，加5分。	C1325
1.8	**读者评价**			**80**	**10**		C1326
1.8.1		读者意见处理与日常评价		0—40	0—5	1. 基本分项包括：(1)读者意见处理反馈机制与制度保障，5分；(2)读者对反馈意见处理结果满意达50%，10分；达到80%，15分；(3)读者日常评价的机制与管理，5分；(4)读者好评达到50%，10分；达到80%，15分。 2. 加分项：读者日常评价达到90%，加5分。	C1327
1.8.2		读者满意率(%)	90 85 80 75 70	40 35 30 25 20	0—5	加分项：读者满意率达到95%以上，加5分。	C1328

第二部分 业务建设(基本 300 分;加分 150 分)

标号	一级指标	二级指标	指标值	基本分值	加分项分值	指标解释与分项说明	指标索引号
2.1	馆藏发展政策与馆藏结构			**10**			C2329
2.1.1		馆藏发展政策		0—5		基本分项包括:(1)有对各类文献资源的采集依据和工作要求的规定,2分;(2)有各类文献资源结构占比的规定,2分;(3)有对文献资源建设特点和本县文献资源共建共享合理布局要求的体现,1分。	C2330
2.1.2		馆藏发展政策执行情况		0—5		基本分项包括:(1)图书、报纸、期刊等各类型文献无重大缺藏,工作程序规范、严格,2.5分;(2)文献采购及时,无集中突击性采购,2.5分。	C2331
2.2	编目与馆藏组织管理			**35**	**25**		C2332
2.2.1		文献编目标准化		0—10	0—5	1. 基本分项包括:(1)本馆有文献分类细则并严格执行,5分;(2)采用符合国家、行业标准的编目数据,5分。 2. 加分项包括:(1)对馆藏少数民族文献或各类非书资料进行编目,加2分;(2)参加全国性、全省性、全市性联合编目工作,上传馆藏目录并及时更新,加2分;(3)下载全国图书馆联合编目中心数据,加1分。	C2333
2.2.2		加工整理与排架		0—10		基本分项包括:(1)书标、加工给号(含登录号、条码号)和馆藏章规范、统一、整齐、美观,4分;(2)架位维护管理:有专门制度和有效措施,2分;(3)排架正确率:落实到第三级,正确率达到90%,4分。	C2334

标号	一级指标	二级指标	指标值	基本分值	加分项分值	指标解释与分项说明	指标索引号
2.2.3		剔旧工作		0—5		基本分项包括：(1)剔旧工作制度，1分；(2)馆藏剔旧标准，2分；(3)剔旧工作执行情况，2分。	C2335
2.2.4		文献保护		0—10	0—10	1. 基本分项包括：(1)普通文献保护重点考查文献保护规章制度，2.5分；(2)书库防火、防盗、防虫、防潮、防尘等措施、设备及效果，2.5分；(3)书库卫生情况等方面，2.5分；(4)古籍与特藏保护(含古籍与特藏书库达标)，2.5分。 2. 加分项：被上级主管部门列为古籍保护单位的，加10分。	C2336
2.2.5		新技术应用			0—10	加分项包括：(1)馆藏统一数字化揭示平台，加2分；(2)图书防盗检测，加2分；(3)利用数字化技术实现智能图书上架，加2分；(4)自助借还，24小时自助图书馆，加2分；(5)馆内图书流通动态数据分析能力，加2分。	C2337
2.3	**数字资源建设**			**10**			C2338
2.3.1		自建数字资源总量(TB)	10 8 6 4 2		10 8 6 4 2		C2339
2.4	**地方文献工作**			**25**	**5**		C2340
2.4.1		地方文献工作组织		0—15		基本分项包括：(1)有专门组织机构和人员，3分；(2)有专门工作计划并实施，3分；(3)有图书馆自行采集的地方图片、地方音视频文献和地	

标号	一级指标	二级指标	指标值	基本分值	加分项分值	指标解释与分项说明	指标索引号
						方档案，3分；（4）有地方文献专藏并管理，2分；（5）地方文献编目加工整理，2分；（6）开展地方文献对外服务，2分。	C2341
2.4.2		地方文献入藏		0—10		基本分项包括：（1）方志、谱牒类入藏，2分；（2）地方出版物类（本地出版的书、刊、报，不含中、小学教科书和辅导资料）入藏，5分；（3）本地生成的内部资料入藏，3分。	C2342
2.4.3		地方文献数据库建设			0—5	加分项包括：（1）建设内容，考查其选题规划情况，2分；（2）建设规模，考查其可用数据库数量及其容量，3分。	C2343
2.5	**本区域公共图书馆服务体系建设**			**50**	**5**		C2344
2.5.1		本区域服务体系规划与共建共享		0—15		基本分项包括：（1）本区域服务网络建设的规划，2.5分；（2）管理及取得的成就等方面，2.5分；（3）有文献资源共享措施，2分；（4）有馆际互借或通借通还，2分；（5）有数字资源共享，2分；（6）文献资源共享的规模及效益等，4分。	C2345
2.5.2		总分馆建设（%）	40 30 20 10 5	15 12 9 6 3	0—5	1.指本区域内设有直属分馆的二级行政区数量占本区域二级行政区总数的比。 2.加分项：总分馆达到区域内二级行政区全覆盖，加5分。	C2346

标号	一级指标	二级指标	指标值	基本分值	加分项分值	指标解释与分项说明	指标索引号
2.5.3		总分馆服务效能		0—10			C2347
2.5.4		公共图书馆服务网点建设		0—10		指在总分馆基础上进行了各种延伸服务。	C2348
2.6	**图书馆行业协作协调与社会合作**			**15**	**5**		C2349
2.6.1		参与联盟或参与跨地区、跨系统的图书馆协作协调工作		0—5	0—5	1. 基本分项：参加本区域范围内的协作协调，5分。 2. 加分项包括：（1）参与全国范围内的联盟或跨地区、跨系统协调工作，加2.5分；（2）参与国际协作协调工作，加2.5分。	C2350
2.6.2		社会合作		0—10		1. 指与图书馆以外的其他机构合作开展业务活动。 2. 基本分项包括：（1）资源合作，5分；（2）合作平台，5分。	C2351
2.7	**重点文化工程**			**10**	**5**		C2352
2.7.1		参与文化信息资源共享工程与公共电子阅览室建设计划		0—5		基本分项包括：（1）基本条件，2分；（2）宣传推广及效果，3分。	C2353
2.7.2		参与数字图书馆推广工程		0—5		基本分项包括：（1）基本条件，2分；（2）宣传推广及效果，3分。	C2354
2.7.3		参与其他重点文化工程			0—5	加分项：中华古籍保护计划或民国时期文献保护计划，加5分。	C2355

标号	一级指标	二级指标	指标值	基本分值	加分项分值	指标解释与分项说明	指标索引号
2.8	**基层辅导与学会工作**			**20**	**10**		C2356
2.8.1		基层业务辅导与培训		0—15		基本分项包括：（1）基层业务辅导与培训的计划、经费、人员、总结，7分；（2）基层业务辅导与培训的内容、次数、效果及反馈，8分。	C2357
2.8.2		参加图书馆学会（协会）工作		0—5	0—10	1. 基本分项：考察参加全市图书馆学会（协会）工作情况。2. 加分项包括：（1）成立县级图书馆学会，加5分；（2）承担全省图书馆学会重要工作，加2分；（3）承担全国图书馆学会重要工作，加3分。	C2358
2.9	**行政与人力资源管理**			**30**			C2359
2.9.1		年度计划和年报		0—5		基本分项包括：（1）年度计划，2分；（2）年度概况、业务统计数据、大事记，2分；（3）年度计划和年报在图书馆网站发布，1分。	C2360
2.9.2		岗位管理		0—10		基本分项包括：（1）按需设岗，2分；（2）按岗聘用，2分；（3）竞争上岗，2分；（4）岗位责任制，2分；（5）考核与分配激励制度，2分。	C2361
2.9.3		年员工人均教育培训（学时）	100 70 50	5 4 3		计算方法：全馆员工年度接受岗位培训、继续教育的总学时/全馆员工总人数。	C2362
2.9.4		员工能力评估		0—10		基本分项包括：（1）员工获得市及以上权威（指专业学会，政府组织）专业机构的专业培训及资质证明5个以上，5分；（2）有培训资质证明的员工占全馆员工的比达5%，5分。	C2363

标号	一级指标	二级指标	指标值	基本分值	加分项分值	指标解释与分项说明	指标索引号
2.10	**财务、资产与档案管理**			**30**			C2364
2.10.1		财务管理	0—10			基本分项包括：（1）制度建设、监督机制及执行情况，6分；（2）报告经费使用情况，2分；（3）专项经费专款专用，2分。	C2365
2.10.2		国有资产管理	0—10			基本分项包括：（1）制度建设，2分；（2）制度执行情况，4分；（3）国有资产管理，4分。	C2366
2.10.3		档案管理	0—10			基本分项包括：（1）行政档案，5分；（2）业务档案，5分。	C2367
2.11	**安全与环境管理**			**20**			C2368
2.11.1		安全管理	0—10			基本分项包括：（1）消防，2分；（2）保卫，2分；（3）数据及网络安全，2分；（4）应急预案，2分；（5）安全监控系统，2分。	C2369
2.11.2		环境管理	0—10			基本分项包括：（1）环境整洁、美观、安静，3分；（2）标牌规范、标准，2分；（3）设施维护良好，2分；（4）节能减排措施，3分。	C2370
2.12	**业务管理**			**30**	**5**		C2371
2.12.1		业务统计分析	0—10			基本分项包括：（1）馆藏统计，2分；（2）图书馆服务统计，2分；（3）用户（读者）统计，2分；（4）图书馆人员、经费与设施设备，2分；（5）有业务统计分析报告，2分。	C2372

标号	一级指标	二级指标	指标值	基本分值	加分项分值	指标解释与分项说明	指标索引号
2.12.2		图书馆宣传		0—10	0—5	1. 基本分项包括：(1)有宣传材料，5分；(2)媒体(包括报纸、电台、电视台、网络等)宣传数量达到年50篇次，5分。 2. 加分项共5分：媒体宣传数量达到年300篇次且其中有若干篇次地市级及以上媒体报道，加3分；达到年400篇次，且有国家级媒体报道，加5分。	C2373
2.12.3		用户管理		0—10		基本分项包括：(1)证卡管理，5分；(2)用户研究，5分。	C2374
2.13	**业务研究**			**10**	**5**		C2375
2.13.1		图书馆业务研究的组织管理		0—3		基本分项包括：(1)图书馆领导重视，1分；(2)业务研究激励制度，2分。	C2376
2.13.2		馆内业务研究活动		0—2		基本分项包括：(1)学术研讨会，1分；(2)研究报告，1分。	C2377
2.13.3		参加馆外学术和业务活动		0—5	0—5	基本分项包括：(1)参加全市性学术和业务活动达到年5次，2分；(2)参加全省性学术和业务活动达到年2次，3分。 加分项：参加全国性学术和业务活动达到年2次，加5分。	C2378
2.14	**组织文化和表彰奖励**			**5**	**25**		C2379
2.14.1		使命、愿景与团队建设		0—5		基本分项包括：(1)有使命、愿景，1分；(2)党、团活动，2分；(3)工会活动，2分。	C2380

标号	一级指标	二级指标	指标值	基本分值	加分项分值	指标解释与分项说明	指标索引号
2.14.2		荣誉体系建设			0—5	加分项包括：（1）有荣誉体系设计和制度保障，加2分；（2）荣誉体系实施情况，加3分。	C2381
2.14.3		表彰奖励			0—20	1. 计算公式：$A \times X1 + B \times X2 + C \times X3 + D \times X4 + E \times X5$ 式中：A——获得省级业务主管部门或表彰与奖励的数量（次）；B——获得市级或文化局级表彰与奖励的数量（次）；C——获得县级或文化局级表彰与奖励的数量（次）；X1——省级业务主管部门表彰与奖励的权重，取值为40%；X2——市级业务主管部门表彰与奖励的权重，取值为35%；X3——县级业务主管部门表彰与奖励的权重，取值为25%。 2. 加分项共20分：除根据表彰级别采取分级赋值换算方式得分外，获得国际行业组织或国家级表彰与奖励1次加3分，获得国务院业务主管部门和省级党委、政府及国家级行业协会（学会）表彰与奖励1次加2分；加分最高不超过20分。	C2382
2.15	**社会化和管理创新**			**10**	**50**		C2383
2.15.1		法人治理			0—10	加分项包括：（1）建立理事会，加5分；（2）理事会制度运行良好，加5分。	C2384

标号	一级指标	二级指标	指标值	基本分值	加分项分值	指标解释与分项说明	指标索引号
2.15.2		社会购买服务	01		0—10	加分项包括：（1）购买机制与管理制度，加5分；（2）资金管理与绩效管理，加5分。	C2385
2.15.3		图书馆获得社会捐赠			0—5	加分项包括：（1）建立有接受社会捐赠机制，向图书馆捐赠的公民和各类社会组织数量达到100个，加3分；（2）图书馆获得社会捐赠的总额达到10万，加2分。	C2386
2.15.4		第三方评价机制			0—15	加分项共15分：采用第三方评价机制，并评价良好，加10分；达到优秀，加15分。	C2387
2.15.5		志愿者管理		0—10		基本分项包括：（1）志愿者管理制度、规范化，5分；（2）志愿活动经常化及成效，5分。	C2388
2.15.6		文创产品开发			0—5	加分项包括：（1）文创工作组织与创意策划，加2.5分；（2）有文创产品，并取得实效的，加2.5分。	C2389
2.15.7		组织管理和运营创新			0—5	加分项包括：（1）资源采购依据第三方数据分析按需采购的，加2分；（2）采取服务外包管理并具有完善的绩效考评的，加2分；（3）通过信息化方式资源采访的，加1分。	C2390

第三部分　保障条件(基本300分；加分150分)

标号	一级指标	二级指标	指标值	基本分值	加分项分值	指标解释与分项说明	指标索引号
3.1	**政策与法制保障**			**20**	**10**		C3391
3.1.1		政策保障	0—20		0—10	1. 基本分项包括：(1)图书馆建设纳入政府主管部门议事日程，2分；(2)图书馆建设纳入对地方政府公共服务考核指标体系，5分；(3)图书馆建设纳入政府文化事业目标管理责任制，3分；(4)人员、资源、运行等经费保障纳入政府财政预算，5分；(5)是独立法人单位，有独立账户，2分。(6)政府管理公共图书馆事业，有文化、财政、人事等多部门协同保障支持机制，3分。 2. 加分项共10分：国家公共文化服务体系示范项目立项并建设中，加3分，项目完成并验收合格，加5分；国家公共文化服务体系示范区立项并建设中，加5分，完成并验收合格，加10分。	C3392
3.2	**章程与规划**			**10**	**5**		C3393
3.2.1		图书馆章程			0—5	基本分项包括：(1)制定章程，2.5分；(2)实施及效果，2.5分。	C3394
3.2.2		地方发展规划中的图书馆条款			0—5	基本分项包括：(1)纳入当地国民经济和社会发展"十三五"规划、地方发展规划，加2分；(2)其他规划(含地方文化事业、信息化发展规划、智慧城市发展规划)，加3分。	C3395

标号	一级指标	二级指标	指标值	基本分值	加分项分值	指标解释与分项说明	指标索引号
3.2.3		图书馆"十三五"规划制定与实施		0—5		基本分项包括：(1)制定图书馆"十三五"规划，3分；(2)实施图书馆"十三五"规划，2分。	C3396
3.3	**经费保障**			**90**	**40**		C3397
3.3.1		年财政拨款总额(万元)	150 120 100 90 50 25	20 17 14 11 8 5	0—15	加分项共15分：达到200万元，加5分；达到300万元，加10分；达到400万元，加15分。	C3398
3.3.2		财政拨款年增长率与当地财政收入年增长率的比率(%)	100 90 80 70 60	20 16 12 8 4	0—10	1.计算方法：财政拨款年增长率/当地财政收入年增长率×100%。财政拨款年增长率=(本年度财政拨款－上年度财政拨款)/上年度财政拨款×100%。当地财政收入年增长率=(本年度财政收入总额－上年度财政收入总额)/上年度财政收入总额×100%。 2.加分项共10分：达到200%，加5分；达到300%，加10分。	C3399
3.3.3		年人均文献购置费(元)	1 0.5 0.25 0.15 0.08	30 25 20 15 10	0—15	1.计算方法：年购书费总额/辖区常住人口数量。 2.加分项共15分：达到1.5元，加5分；达到2元，加10分；达到2.5元，加15分。	C3400
3.3.4		免费开放本地经费到位情况		0—15		基本分项包括：(1)下拨中央财政，5分；(2)地方配套，5分；(3)提供上级财政补助收入的免费开放专项入账凭单，5分。	C3401

标号	一级指标	二级指标	指标值	基本分值	加分项分值	指标解释与分项说明	指标索引号
3.3.5		经费结构	0—5			基本分项包括：(1)图书馆经费包括文献购置费、服务经费、运行费，细目清晰，结构合理，3分；(2)有信息化建设、人员培训等专项经费，2分。	C3402
3.4	**文献资源保障**			**50**	**25**		C3403
3.4.1		人均文献馆藏量（册件）	1 0.8 0.6 0.4 0.2 0.05	25 21 17 13 9 5	0—10	1. 计算方法：图书馆文献馆藏量/辖区常住人口数。 2. 加分项共10分：达到1.5册件，加5分；达到2册件，加10分。	C3404
3.4.2		年人均新增文献入藏量（册件）	0.03 0.014 0.007 0.004 0.002	25 20 15 10 5	0—15	1. 计算方法：年新增文献入藏量/辖区常住人口数。 2. 加分项共15分：达到0.05册件，加5分；达到0.1册件，加10分；达到0.2册件，加15分。	C3405
3.5	**图书馆建筑设施保障**			**60**	**35**		C3406
3.5.1		建筑面积（万平方米）	0.5 0.4 0.3 0.2	25 20 15 10	0—15	加分项共15分：每增加1000平方米，加1分。加分最高不超过15分。	C3407
3.5.2		功能适用性		0—20	0—10	1. 基本分项包括：(1)符合图书馆建筑设计规范，5分；(2)图书馆分区与空间合理性，5分；(3)读者服务配套设施齐全，5分；(4)无障碍设施条件健全，5分。 2. 加分项共10分：(1)有可供无障碍服务的阅览座位，加5分；(2)有动静分区和标识系统，加5分。	C3408

标号	一级指标	二级指标	指标值	基本分值	加分项分值	指标解释与分项说明	指标索引号
3.5.3		阅览座席数量（个）	240 170 120 80 60	15 12 9 6 3	0—10	1. 指阅览室内供读者使用的座位数。 2. 加分项共10分：达到300座席，加5分；达到400座席，加10分。	C3409
3.6	**信息基础设施保障**			**40**	**15**		C3410
3.6.1		读者用计算机终端数量（台）	45 35 30 25 15	10 8 6 4 2	0—5	加分项共5分：达到80台，加2分；达到120台，加5分。	C3411
3.6.2		读者服务区无线网覆盖率（%）	80 60 45 30	5 4 3 2	0—5	1. 计算方法：提供无线网络连接服务的读者服务区的面积（平方米）/读者服务区的总面积（平方米）×100%。 2. 加分项：覆盖率达到100%，加5分。	C3412
3.6.3		网络带宽（Mbps）	50 20 10	10 8 6		1. 指接入的因特网带宽。 2. 加分项：网络带宽达到100Mbps，加5分。	C3413
3.6.4		存储容量（TB）	8 6 4	5 4 3	0—5	加分项包括：(1)达到20TB，加3分；(2)采用租用云存储空间方式，加2分。	C3414
3.6.5		信息化管理系统		0—10		基本分项包括：(1)业务管理系统与业务自动化，5分；(2)具备全业务流程实现数字化一体化管理，并能够实现数据接口开放能力，5分。	C3415
3.7	**人员保障**			**30**	**20**		C3416
3.7.1		员工数量		0—10	0—5	1. 基本分项包括：(1)达到基数5名员工，5分；(2)达到每2万服务人口配备1名员工，5分。 2. 加分项：达到每1万服务人口配备1名员工，加5分。	C3417

标号	一级指标	二级指标	指标值	基本分值	加分项分值	指标解释与分项说明	指标索引号
3.7.2		大学专科及以上学历员工占比(%)	70 60 50 40	5 4 3 2	0—5	计算方法：馆内大学专科及以上学历的员工的数量/全馆员工总人数×100%。 加分项：有研究生学历员工，加5分。	C3418
3.7.3		中级职称员工占比(%)	50 40 30 20	5 4 3 2	0—5	1. 计算方法：馆内获得中级及以上职称的员工数量/全馆在编员工人数×100%。 2. 加分项：有高级职称员工，加5分。	C3419
3.7.4		领导班子配备		0—10	0—5	1. 基本分项包括：（1）考察领导班子选拔任用程序，2分；（2）具有本科学历或副高职称以上占比达到30%，5分；（3）接受过图书馆专业系统培训，3分。 2. 加分项包括：（1）领导班子成员中具有图书馆学及相关专业(信息管理与信息系统专业、信息资源管理专业、情报学专业、档案学专业)学历占比达到75%，加2.5分；（2）领导班子年龄结构合理，加2.5分。	C3420

第四章　文化馆服务标准化

【目标和任务】

了解文化馆的相关概念和知识；理解文化馆在我国公共文化服务体系建设中的地位；了解当前我国各地文化馆的发展模式；熟悉文化馆的建设标准；掌握文化馆服务标准的相关内容；熟悉文化馆评估定级的有关指标和框架；掌握乡镇文化站标准化建设的相关内容。

第一节　文化馆服务概述

一、文化馆的相关概念

1. 文化馆

文化馆是指由县和县级以上的人民政府设立的，以组织群众文化活动，开展社会文化教育培训和基层群众文化辅导为主要职能的公益性文化事业机构，是广大群众进行文化艺术活动的重要场所。

2. 文化馆服务

为满足人民群众文化需求面向社会提供的服务，包括组织群众文化活动、普及文化艺术知识、辅导基层文化骨干、开展社会文化教育培训以及非物质文化遗产保护等文化服务。

3. 文化馆的性质

作为中国特有的公益性文化机构，与图书馆、博物馆及美术馆比较起来，文化馆更贴近基层人民群众多样化的文化需求，更突出地承载着社会主义核心价值体系建设要求，更充分地体现出党和政府的价值追求，是建设和传播主流意识形态的重要渠道，是增进基层群众的文化认同、政治认同、国家认同和民族认同的重要抓手，是维护和实现人民群众基本文化权益，满足人民群众基本文化需求，加强我国社会主义基层文化建设和推行社会教化的主渠道。

4. 文化馆的地位

文化馆是国家公共财政拨付经费的公益性文化事业单位，由于文化馆具有社会性强、覆盖面广、影响力大等特点，其在公共文化服务领域始终处于领导地位。我国文化馆拥有广泛、完整、系统的群众文化工作网络，这个网络，上至省、市文化馆，下至乡、镇、街道文化站和乡村、社区基层文化室以及各种社会文化组织，纵横交错，覆盖整个社会，对基层群众文化发挥着重要的辐射、示范与推动作用。

二、我国文化馆服务的创新与探索

文化馆的服务与发展，应着眼于保障公民基本文化权益，促进基本文化服务均等化，根据当地实际情况，逐步健全和丰富基本公共文化服务项目和内容，创新公共文化服务方式，创新公共文化服务技术，创新公共文化服务运行机制，提高公共文化产品供给能力，全面提升文化馆(站)的公共文化服务职能与作用。近年来，北京、上海、广东、浙江等地都在文化馆(站)服务管理模式方面进行了积极探索。

1. 北京市朝阳区文化馆建设模式

北京市朝阳区文化馆从 2004 年起大胆借鉴企业化运作模式，重点推进用人机制、管理机制、分配和激励机制的改革，逐步建立起对内开放、对外搞活的公平竞争的内部运行机制。用人机制的创新体现在"以项目制为核心的全员聘任制"制度。朝阳区文化馆采取"养项目不养人"的用人机制，推行项目竞聘制，实行岗位分类、公开选拔、按岗定酬、优劳优酬，实现了用人机制上的突破。差额拨款带来的用人制度的灵活性，使文化馆积极引入"社会人"角色，整合社会人才资源，形成"不为我所有，但为我所用"的人才机制，以此刺激内部竞争环境的形成，实现了"增员增效"。管理机制的创新体现在朝阳区文化馆率先尝试用"以需定供""群众需求项目化"的办法创新公共文化管理模式。在管理上汲取了现代企业项目管理的运作模式，打破传统"七部一室"的机构设置，创立了"统一协调、区域管理、项目负责、指标控制"的管理办法。按项目任务决定人员的管理方式、分配方法等，同时加强物业管理、成本核算和收支管理。项目管理是国际化程度很高的管理模式，符合文化馆项目个性化、创意、创新化的特点。项目管理独立核算及全流程管理的特点，不仅与国际接轨，而且为文化馆培育了大量项目管理人才，增强了内部活力。

2. 上海市嘉定区文化馆建设模式

面对群众文化需求的多元化、宽领域和高标准的格局，上海市嘉定区文化馆积极改革运营机制，建立了在政府主导下，社会力量通过"政府购买""文化共建""政府与企业合作""项目招标"等方式参与多元公共文化服务供给的全新模式。这一模式提升了公共文化服务的资源能力、投入能力以及服务能力。在公益性文化建设日益社会化的今天，文化馆在实现投资主体多元化、融资渠道商业化、中介服务社会化的基础上，构建以市场为导向的新型投融资体制的改革目标，建立规范有效的运作机制，逐渐形成政府支持、社会参与的多渠道投入的体制，使群众文化事业的发展实现在政策保证和资金到位的同时，充分调动了群众文化内部自身的潜力和创造力，使之走上创新、自觉的发展之路。

3. 广东省基层文化馆建设模式

为加快构建现代公共文化服务体系，切实解决基层文化馆站服务效能不高的问题，2014年以来，广东省文化厅面向全省县、镇两级文化馆站开展"基层文化馆站服务效能提升计划"巡回指导工作。整合全省文化人才资源，采取"实地考察、集体会诊、限期整改"的方式，推动基层文化馆站达标升级，提升基层文化馆站服务效能。

4. 重庆市北碚区数字文化馆建设模式

近年来重庆市北碚区在文化馆数字化建设方面取得了显著成效，形成了文化馆基础数字平台、公共数字文化培训辅导教学平台、数字文化体验平台、多媒体移动终端APP多元平台、公共文化资源平台，以及文化传播、文化体验、文化资源收集整理等"五大平台"。"三大功能"理论体系与具体实践的北碚模式，实现了文化馆文化服务和资源信息的数字化，突破了地域空间限制，促进了文化传播和交流。如北碚文化馆将舞蹈教学视频上传到文化馆的网络平台上，市民在家也可以同步学习。文化馆大量的服务都在网络上实现，通过建数字化平台，为广大群众服务的方式得以拓展，服务的范围也随之扩大。

5. 浙江省嘉兴市文化馆中心馆—总分馆建设模式

嘉兴市结合城乡一体化改革试点，在摸清全市文化馆（站）现状与问题的基础上，精心设计，形成了嘉兴市文化馆总分馆服务体系建设方案。其建设思路是：以县域为基本单元，各县（市、区）分别构建以县（市、区）文化馆为总馆，镇（街道）文化站为分馆，村（社区）文化活动中心（文化礼堂）为支馆的文化馆总分馆服务体系。在嘉兴市范围内，以嘉兴市文化馆为中心馆，建设由1个中心馆和7个县域总分馆体系构成的"1＋7"中心馆—总分馆服务体系，实现全市文化馆（站）设施成网、资源共享、人员互通、服务联动。2015年4月，嘉兴市政府发布了《关于构建城乡一体化文化馆总分馆服务体系的实施意见》，为文化馆总分馆服务体系建设提供了有力支撑。梳理清楚并重点落实中心馆、总馆、分馆等体系节点的功能职责，是嘉兴文化馆总分馆服务体系建设的突出亮点。作为中心馆的嘉兴市文化馆，除履行好直接面向公众提供阵地服务外，还重点加强整个服务体系中规划协调、业务支持、人才培训、创新研究和数字服务等"中心馆"职能，推动实现全市范围内文化馆（站）"统一服务标识、统一发布平台、统一调配资源、统一辅导培训"。作为县域总馆的各县（市、区）文化馆，除履行好县级馆职能外，还要在"中心馆"的指导和支持下，重点加强"总馆"统筹、配置、协调及管理职能，主要包括编制发展规划、下派业务干部、协调资源配置、组织开展活动、规范服务标准、培训分馆队伍以及支持分馆服务等。作为分馆的镇(街道)文化站,在"总馆"的指导和支持下,按统一规范和要求,履行好文化艺术辅导、文化活动实施、文化项目承办、特色文化建设等分馆服务职能,并协助总馆为村(社区)培育文化管理员。作为支馆的村(社区)文化活动中心(文化礼堂)在分馆指导和支持下,重点做好本村(社区)文化设施免费开放、培育群众文艺团队、开展健康有益文体活动等工作。嘉兴市文化馆中心馆—总分馆服务体系建设,为破解文化馆(站)建设运行中普遍存在的设施"孤岛"运行、资源分散分割、人员上强下弱、服务城乡有别等突出问题,提供了可借鉴、可复制、可推广的解决方案,其成熟度和完善度全国领先。依此路径,文化馆(站)设施可互联互通,数字文化服务平台和资源可共建共享,制约体系末端的"最后一公里"可逐步贯通,村(社区)因获体系支撑能逐步提高服务效能。由此,群众文化艺术服务领域以标准化和体系化促进均等化的路径变得特别清晰,更体现出创造"中国经验"的突出价值。

三、文化馆的免费服务

全面推进文化馆(站)免费开放和免费服务,是我国经济社会发展到一定程度的必然选择,也是我国公共文化服务体系制度设计的重要一环。2011 年,文化部、财政部共同出台了《关于推进全国美术馆公共图书馆文化馆(站)免费开放工作的意见》(以下简称《意见》),《意见》明确要求:2011 年年底之前国家级、省级美术馆全部向公众免费开放;全国所有公共图书馆、文化馆(站)实行无障碍、零门槛进入,公共空间设施场地全部免费开放,所提供的基本服务项目全部免费。文化馆(站)免费开放是我国推进公共文化服务体系建设的一项重要举措,它对提高广大人民群众思想道德和科学文化素质,保障广大人民群众基本权益,让广大人民群众共享文化建设发展成果,促进社会和谐稳定具有重要意义。

根据文化馆职能任务要求,参照文化馆以往开展公共文化服务的内容和部分地区文化馆已经实施的免费服务项目,文化馆免费服务的基本项目见表 4-1。

表 4-1 文化馆(站)免费服务基本项目

项目类别	服务内容
群文演出	节庆文化活动
	主题宣传演出
	广场文艺演出
	群众性文艺展演
	民间文艺展演
群文展览	美术、书法、摄影等方面的公益性艺术展览
	时政、科普知识图片展
	群众文艺作品展示
	民间艺术成果展示

项目类别	服务内容
群文培训	文学、戏剧、舞蹈、声乐、器乐、美术、书法、摄影等文艺类别的普及型培训
	基层文化员、业余文艺骨干专业技能培训
	弱势群体文化艺术骨干专业技能培训
群文辅导	农村、社区等基层文化活动辅导
	企事业单位群众文化活动挂点辅导
	文学、戏剧、舞蹈、声乐、器乐、美术、书法、摄影等群众性文艺团队的辅导
	指导群众文艺作品创作
群文讲座	文学、戏剧、舞蹈、声乐、器乐、美术、书法、摄影等文化艺术的普及型讲座
	时政科普类讲座
	群众文化专业知识讲座
	民间艺术知识讲座
送文化下基层	送文艺演出、展览下基层
	为群众送春联、书画作品，提供摄影服务
	民间艺术项目进校园、进社区
资料编发	馆办刊物的编印发放
	群众文艺演唱资料、群众文化作品集的编印发放
	民间艺术资料赠阅
数字化服务	建立文化馆网站，提供网上信息发布、资料查阅、咨询、远程培训等服务，组织开展网上群众文艺活动、群众文艺作品展示等
场地开放	多功能厅、展览厅（陈列厅）、舞蹈（综合）排练厅、辅导培训教室、独立学习室、报刊阅览室、电子阅览室等场所服务内容健全并实施免费开放
辅助服务	办证、咨询、存包及其他辅助服务

四、文化馆服务标准化的意义

建立文化馆服务标准有利于破解基层公共文化机构的运行困境，更好地保障人民群众的基本文化权益。此外，由于公共文化服务标准是一套体系，保障标准的制定是国家和省级层面的主要任务，而服务标准，各县市区可结合工作基础，有所作为，先行先试，比如乡镇文化站的地方性标准的发布就可为更高层面的服务标准提供范式。

第二节 文化馆标准化建设

一、文化馆的建设标准

随着目前我国文化事业发展越来越快，对文化馆服务体系进行改革和创新，需要从整体来看，将文化馆服务体系建立成一个系统化、科学化、规范化的管理体系。

1.《文化馆建设用地指标》

为加强公共文化设施标准建设，文化部组织开展了公共图书馆、文化馆、博物馆建设用地指标和建设标准的编制工作。国家住房和城乡建设部、国土资源部、文化部共同批准发布的《文化馆建设用地指标》于 2008 年 10 月 1 日起施行。《文化馆建设用地指标》为《公共文化体育设施条例》的配套规范，有助于进一步提高公共文化设施建设项目的投资效益和管理水平。指标主要体现了以下几个方面的内容：一是确立了根据服务人口确定建设规模的原则，使公共文化设施的规模大小不再完全取决于行政级别，而主要服从于服务人口；二是将居住半年以上的暂住人口纳入服务人口计算范围，充分保障了进城务工人员等流动人口的文化权益；三是通过对步行、骑车、公共交通等出行时间的测算，对文化设施的服务半径提出了具体要求；四是为了保障公共文化设施用地不被蚕食，提出公共文化设施确需异地新建时，应不改变原馆址的公益性文化设施性质，使原址得以作为公共文化设施继续为公众提供文化服务。

2.《乡镇综合文化站建设标准》

根据建设部《关于印发〈2008 年建设标准编制项目计划〉的通知》（建标函〔2008〕328 号）要求，由文化部组织编制的《乡镇综合文化站建设标准》，经有关部门会审后批准发布，自 2012 年 5 月 1 日起施行。该建设标准内容包括总则，建设规模、项目构成与选址，建筑面积指标，建筑标准与建筑设备，适用于政府在乡镇一级行政单位新建、改建和扩建的乡镇综合文化站，是编制、审批乡镇文化站项目建议书和可行性报告的重要依据，也是审查项目初步设计和全建设过程的尺度。该指标明确提出乡镇综合文化站的建设用地面积应能保障其房屋建筑和室外活动场地的需要，绿化率和停车场面积应符合当地主管部门的相关控制指标要求（见表 4-2）。《乡镇综合文化站建设标准》以建立健全公共文化服务体系为目标，充分体现公共文化服务"以人为本""普遍均等，惠及全民"的原则，为进一步构建覆盖全社会的普遍均等的公共文化服务体系奠定了坚实的基础。

表 4-2　乡镇综合文化站建设用地控制指标

类型	室外活动场地面积（m²）	容积率	建筑密度（%）	绿化、道路、停车场面积
大型站	600～1200	0.7～1.0	25～40	根据当地主管部门有关控制指标要求和实际情况确定
中型站	600～1000	0.5～0.7	25～40	
小型站	600～800	0.3～0.5	25～40	

资料来源：中华人民共和国住房和城乡建设部、中华人民共和国国家发展和改革委员会《关于批准发布〈乡镇综合文化站建设标准〉的通知》，文号：建标〔2012〕44号，http://www.mohurd.gov.cn/wjfb/201205/t20120521_209971.html。

二、文化馆的服务标准

1. 设施设备

（1）馆舍要求

①文化馆选址宜以"方便使用、安全环保"为原则，选择在人口集聚、位置适中、交通便捷、便于群众参与活动，环境及地质条件良好的地方。

②文化馆馆舍的建筑面积应根据其服务人口比例确定，可参照《文化馆建设用地指标》和《文化馆建设标准》执行。

（2）建筑功能布局

①文化馆的功能用房包括群众活动用房、业务用房、管理用房和辅助用房。各类功能用房的使用面积比例可参照《文化馆建设标准》执行。

②文化馆建筑的总平面布局应达到功能组织合理、动静分区明确、空间构成紧凑、日照通风良好。群众活动用房应包含：门厅、展览陈列用房、报告厅、排演厅、文化教室、计算机与网络教室、多媒体视听教室、舞蹈排练室、琴房、美术书法教室、图书阅览室及游艺用房等。

③文化馆馆舍内外应设立无障碍设施，为残疾人参与活动提供方便。

④群众文化活动用房使用面积比例不低于76%。

（3）引导标识

①范围区域标识。文化馆应在主体建筑外设立明显的单位标识和导向标识，在各楼层、各活动厅室应设有醒目的标识，标示清晰。文化馆入口处应设置场所布局图，各功能用房应设有醒目的标识。

②专用设施设备标识。文化馆的专用设施设备应在醒目位置标明使用方法和注意事项。

③无障碍标识。文化馆应设有无障碍设施的专用标识。

（4）服务设备

①必备设备。a. 网络和数字化服务设备。文化馆应配备计算机、照相机、摄像机、

录音录像设备以及公共数字文化服务设备等。b. 演出设备。文化馆应配备适合广场和室内舞台演出的灯光、音响等基本设备。c. 展览设备。文化馆应有展览室(厅)和宣传廊,应配备布展设备系统,包括绘画、书法、雕塑、非物质文化遗产等艺术展品挂置和展示灯光等设备。d. 培训设备。文化馆应配备多媒体投影演示、视听播放、课桌椅、电教设备等能满足培训活动所需的设备。

②其他设备。文化馆可根据当地文化特色和社会文化需求配备表演艺术、视觉艺术、民间工艺等开展艺术活动所需的相关设备。配备包括但不限于活动舞台、综合文化车、流动展览、娱乐器材、电影放映等设备。

(5)环境要求

①文化馆服务场所环境做到整洁美观,室内舒适干净,室外活动场地应符合公共文化设施的环境要求。

②环境布置应体现地方特色和文化传统。

③室内公共场所环境、空气等应按《室内空气质量标准》(GB/T 18883—2002)执行。

2. 人员要求

(1)素质要求

文化馆工作人员须着装整齐、举止端庄、文明用语、服务热情。并满足以下条件:

①遵纪守法,具备良好的职业道德;

②具备岗位所需的专业、能力或技能条件;

③具备适应岗位要求的身体条件。

(2)人员配备

①配备相应的专业技术人员

文化馆专业技术人员是指符合下列条件之一并从事有关业务工作的人员:

a. 具有助理馆员等各类初级及以上专业技术任职资格;

b. 具有文化艺术等专业专科或以上学历;

c. 不具有文化艺术等专业专科或以上学历,须经过大学院系举办的文化艺术课程培训,培训课程不少于 360 学时并成绩合格。

②配备类别

文化馆应当配备与其工作职责相适应的专业技术人员和管理人员。文化馆应配置音乐、戏剧、舞蹈、美术、数字化服务等专业技术人员,根据工作需要配备非物质文化遗产有关专业技术人员。

③配备比例

专业技术人员占全馆人员的比例为:县级馆≥70%,地级馆≥65%,省级馆≥60%。

④特殊要求

少数民族自治地区文化馆要配备熟悉少数民族语言文字的专业技术人员。有地方方言需要的地区应配备一定比例的熟悉方言的专业技术人员。

（3）人员数量

文化馆工作人员数量的确定，应以所在区域服务人口为依据。每万人应配备1名工作人员。每种门类所配备专业人员数应以当地群众需求作为参照。

（4）培训教育

文化馆应制订实施针对全体工作人员的再教育培训计划，年度职工再教育及岗位培训达到48学时的人数不少于职工总数的50%。

（5）群众文化队伍

文化馆应建立馆办群众业余文艺团队，馆办业余文艺团队不少于2支。

（6）志愿者队伍

文化馆应建立志愿者服务机制，吸引社会文化艺术人才和社会公众参与文化馆志愿服务。

①业余文艺团队。文化馆应建立不少于2支馆办示范性群众业余表演团队。

②业余文艺创作群体。文化馆应建立馆办示范性美术、书法、摄影等业余创作群体，各不少于1支。

③自发性群众文艺团队。文化馆应建立文化志愿者队伍，参与文化馆的公共文化服务。

3. 基本服务要求

文化馆实现无障碍、零门槛进入，公共空间设施场地实行免费开放，所提供基本服务项目全部免费。

（1）服务内容

组织开展演出、展览等公益性群众文化展示活动，指导下级文化馆（站）群众文化业务工作，培训基层队伍和业余文艺骨干，辅导群众文艺作品创作，开展时政、法制、科普教育等服务，以及为保障基本职能实现提供的一些辅助性服务。

（2）服务频次

①馆内常设的基本服务项目不低于5项。

②年度组织文艺活动（含非物质文化遗产展示活动）不少于30次，其中综合性大型文化活动不少于3次。

③年度组织展览活动不少于4次。

④年度组织各类理论研讨活动和对外交流活动不少于2次。

⑤年度组织群众业余文艺创作和群众业余文艺作品推广活动1次。

4. 流动服务要求

（1）服务内容

通过组织社会群众文化活动，建立基层服务点、流动车等形式，定期下基层辅导、演出、展览和指导基层群众文化活动，将文化馆的服务延伸到基层馆（站）、社区和村。

（2）服务频次

①年度组织馆办文艺团队下基层演出不少于 20 场（次），组织下基层展览不少于 4 次。

②年度举办各类人员（包括老年人、未成年人、外来务工人员等）文化艺术及科普、法制、农技等培训班不少于 20 期。

③年度组织下一级文化馆（站）人员培训辅导活动不少于 2 次。

④年度深入基层开展培训、辅导、调研、指导工作的时间人均不少于 20 天。

⑤建设基层文化活动基地不少于 4 个。

5. 数字服务

（1）服务内容

文化馆应利用互联网等信息技术手段和载体，开展数字文化馆建设，实现信息服务，艺术鉴赏、展览，远程艺术培训和指导等数字化服务功能。

（2）服务频次

文化馆网站信息服务内容至少一个月更新一次。艺术鉴赏、展览、培训、艺术展示活动、艺术评比活动、艺术培训和工作指导等数字文化服务内容应不断调整、充实、更新。

6. 联合服务

（1）服务内容

文化馆、公共图书馆、博物馆、非物质文化遗产保护机构等社会各类公共文化机构开展多种形式的联合服务，如通过科普和文化资源共享等方式提升同一地区文化馆系统的整体形象和服务能力。

（2）服务频次

积极配合当地政府的重大活动，在政府主管部门的统一部署下，完成工作任务。

7. 服务安全

（1）健全制度

文化馆应当建立健全安全管理制度，有安全工作的明确分工和安全责任制度。

（2）防范措施

①文化馆应配备齐全的安全与消防设施，应在公共活动区域及相应的活动厅室配备和更换消防器材，定期进行检修和维护。消防器材均应处于完好状态。

②文化馆应根据房舍自身条件在活动区域辟有安全通道，设有安全疏散标识。

③文化馆的大型排演厅、观演厅、展览厅、多功能厅等人流量大、聚散集中的用房宜设在建筑首层，并应设置直接对外的安全出口或合理组织应急疏散通道。文化馆与其他文化设施联合建设的，应相对独立，并设有专用出入口。

（3）应急预案

文化馆在各有关工作活动和所组织的活动运作中，对可能发生的各类危及人身与财产安全的突发事件，应事先做好应急预案，并协助公安、消防、交警、电力等相关部门，采取相应的安全措施，以有效防范和处理。

（4）应急制度

文化馆应有必要的安全管理制度，并制定相应的安全预案和应急情况处理方式。

（5）食品安全

在文化馆所组织的各类活动中，应加强对饮食卫生、流行病传播、环境污染等所引发的卫生安全事故的管理和防范，必要时应协调食品管理、卫生防疫、城市管理和环境保护等相关部门参与处理。

①文化馆在举办馆内文化活动时，如需由馆内提供食物和饮用水，应严格把关食物质量，避免发生食物中毒、饮用水中毒等恶性事件。食物、饮用水等的发放和制作过程实行专人监督、专人看管、专人负责。

②文化馆在举办外出演出、展览等大型文艺活动时，如提供食物和饮用水服务的，应保证食物和饮用水的安全。

③应配合城市管理部门对周边小商小贩所销售的食品和饮用水等质量严格把关。避免引起大面积的饮食安全事件。

8. 服务质量监控与持续改进

（1）服务质量监控

文化馆内部应制订服务质量监控计划，严格执行监控计划并记录，定期进行质量分析。

（2）监督途径和改进方法

文化馆应在显著位置设立意见箱，公开监督电话，开设网上投诉通道，建立馆长接待日，组建社会监督员队伍，定期召开公众座谈会。

应准确、详细地记录文化馆活动日志、重要工作日志和客户流量，如实记录公众投诉事项和内容，及时处理事件和反馈处理结果，定期征集、统计、分析公众意见，改进服务工作。

（3）公众满意度调查

文化馆每年应进行不少于一次的公众满意度调查，满意度应不低于80％。还要接受上级部门对文化馆不定期的满意度调查的监督和检查。

三、文化馆的评估定级

文化馆评估定级是衡量文化馆建设和管理水平的一项重要工作机制，是整体推进文化馆建设和管理水平的一个有效举措，是规范文化馆建设及服务于管理的手段，是促进文化馆公共文化职能充分发挥的动力，必将有力地推动我国公共文化馆事业的发展。

我国全国范围的文化馆评估定级工作始于2003年，每四年一次。各级文化馆（按行政层级相应称为省级馆、副省级馆、地市级馆、县级馆）评估定级工作以文化部制定的省级、副省级、地市级、县级文化馆等级必备条件、评估标准以及评估细则为依据。

一般情况下，为充分发挥文化馆在公共文化服务体系建设中的职责作用，促进我国文化馆事业的发展，各地各级文化馆如无特殊原因一律都要参加评估工作。

作为衡量文化馆建设和管理水平的一项重要工作，全国第四次文化馆评估定级工作于2015年进行，各省区市文化部门组织了对辖区内地市、县级文化馆的评估工作。文化部评估组重点对省级馆和副省级馆进行评估，并检查创建国家公共文化服务体系示范区文化馆和抽查部分地市级馆和县级馆，主要通过召开座谈会、实地考察、审阅资料、问卷检查、数据统计等方式进行。评估组按照三三制原则，由各省区市文化厅（局）主管副厅（局）长、社文处处长、省级文化馆馆长、国家公共文化服务体系建设专家委员会部分专家组成，文化部监察局派员全程参加评估工作。文化馆评估定级中，分别设定了各个等级的必备条件与评估标准。这些等级条件与评估标准，也是文化部制定的文化馆行业标准。通过设置必备条件与评估标准，对文化馆办馆条件、服务水平等方面进行综合评估，科学准确地衡量和评定文化馆建设与管理水平。

以第四次全国文化馆评估标准为例，等级文化馆必备条件主要从文化馆馆舍建筑面积、人均财政拨款金额、馆内常设免费服务项目、具备数字服务能力、业务人员主要门类配备齐全、群众文艺创作及辅导、群众对文化馆工作的满意度、执行党的方针政策，无违法违纪情况发生八个方面，按照文化馆的不同层级，设置相关等级标准（见表4-3）。除了必要条件，评估标准共分办馆条件、公共服务、队伍建设和行政管理四个部分，设有三级指标体系，共1000分。其中办馆条件360分，队伍建设110分，公共服务430分，行政管理100分，另设提高指标50分。

表4-3　市（地级市、区）文化馆等级必备条件

标号	项目	标准	等级	说明
1	馆舍建筑面积（平方米）	4500	1	达标是指服务人口≤10万的市（地级市或市辖区），面积虽未达到2500平方米，但已达到《文化馆建设标准》规定的建筑面积指标。（10万—2400m²；5万—2000m²）服务人口以其所在城市常住人口进行计算。
		3500	2	
		2500或达标	3	
2	人均财政拨款金额（元）	1.70	1	服务人口≤200万。
		1.50	2	
		1.30	3	
		1.30	1	服务人口在200万～500万（最低拨款总数不得低于上档200万人口总数的下限）。
		1.10	2	
		0.90	3	
		0.90	1	服务人口＞500万（最低拨款总数不得低于上档500万人口总数的下限）。
		0.70	2	
		0.50	3	

标号	项目	标准	等级	说明
3	馆内常设免费服务项目（项）	10	1	
		8	2	
		6	3	
4	具备数字服务基本能力	有网站	1	网站具备信息发布、艺术欣赏（含视频点播）、网上培训、活动开展、咨询指导5项功能。
			2	网站具备信息发布、艺术欣赏、咨询指导3项基本功能。
			3	
5	业务人员主要门类配备齐全	8	1	业务人员主要门类包括音乐、舞蹈、戏剧（曲艺）、书法、美术、摄影、文学、其他（含理论研究、网络管理、非遗等）8类。缺少一个主要门类降一级。
		7	2	
		6	3	
6	群众文艺创作及辅导	有文艺创作及辅导部门		省级馆、副省级馆、地市级馆应设有群众文艺创作及辅导的部门和人员，县级馆应有群众文艺辅导的部门和人员。
7	群众对文化馆工作的满意度（%）	90	1	由文化行政部门组织第三方考评，进行公众满意度调查，调查表发放数量不少于300份，回收率不低于80%。
		85	2	
		80	3	
8	执行党的方针政策，无违法违纪情况发生			

注：8项条件中，高、中、低三项指标分别为一、二、三级馆必备条件，单一指标为一、二、三级馆均需具备指标。8项条件均达到相关等级标准的，方具备该等级馆的评定资格。

文化馆评估定级是国家文化行政部门对文化馆工作的总体情况进行评判的一种方式，是对一个文化馆办馆条件、队伍建设、公共服务、行政管理、提高指标等各项工作进行的全面评估，更是衡量一个文化馆管理水平、服务能力、服务质量的国家级、权威性评估。评估的目的在于促进文化馆的建设和发展，"以评促建，以评促改"是其主要目的。对于评估过程中出现的主要问题，既要从宏观着眼，即从地方政府和文化主管部门的管理考核方面采取措施营造重视文化馆建设和发展的良好氛围，又要从微观着手，针对评估过程中产生的一系列问题有的放矢地予以解决，堵住评估漏洞，使评估工作做到扎实、高效，科学合理。

第三节　乡镇综合文化站服务标准化的地方实践：
以杭州市余杭区为例

一、余杭乡镇文化站标准化建设概况

浙江省杭州市余杭区在乡镇文化站功能定位、规划指导、财政保障、资源配置、服务提供、队伍建设、绩效评估等多方面积极探索、大胆创新，针对当前农村公共文化建设中的突出矛盾和问题，通过制度设计，科学推进乡镇文化站服务标准化建设，使乡镇文化站建设走上了良好发展的轨道。余杭区目前 19 个镇（街道）共建有 19 个综合文化站，设置率达到 100%。其中，有 15 个达到全省特级文化站标准，4 个为省一级文化站标准。在编人员 108 人，平均每站 5.7 人。在 2012 年浙江省乡镇综合文化站评估定级中，余杭区 19 个乡镇文化站中有 11 个被评为特级站，8 个被评为一级站。在规范化、体系化的推进下，余杭乡镇文化站有效发挥了在基层文化建设中的枢纽作用，使广大群众得到了实惠。

乡镇文化站标准化建设的"余杭模式"，可以简要地表述为：以政府为主导，以改善文化民生和保障基层群众基本文化权益为出发点及立足点，以区、镇两级财政保障为基础，以区文化馆、图书馆等公益性文化事业单位加强资源供给为依托，以居委会、村文化活动室为文化服务支撑点，以完善设施、健全机构、强化队伍、提升素质、考核评估为抓手，以面向基层群众提供看电视、听广播、读书看报、进行公共文化鉴赏、参与公共文化活动等基本文化服务为主要内容，积极发挥乡镇综合文化站承上启下、整合资源、共建共享的枢纽作用，全面提升基层公共文化服务科学发展水平。

二、余杭乡镇文化站标准化建设的主要特点

1. 规划引领，强化保障，在环境营造上"先人一步"

余杭区努力营造有利于乡镇文化站建设运行的政策环境。首先，在思想上统一，加强领导。区委、区政府把发展繁荣文化事业作为践行科学发展观、推进"美丽余杭"建设的重要内容和自觉行为，先后召开余杭区文化名区建设工作会议、余杭区农村文化工作会议等，部署全区文化工作，"加强乡镇综合文化站建设"都是各会议中的重要内容。

2010 年，余杭区出台《关于加强乡镇综合文化站建设的实施意见》，进一步明确综合文化站建设的总体目标和具体任务。2011 年，又出台《关于深入实施"文化名区"战略的决定》《余杭区"文化名区"建设"十二五"规划》《余杭区"十二五"文化体育事业发展规划》，要求全区所有镇街都拥有设施先进、功能齐全、机制灵活、服务优良的乡镇文化

站，建设规模达到省定标准。对乡镇文化站的设施建设、人员配备、活动安排、资金保障等做出十分明确的部署和要求，为乡镇文化站建设提供了坚强有力的组织保障和资金保障。

余杭区每年安排4000多万元文体建设发展专项资金，其中很大一部分用于对乡镇文化站设施建设和活动开展的支持。2012年，镇街一级文化建设投入资金就达3600万元，平均每个镇街达189万元。区财政还对创建成功的省文化强镇、市示范乡镇文化站给予资金补助，镇街创建成为省文化强镇，补助资金累计可达45万元。

2. 创新思路，整合资源，在设施建设上"因势利导"

乡镇文化站建设涉及规划、国土、财政等方方面面，是文化工作的难点。为此，余杭区鼓励各镇街因地制宜开展工作。首先，创新建设模式。如仁和街道投资1100多万元新建6000平方米的综合文化站；星桥、崇贤街道各投资2000万元，分别向房地产开发商回购4000平方米房产作为综合文化站站舍；闲林、五常街道将原街道办公大楼改建成综合文化站用房。通过新建、改建、回购等多种模式，各镇街都拥有了独立的综合文化站大楼。

其次，强化公益职能。根据群众日益增长的文化需求，余杭区着力将文化站建成包括排练厅、多功能厅、阅览室、书画创作室等设施齐全的公共文化活动中心，站内图书分馆和市、区、村图书馆（室）实现四级"一证通"，人气大幅提升。

最后，有效整合资源。余杭区各文化站均整合了文化信息资源共享工程、电子阅览室、农家书屋、广播电视村村通、农村党员远程教育、农民技能培训、少儿假期教育等相关部门的公共资源，每天吸引大量群众参加文化活动。

3. 明确机构，落实编制，在队伍建设上"固本强基"

多年来，余杭区一直高度重视乡镇文化站建设，明确机构，配强人员，公共文化服务能力不断提升。首先，确保机构设立，夯实乡镇文体工作"基础"。2006年，区委在《关于推进镇乡机构改革工作的意见》中明确，在全区乡镇机构改革中，文体服务中心（即乡镇综合文化站）是必设机构之一，属正科级公益性事业单位，承担文体活动开展、文化遗产保护等公共文化服务职能。各镇街均按人口比例配足专（兼）职文化干部，做到"机构不撤、职级不减、人员不少"，为推进基层文化建设打下扎实基础。

其次，加强培训，增强乡镇文体干部"本领"。农村公共文化服务内生机制，是进行农村公共文化建设的内在动力和根基。余杭区每年举办乡镇综合文化站文体干部培训班，包括理论学习，声乐、器乐、舞蹈等艺术类培训，舞台灯光、音响等技能培训，小品、故事等创作培训，文化创建工作培训等，全面提升乡镇文化站干部队伍素质。

最后，规范管理，促进群众文体团队"成长"。目前余杭区共有登记在册的群众文体团队930支，骨干5000余人，成员2万余人。乡镇文化站加强对群众文体团队的规范化管理，促进了队伍的健康成长，为培养艺术人才，丰富群众文化生活，构建"15分钟公共文化服务圈"创造了有利条件。余杭滚灯艺术团参加了北京奥运会开幕式演出；

木兰拳艺术团赴、新加坡、奥地利等地演出，并在中央电视台《舞蹈世界》节目中亮相。

4. 强化考核，创新机制，在综合利用上"提质增效"

（1）强化考核。为有效发挥文化站职能，余杭区在强化考核、强化考核和创新举措和优化管理上狠下功夫，取得了实效。《关于进一步加强余杭区乡镇综合文化站建设的实施意见》中明确规定："乡镇综合文化站建设纳入镇乡（街道）年度综合目标责任制考核，纳入新农村建设考核。……考评情况报区镇乡（街道）综合考评领导小组纳入总分统计"。区文广新局对乡镇综合文化站的考核作为单独一项，纳入区委、区政府对镇街年度工作的实绩考评。每年，区文广新局根据当年工作要求制定考核标准，考核得分在 100 分总分中占 4 分。考核结果跟镇街年度排名及领导干部奖金挂钩，从而起到了很好的指挥棒作用。

（2）创新服务举措。一是乡镇文化站图书室、活动室等场所在确保每周开放 48 小时的基础上，积极探索延时开放、错时开放等举措，方便群众参加活动。二是乡镇文化站提供"菜单式服务"，根据群众具体需求，提供活动场地、培训辅导、文艺演出等。三是创新活动形式。除镇街本级开展活动外，镇街之间常联合组织开展活动，互通有无，共享资源。不少镇街还走出余杭，跨县、跨地区开展"文化走亲"活动，展示余杭文化魅力。

（3）丰富群众生活。以乡镇文化站为落脚点，组织开展各类文体活动，繁荣基层文艺创作。一是镇、街道"一节一会"特色活动形成品牌。余杭区所有镇、街道都定期举办文化艺术节和人民运动会，超山梅花节、塘栖枇杷节、仓前羊锅节等"一镇一品"活动在全国形成了一定影响力。二是文艺创作活跃。小品《汇报咏叹调》亮相 2005 年央视春晚，曲艺杭摊《西湖春秋》《青凤收徒》和小品《猫鼠新传》等一批作品荣获全国"群星奖""戏剧奖""山花奖"等。三是每个镇、街道都有一本展示当地文化成果的高质量刊物。临平东湖、塘栖、余杭等镇街已经坚持办了 20 余年，《临平山》《唐栖》等在浙江省群文刊物评比中多次荣获一等奖。余杭区通过持续多年的乡镇综合文化站规范化、科学化建设，推进了农村公共文化服务体系建设，促进了文化建设整体繁荣发展和社会和谐稳定。

三、余杭乡镇文化站标准的制定

余杭区文化广电新闻出版局本着"让文化站服务更高效，让农村群众文化生活更丰富"的指导思想，着手在乡镇文化站中开展服务规范的实践。2014 年上半年，在综合了国家、省、市基层公共文化服务要求，结合了余杭本区域公共文化服务建设特色后，制定出台了《关于印发〈余杭区镇、街道综合文化站（文体服务中心）服务规范〉的通知》。至此，余杭区的文化站有了指标明晰的公共文化服务工作规范依据。

为使规范上升为标准，在国家公共文化服务体系建设专家的指导下，余杭区在服务规范的基础上开始编制《乡镇综合文化站服务规范》地方标准。余杭区委、区政府对编制工作十分重视，编制工作始终得到区委宣传部、区效能监督考评办和区质监部门的大力支持和具体指导。作为标准编制单位区文广新局专门成立了"余杭区《乡镇综合文化站服务规范》地方标准"起草编制组。编制组认真学习服务标准编写规则，同时积极吸收省市有关政策性文件，经过对文化站职能的认真梳理，逐步形成了标准编制的框架结构。在大量调研和研究的基础上，以余杭区文广新局的《余杭区镇、街道综合文化站(文体服务中心)服务规范》为蓝本，前后历经四稿，形成余杭区《乡镇(街道)综合文化站公共服务规范》地方标准(见附录4-3)。2014 年 9 月 25 日，由浙江省杭州市余杭区质量技术监督局发布的《乡镇(街道)综合文化站公共服务规范》地方标准正式实施。这是浙江省内第一个正式发布的乡镇综合文化站公共服务规范地方标准，在国内也属领先。

余杭区《乡镇(街道)综合文化站公共服务规范》地方标准的内容立足于三点：一是立足于文化站的基本服务职能，即文化部规定的八项公共服务职能；二是立足于余杭区文化站建设和服务工作的实际；三是立足于科学性、合理性、普适性和可操作性。围绕这三个立足点，内容主要分为四个方面：一是服务术语和定义。将标准中使用到的服务术语和定义，按照简练、易懂、专业、准确的原则，规范其内涵和外延。二是总体要求。为了与文化站公共服务职能的要求相匹配，从余杭区文化站现状和发展需要出发，标准对乡镇文化站组织机构、站舍建设、人员配备与素质、办公设施、经费保障等做了明确具体的规定(见表4-4)。三是公共服务项目。标准强化了文化站公共服务职能，将管理寓于服务之中，内容涵盖了文化站保障群众基本文化权益而需要履行的宣传教育、阵地服务、辅导培训、群众业余文体团队建设、群众文化体育活动开展、文化遗产保护、协助管理文化市场等相关服务项目(见表4-5)。同时，对每项服务项目的服务内容范围、服务方式的选择、服务要求都予以量化、细化。四是检查、监督与评估。标准把检查、监督、评估分为自我评估、定期检查、综合考评三个方面，使监督考核形成制度，使文化站日常工作置于监督管理之下，促进文化站服务质量的有效提升。

表 4-4 余杭区《乡镇(街道)综合文化站公共服务规范》的总体要求

内容	具体要求
组织机构	文化站机构应按乡镇(街道)行政区划单独列编建站，实行一个乡(镇、街道)一站，为乡镇人民政府(街道办事处)设立的文化事业机构，机构级别为正科级。
	文化站实行以乡镇人民政府(街道办事处)管理为主，区文化广电新闻出版局(体育局)进行工作指导并监督和检查的管理体制。区文化馆、图书馆等相关文化单位负责对文化站开展对口业务指导和辅导。

内容	具体要求
人员配备	文化站应按所服务的辖区内人口数量配备专职人员,凡 3 万以上人口(常住人口,下同)的乡镇(街道)配备 4 名以上专职人员;3 万以下人口的乡镇(街道)配备不少于 2 名专职人员。文化站设站长(主任)1 人。文化站实行站长(主任)负责制,站长(主任)由乡镇人民政府(街道办事处)任命或聘任,但事先应征求区文化行政部门的意见。
	文化站从业人员一般需具备大专学历或相当于大专文化程度,热爱文化事业,善于组织群众开展文化活动;能熟练掌握基层文化体育业务知识,具有一定的文艺特长,至少能掌握一门以上文化技能,热情主动、文明礼貌、勤奋刻苦、善于创新。
站舍建设	文化站站舍应位于交通便利、人口集中、便于群众参与活动的区域,一般不设在乡镇人民政府或街道办事处办公场所内。新建文化站站舍的选址、设计、功能安排等应征得区文化行政部门的同意。
	文化站站舍建筑面积应在 2500m² 以上,设置无障碍通道,并在文化站站舍外墙醒目位置标明设施的使用方法和注意事项。
	文化站基本功能空间应包括书刊阅览室、多功能活动厅、培训教室、综合展示厅、公共电子阅览室、健身房、国民体质监测点和管理用房,以及室外活动场地、宣传橱窗、板报栏等配套设施。
办公设施	文化站办公用房可设站长(主任)室、业务工作室、资料档案室等,并配有电话、电脑、打印机、复印机、传真机、扫描仪、数码相机(摄像机)等基本业务装备,以及办公桌椅、文件档案橱柜等基本办公设备。
人员管理	乡镇人民政府(街道办事处)对文化站从业人员的工作内容、工作纪律、工作效率、工作质量等实施管理,对其所履行的工作职责进行考核。
	区文化广电新闻出版局(体育局)对文化站从业人员进行业务指导和培训,并对培训情况进行记录和建档。
经费保障	文化站每年用于宣传教育、文化体育活动的经费(不含基本建设和文化遗产保护等经费),应按辖区内常住人口数量不少于人均 15 元的标准予以安排,并列入乡镇人民政府(街道办事处)年度财政预算或年度经费安排。

表 4-5　余杭区乡镇(街道)综合文化站的公共服务项目

一级指标	二级指标	三级指标
宣传教育	宣传教育内容	普及科学文化知识
		时事政策宣传
		法制宣传教育
		公民道德教育
	宣传教育方式	举办展览
		举办讲座
		设立宣传橱窗
		专题宣传教育活动
文化阵地服务	文化阵地服务要求	
	文化阵地服务内容	图书报刊借阅
		文娱活动
		文化展示
		老年活动服务
		体育健身服务
		国民体质监测
		广场活动
		数字文化信息服务
群众业余文化体育团队建设	群众业余文化体育团队建设要求	
	群众业余文化体育团队类型	
	乡镇(街道)群众业余文化体育团队建设	
	村(社区)群众业余文化体育团队建设	
辅导和培训	辅导和培训对象	
	辅导和培训主要内容	文化艺术辅导培训
		群众体育知识辅导培训
		其他培训
	村(社区)文化创建指导	
群众文化体育活动开展	综合性群众文化活动	综合性群众文化活动类型
		综合性群众文化活动开展要求
	地方特色文化活动	
	群众性体育活动	
	文化下村(社区)活动	

一级指标	二级指标	三级指标
文化遗产保护	文物保护	文物普查
		文物保护单位(点)保护与管理
		文物保护单位申报
	非物质文化遗产保护	非物质文化遗产调查
		名录项目保护
		传承人保护
		非物质文化遗产展示
	文化遗产合理利用	
文化市场管理及监督	文化市场管理小组建立及职责	文化市场管理小组建立
		文化市场管理小组职责
	管理及监督内容	

四、余杭乡镇文化站标准化经验点评

余杭区《乡镇(街道)综合文化站公共服务规范》地方标准通过明确文化站公共服务范围、服务内容、服务所要达到的目标要求,可以使文化站从业人员对自己的服务工作一目了然,能促使文化站服务职能的透明和履行,这对进一步提高服务水平、服务效率和服务质量起到了积极的促进作用。国外公共服务标准化建设的一个经验是:将公共服务总量化的指标和个性化的指标相结合,并以个性化指标为主。作为国内首个乡镇综合文化站公共文化服务规范和浙江省首个公共文化服务规范的地方标准,余杭区《乡镇(街道)综合文化站公共服务规范》对县级公共文化服务标准化建设具有样本意义。

首先,定位清晰。公共文化服务标准是一套体系,包括保障标准、服务标准、评价标准等,不同类型的标准制定主体和作用发挥是有区别的。如保障标准,这是政府对老百姓最基本的承诺,需要确定基本文化权益有哪些,现阶段保障到何种程度,政府应承担怎样的责任,这需要在国家层面作顶层设计,通过制定全国"基本公共文化服务保障标准",设定"底线标准"。各省按"底线标准"来实施,无法实现的省份,通过中央财政转移支付,保障其达到标准。可见,保障标准制定是国家、省级层面的主要任务。而服务标准,各县市区可有所作为,结合工作基础,先行先试。余杭区的地方标准就可为省级或国家出台乡镇文化站的服务标准提供范式。

其次,路径科学。十八届三中全会提出"促进基本公共文化服务标准化、均等化",协调机制的运用是实现这一目标的科学路径。公共文化服务体系建设是一个包括文化产品生产、分配、管理和资源保障各个系统在内的整体系统设计,只有形成上下联动、

左右配合、分工明确、统筹有力的基层公共文化服务运行机制，才能形成强大的工作合力。余杭不是靠文化部门"单兵突进"推进标准化，而是有效协调财政、发改、编办、宣传等部门，为乡镇综合文化站的长效发展提供人、财、物等资源要素。另外，在标准制定过程中，主动对接质监部门，借助质监部门的专业力量和"绿色通道"，有效推进地方标准的颁布。

最后，注重实效。公共文化服务标准是对已有制度的梳理和升级。2011年以来，余杭区委、区政府先后出台的《关于深入实施"文化名区"战略的决定》(区委〔2011〕2号)、《关于引导和鼓励社会力量兴办公共文化的若干意见》(区委办〔2011〕90号)、《关于引导和鼓励社会力量兴办公共文化的实施办法》(区委办〔2011〕91号)、《余杭区"文化名区"建设"十二五"规划》(余政办〔2012〕15号)等一系列重要文件中，均把乡镇文化站建设放在重要位置。余杭的地方标准便是建立在已有成熟的制度体系基础之上：之前出台了《乡镇综合文化站工作规范》《关于进一步加强乡镇综合文化站建设实施意见》等8项制度设计，包括全区19个乡镇出台了17个镇级制度设计。正是有可落地、可操作的政策体系，才能在一定范围内获得最佳秩序，经协商一致制定并由公认机构批准，以特定形式发布的地方标准，成为社会各界共同使用、重复使用、共同遵守的准则和依据。

乡镇文化站作为基层公共文化服务的桥头堡，是我国公共文化服务体系建设的重要内容，也是面向城乡居民开展综合性文化服务的重要文化设施。建立和完善基层文化馆(站)服务标准，对保障基层群众特别是广大农村群众的基本文化权益，推进基本公共文化服务标准化、均等化，消除基层公共文化服务盲点和薄弱点，具有重要的意义。

【思考题】

1. 文化馆标准化的主要内容包括哪些方面？

2. 结合自己所在地的文化馆发展现状，思考如何推进文化馆总分馆建设？

3. 余杭乡镇文化站标准化建设模式有哪些经验可以借鉴？

4. 对照县级文化馆评估定级标准，评价自己所在地的文化馆有哪些指标分值可以进一步提升？

【参考文献】

[1]巫志南．免费开放背景中文化馆功能定位思考[J]．艺术评论，2012(2)：10.

[2]谢岩珂．论文化馆在公共文化服务体系中的地位、作用与作为[J]．学术评论，2012(4、5)：65.

[3]赵晓东，翠荣．免费开放与文化馆(站)公共文化服务职能——基于全球化背景

下公民文化权益视点的分析[J]. 鄂尔多斯文化，2011(5)：18.

[4]王筱芸. 公共文化服务改革培育创新品牌——以朝阳区文化馆发展为例[N]. 中国社会科学报，2013-07-24.

[5]李志慧，徐顺利. 破解文化馆发展困境：找准公共文化服务的实质——以北京市朝阳区文化馆"文化治理"之路为例[J]. 行政管理改革，2013(1)：36.

[6]寇曦文. 创新公共文化服务多元供给模式——以上海市嘉定区文化馆公共文化服务项目为案例的研究[J]. 群文天地(下半月)，2012(10)：20.

[7]省文化厅开展"基层文化馆站服务效能提升计划"巡回指导工作[EB/OL]. [2014-04-17]. http://www.gdwht.gov.cn/show.php? id=30377.

[8]于群，冯守仁. 文化馆(站)业务培训指导纲要[M]. 北京：北京师范大学出版社，2012：185.

[9]冯蕾. 省市县三级群艺馆、文化馆联动——公共文化服务体系建设的助推器[J]. 大众文艺(学术版)，2014(10)：1-2.

[10]傅才武. 当代公共文化服务体系建设与传统文化事业体系的转型[J]. 江汉论坛，2012(1)：136.

[11]欣文. 我国公共文化设施建设进入新阶段[N]. 中国文化报，2008-10-21.

[12]关于批准发布《乡镇综合文化站建设标准》的通知[EB/OL]. [2012-03-23]. http://www.mohurd.gov.cn/zcfg/jsbwj_0/jsbwjbzde/201205/t20120521_209971.html.

[13]中华人民共和国文化部. 乡镇综合文化站建设标准(建标160—2012)[S]. 北京：中国计划出版社，2012：1-33.

[14]王全吉. 文化馆(站)服务与管理[M]. 北京：北京师范大学出版社，2013：245.

[15]古莉. 县级文化馆评估存在的问题及对策[J]. 电影评介，2012(11)：108-110.

[16]马洪范，王瑞涵. 完善农村公共文化服务体系建设的财政研究[J]. 中国财政，2010(11)：55.

[17]李少惠，王晓艳. 社会资本视角下的农村公共文化建设研究[J]. 西北师大学报(社会科学版)，2009(6)：66-70.

[18]余杭乡镇群文刊物墨香四溢[N]. 中国文化报，2009-12-09.

[19]戴园丽，龚蓓. 余杭发布《乡镇(街道)综合文化站公共服务规范》地方标准[N]. 中国文化报，2014-10-23.

[20]杭州市余杭区正式发布《乡镇(街道)综合文化站公共服务规范》地方标准[EB/OL]. [2014-10-20]. http://www.zjwh.gov.cn/dtxx/zjwh/2014-10-20/171793.htm。

[21]李泞，孟春，李晓玉. 公共服务均等化中的服务标准：各国理论与实践[J]. 财政研究，2008(10)：79-81.

附录 4-1

县(市、区)文化馆等级必备条件评估标准

一、等级必备条件				
标号	项目	标准	等级	说明
1	馆舍建筑面积（平方米）	2500	1	达标是指服务人口≤3万的县，面积虽未达到1500平方米，但已达到《文化馆建设标准》规定的馆舍面积指标（1万—1400m²；2万—1100m²；1万—800m²）。服务人口以其所在城镇常住人口进行计算。
		2000	2	
		1500 或达标	3	
2	人均财政拨款金额（元）	1.40	1	服务人口≤60万。
		1.20	2	
		1.00	3	
		1.30	1	服务人口在60万—80万(最低拨款总数不得低于上档60万人口总数的下限)。
		1.10	2	
		0.90	3	
		1.20	1	服务人口>80万(最低拨款总数不得低于上档80万人口总数的下限)。
		0.90	2	
		0.60	3	
3	馆内常设免费服务项目（项）	10	1	
		8	2	
		6	3	
4	具备数字服务能力	有网站	1	网站应具备信息发布、艺术欣赏、咨询指导等3项基本功能。
			2	
		有网页	3	网页应有信息发布功能。
5	业务人员主要门类配备齐全	5	1	业务人员主要门类包括音乐、舞蹈、戏剧(曲艺)、美术(书法、摄影)、文学5类。缺少一个主要门类降一级。
		4	2	
		3	3	
6	群众文艺创作及辅导	有文艺创作及辅导部门		省级馆、副省级馆、地市级馆应设有群众文艺创作及辅导的部门和人员，县级馆应设有群众文艺辅导的部门和人员。
7	群众对文化馆工作的满意度（%）	90	1	由文化行政部门组织第三方考评，进行公众满意度调查，调查表发放数量不少于300份，回收率不低于80%。
		85	2	
		80	3	

标号	项目	标准	分值	说明
8	执行党的方针政策，无违法违纪情况发生			

注：8项条件中，高、中、低三项指标分别为一、二、三级馆必备条件，单一指标为一、二、三级馆均需具备指标。8项条件均达到相关等级标准的，方具备该等级馆的评定资格。

二、评估标准

本标准分为四大部分，共1000分，提高指标共50分。其中：

一、办馆条件：360分，

二、队伍建设：110分，

三、公共服务：430分，

四、管　　理：100分，

五、提高指标：50分。

标号	项目	标准	分值	说明
1	办馆条件		360	
11	设施建设		170	
111	馆舍建筑面积（平方米）	3500	80	建筑面积低于最低标准的不得分。出租房屋不计为馆舍面积，应在总建筑面积中减去，并另行扣除25分。
		3000	70	
		2500	60	
		2000	50	
		1500或达标	40	
112	室外活动场地使用面积（平方米）	800	20	产权不属于文化馆所有，达到相应使用面积标准的按一半得分。
		600	15	
		500	10	
		400	5	
113	群众文化活动用房使用面积达到总使用面积的百分比（%）	70	20	测算使用面积的系数为0.65。低于60%的扣10分。
		65	15	
		60	10	
114	设有文化活动厅室数量（个）	8	15	平均每个厅室不少于30平方米。
		6	10	
		4	5	

标号	项目	标准	分值	说明
115	设有多功能厅（含剧场、非遗展示厅）面积（平方米）	400	15	不足 200 平方米的得 5 分。
		300	10	
		200	8	
116	设有宣传橱窗、栏长度（米）	25 或 LED	10	LED 指 LED 宣传屏。
		20	8	
		15	5	
117	内外部环境氛围		10	包括十项内容：文化氛围浓厚、无商业气息、馆牌醒目、群众能从正门进出；设有固定公示栏、提示牌、各类厅室有统一标识；内外环境和谐统一、整洁优美、厕所无异味。一项不合格减 1 分。
12	设备		100	
121	馆内设备总值（万元）	80	20	
		70	15	
		50	10	
		40	5	
122	馆内设备总值增长比例(%)	25	15	
		20	10	
		15	8	
		10	5	
123	信息化基础设施	达标	20	购置或租用服务器、存储、网络及安全、互联网接入等设备，具备支撑网站和办公自动化等业务正常运转的保障能力。存储设备：磁盘阵列可用容量不低于 10TB。互联网接入：有线接入带宽达到 50M；无线 Wi-Fi 接入互联网。
		基本达标	10	购置或租用服务器、存储、网络及安全、互联网接入等设备，具备支撑网站和办公自动化等业务正常运转的保障能力。存储设备：磁盘阵列可用容量不低于 5TB。互联网接入：有线接入带宽达到 20M。
124	资源加工设备	达标	15	配备数码广播级摄录像机、数码照相机、移动硬盘、便携式计算机等设备，具备数字资源采集、复制、输出等基本的数字化加工能力。数码相机不少于 1 台。数码广播级摄录像机不少于 2 台。便携式计算机不少于 1 台。

标号	项目	标准	分值	说明
124	资源加工设备	基本达标	10	配备数码摄像机、数码照相机、移动硬盘等设备，具备数字资源采集、复制、输出等基本的数字化加工能力。
125	数字化服务设备	达标	15	配备中央控制台、投影机、投影幕、4路VGA输入切换器、有源音箱、电视机、触摸屏、终端计算机、平板电脑等设备，具备艺术教育培训、电子阅览等数字服务能力。电视机不少于2台。终端计算机不少于10台。
		基本达标	10	配备电视机、投影机、投影幕、音箱、终端计算机、平板电脑等设备，具备艺术教育培训、电子阅览等基本的数字化服务能力。终端计算机不少于5台。
126	展览和演出设备	3	15	三类设备内容：下基层等广场文艺演出必备的灯光、音响设备；艺术展览设备；服装、道具、乐器。少一类减5分。
		2	10	
		1	5	
13	经费拨款		90	
131	免费开放经费补助金额(万元)	50	30	
		40	25	
		30	20	
		20	15	
132	人均财政拨款金额(元)	1.40	30	服务人口≤60万。
		1.20	25	
		1.00	20	
		1.30	30	服务人口在60万—80万(最低拨款总数不得低于上档60万人口总数的下限)。
		1.10	25	
		0.90	20	
		1.20	30	服务人口>80万(最低拨款总数不得低于上档80万人口总数的下限)。
		0.90	25	
		0.60	20	
133	专项业务活动经费占财政补贴收入比例(%)	30	30	
		25	25	
		20	20	
		15	15	

标号	项目	标准	分值	说明
2	队伍建设		110	
21	文化水平		30	
211	本科以上学历人数占业务人员总数比例（%）	35	10	
		30	8	
		25	5	
212	职工教育及岗位培训达到48学时的人数占职工总数比例（%）	90	10	
		80	8	
		70	6	
		60	4	
213	业务人员岗位培训、继续教育达到72学时人数占业务人员总数比例（%）	100	10	
		90	8	
		80	6	
		70	4	
22	职称		30	
221	有专业技术职称人员占业务人员总数比例（%）	70	15	
		65	10	
		60	5	
222	中级（含中级）以上职称占业务人员总数比例（%）	40	15	
		35	10	
		30	5	
23	业务人员		40	
231	业务人员占职工总数比例（%）	75	15	
		70	10	
		65	5	
232	业务人员主要门类配备齐全		10	同必备条件，缺一门类减2分。

标号	项目	标准	分值	说明
233	业务人员获县级以上(含县)表演奖、创作奖、辅导奖、科研成果奖、组织奖数量(件、次、篇)	10	15	不包含文化部群星奖。
		8	10	
		6	5	
		4	3	
24	志愿者队伍		10	
241	志愿者人数与职工人数比例	0.6	10	以2014年登记在册的并为本馆服务的志愿者为准。
		0.5	8	
		0.4	5	
3	公共服务		430	
31	免费开放		70	
311	每周对公众提供服务的开馆时长(小时)	56	20	低于35小时减10分。实行错时开放的,按20分计。
		49	15	
		42	10	
312	馆内常设免费服务项目(项)	10	20	
		8	15	
		6	10	
313	年文化服务人次(万人次)	8	20	
		5	15	
		3	10	
314	服务内容的公示	提前1个月公示且内容完整	10	在大厅或馆外常设免费服务项目公示牌的,得3分。公示的服务项目中时间、地点、内容等要素齐全的,得5分。公示内容完整并能提前1个月公示的,得10分。
		公示内容完整	5	
		设有公示牌	3	
32	馆办活动		110	
321	组织大型文化活动(次)	6	25	组织广场文化活动、辖区各乡镇参与的文化活动和面向弱势群体的文化活动各不少于1次,未举办的各减3分。大型文化活动是指参加人数较多(800人次以上),涉及面较广的活动。
		5	20	
		4	15	

标号	项目	标准	分值	说明
322	组织大型展览（次）	5	15	大型展览每个展览展线不低于60米，且参观人次不少于1000人次。
		4	10	
		3	5	
323	组织各类理论研讨活动（次）	4	10	
		3	8	
		2	6	
324	组织各类对外交流活动（次）	2	5	包含馆际交流活动。
		1	3	
325	组织群众业余文艺创作和群众业余文艺作品推广活动（次）	4	15	
		3	10	
		2	5	
326	馆办文艺团队个数（个）	5	20	
		4	15	
		3	10	
		2	5	
327	组织馆办文艺团队每年下基层（社区、农村）演出场次（场）	70	20	到农村演出场次低于50%的，扣应得分值的40%。
		60	15	
		50	10	
		40	5	
33	辅导和培训		110	
331	组建基层文化活动基地（示范点）（个）	15	20	30%基地在农村和社区，未成年人和外来务工人员文化活动基地（示范点）各不少于2个。有1项未达标扣应得分值的20%。
		12	15	
		9	10	
		6	5	
332	举办基层群众文化干部和骨干培训班（期）	8	20	指面向文化站、室业务人员以及业余文艺骨干举办的业务培训班。
		6	15	
		4	10	
333	举办各类培训班数量（期）	30	25	指面向社会各类人员举办的各类培训班。其中面向未成年人和外来务工人员的培训班不少于40%，未达标扣应得分值的20%。
		25	20	
		20	15	
		15	10	

标号	项目	标准	分值	说明
334	深入基层(含文化站、室，社区和农村)培训、辅导、调研人均时长(天/年)	60	15	
		48	12	
		36	8	
335	本馆业务人员培养、辅导的作者、演员获县市级以上奖励数量(件、次、篇)	10	15	不包含233本馆业务人员获奖项目，不包括文化部群星奖。
		8	12	
		6	8	
		4	5	
336	组织老年文化培训，全年办班数量(期)	10	15	凡举办老年大学的，按20分计。
		8	10	
		6	5	
34	刊物、资料		20	
341	群众文艺辅导资料(或馆办刊物)	有馆办刊物和辅导资料	10	
		有馆办刊物	8	
		有辅导资料	5	
342	信息资料编发数量(期)	12	10	
		6	7	
35	民族民间文化(非物质文化遗产)保护		50	
351	有专门机构和人员		5	指设有专门部室或专职人员。
352	开展宣传展示活动次数(次)	6	10	指以非遗保护为主题的活动。
		5	8	
		3	5	
353	资料数字化比例(%)	70	10	建立数据库或将非遗资料数字化。指标为：纳入数据库(或进行数字化)的非遗项目占收集整理全部项目的百分比。
		60	8	
		50	6	

标号	项目	标准	分值	说明
354	建立并落实保护传承措施的项目占名录项目比例（％）	90	15	
		70	10	
		50	5	
355	建立项目传承展示基地数量（个）	4	10	包括展示厅，传承基地、传习所（学校）、团队和传承人队伍。
		3	8	
		2	5	
36	设立档案室		25	
361	建档时长（年）	30	10	建馆15年以内的，从建馆开始就有档案的，可得4分。
		20	7	
		14	4	
362	完成档案整理数量（卷）	35	10	指2011—2014年度完成的档案整理。
		30	8	
		25	6	
		20	3	
363	档案室配备（设有档案室、档案管理员）		5	可与其他办公室合署办公，档案员可兼职。无档案室的扣2分，无档案员的扣2分，无专门设备的扣1分。
37	数字化服务		45	
371	具备数字服务能力	有网站	15	网站应具备信息发布、艺术欣赏、咨询指导等基本功能。
		有网页	10	网页应有信息发布功能。
372	网站原创信息更新量（条/月均）	10	10	
		8	8	
		5	5	
373	资源数字化存储量（TB）	0.3	10	含群众文化、非物质文化遗产数字化资源。
		0.2	8	
		0.1	5	
374	数字服务活动项目数（项）	3	10	数字服务包括网上教学、展览、指导以及利用数字资源开展服务、提供远程辅导等活动。
		2	8	
		1	5	
4	管理		100	

标号	项目	标准	分值	说明
41	党政领导班子		20	
411	党支部建设		10	
412	中层以上领导干部称职率(%)	100	10	以2014年全体中层以上领导干部年终考评"称职"比率为依据。
		90	8	
		80	5	
42	馆长		20	
421	馆长基本素质		10	不具备大专学历或馆员以上职称的减2分。
422	馆长综合评价		10	以2014年年终考评结果为依据,称职8分,优秀10分,基本称职及以下不得分。
43	建立健全并认真执行各种规章制度		30	
431	建立健全各种管理制度(含安全保卫制度)		15	
432	制度执行情况		15	
44	群众满意率		30	
441	建立群众需求和反馈机制		10	在网站设立意见反馈栏;设立意见箱;公开监督电话;建立馆长接待日;定期召开公众座谈会;建立公众意见反馈机制。每项2分。
442	群众对文化馆工作的满意度(%)	90	20	由文化行政主管部门组织第三方考评,进行一次公众满意度调查,调查表发放数量不少于200份,回收率不低于80%。
		85	15	
		80	10	
5	提高指标		50	
51	2011年以来受过文化部命名、表彰		7	包括获得全国文化系统先进集体(个人)、文化部"群星奖"(含作品类、项目类和群文之星)等命名、表彰和文化馆榜样人物等奖项。
52	2011年以来被上级党委、政府授予称号		5	含被上一级文化主管部门授予称号,包括集体和个人。
53	改革和服务创新取得初步成果		5	贯彻十八届三中全会关于现代公共文化服务体系建设的要求,在法人治理结构、总分馆制建设、标准化建设等某一方面取得改革创新成果。

标号	项目	标准	分值	说明
54	形成品牌活动或特色项目		5	品牌活动或特色项目是指连续开展三年以上，覆盖全辖区、产生较广泛影响、群众喜爱、参与面广的活动或项目。要求至少有 3 个以上品牌活动或项目。
55	吸引社会资金用于文化馆服务		15	吸引社会资金用于文化馆服务，10 万元以下加 5 分，超过 10 万元，每增加 1 万元加 1 分，最高不超过 15 分。
56	单独建馆，馆舍面积		10	馆舍建筑面积超出最高标准的，每增加 500 平方米加 5 分，最多不得超过 10 分。
57	有高级职称人员		3	

注：评估过程中除明确注明需采用 2011—2014 年的数据或采用评估检查时的即时数据以外，其余均以 2014 年的数据为准。

附录 4-2

成都市文化馆服务标准

服务类别	服务内容及指标		服务标准	具体要求及说明
阵地服务	硬件资源	(1)馆舍面积	≥6500m²	产权应属文化馆或文化主管部门所有,单独建筑。群众文化活动用房使用面积不低于总使用面积的70%。
		(2)文化活动室	≥600m²	文化活动室不少于20个,每个活动室面积不低于30平方米,含独立学习室、娱乐活动室、老年(少儿)活动室、培训教室等,用于组织群众开展唱歌、跳舞、棋牌、绘画、书法等文化活动。
		(3)多功能厅	≥800m²	多功能厅包含剧场和展示厅,面积不低于800平方米。
		(4)数字化服务中心	≥400m²	1. 建有文化馆门户网站和网上数字文化馆。 2. 电子阅览室:提供上网、网络培训、共享文化信息资源及数字文化馆资源体验服务。每周开放时间不少于56小时。电脑台数不低于40台。 3. 数字文化体验馆:提供多媒体文化体验、多媒体教学、浏览电子文化资源、参与网络文化活动、体验电子文娱活动。
		(5)文化活动广场	≥3000m²	用于开展群众广场文化活动、健身运动。
		(6)内外部环境氛围		文化氛围浓厚、馆牌醒目,设有固定公示栏(LED屏)、提示牌、标识统一;环境整洁优美、厕所无异味。
		(7)宣传橱窗、栏	≥35米	宣传橱窗、栏的米数为馆内、外之和。宣传栏内容应充分体现文化馆职能,公示服务项目、内容,展示活动及服务开展成效等,每月至少更换1次。
	免费开放	(1)免费开放时间(小时/周)	≥56小时	周末及节假日正常开放。
		(2)服务项目品牌(项)	≥2个	馆办公益性免费服务项目形成不少于2个服务品牌。
		(3)免费开放项目	≥8项	包括免费的演出、电影、视听、展览、阅览、讲座、游艺、体育以及免费为群众业余文艺团队提供活动场地等服务项目。
		(4)信息与数字化服务(小时/周)	≥56小时	上网、网络培训,享受数字文化馆的资源服务;享受多媒体文化设备、享受多媒体教学课程、浏览电子文化资源、参与网络文化服务。

服务类别	服务内容及指标		服务标准	具体要求及说明
群众文化百千万工程	市民文化艺术学校	(1)开办市民文化艺术学校总校并开展培训	≥2 期	免费面向市民开展公益文艺培训,开设音乐、舞蹈、美术、书法、摄影、戏剧小品赏析、计算机实用技能等培训,全年不少于 2 期,每期不少于 60 个班次,全年培训不少于 10000 人次。其中针对未成年人文化艺术培训班不少于 15 个班次,农民工文化艺术培训班不少于 5 个班次,老年人文化艺术培训班不少于 25 个班次。
		(2)指导开设市民文化艺术学校分校	≥20 个	指导区(市)县文化馆开设成都市文化艺术学校分校,并开展活动。
		(3)指导开设市民文化艺术学校辅导站	≥315 个	指导区(市)县文化馆在辖区文化站或文化活动中心开办成都市文化艺术学校辅导站。
	文化辅导员	培训专业文化辅导员	≥1000 名	举办不少于 4 期培训班,每年培训不少于 1000 名专业文化辅导员。
	文化志愿者	(1)成都市文化志愿者协会		按照协会章程开展文化志愿服务相关活动;指导各区(市)县文化志愿者分会开展文化志愿服务工作;开展文化志愿者培训工作。
		(2)文化志愿者	≥10000 名	指导全市建设常年文化志愿者队伍不少于 10000 名。
		(3)文化志愿者主题活动(次/年)	≥4 次	全年开展文化志愿者主题服务活动不少于 4 次。
文化活动	文化活动	(1)组织、承办、参与大型文化活动(次/年)	≥8 次	每年组织、承办或参与 8 次以上规模较大(1000 人以上)的群众文化活动。
		(2)举办大型文化艺术展览(次/年)	≥6 次	每次展览展线不低于 70 米。
		(3)公益文化讲座(班期/年)	≥48 期	每周组织一次公益文化讲座,全年不低于 48 期。
		(4)开展读书阅览活动(次/年)	≥12 次	开展读书活动、征文比赛、演讲比赛等读书阅览活动,每个月至少开展活动 1 次。
		(5)群众文艺创作、展演活动		每年新创作文艺作品不低于 2 件,参与专项赛事展演每年不低于 1 次。

服务类别		服务内容及指标	服务标准	具体要求及说明
文化活动	文化下乡	(1)下基层公益演出(含送文化下乡)(次/年)	≥50次	包括到区(市)县和乡镇(街道)、村(社区)开展的室内外演出、慰问演出等场次;其中每年送文化下乡需面向未成年人、残疾人、老年人和农民工开展不少于1次文化活动。
		(2)建设基层文化活动示范基地(示范点)	≥30个	在全市设立具有一定示范性和影响力的基层文化活动基地或示范点,并对其进行辅导培训,50%以上设在农村。未成年人文化活动示范点不少于10个,农民工文化活动示范点不少于10个,其他群众文化活动示范点不少于10个。
		(3)业务人员深入街道(乡镇)培训、辅导人均时间(天/年)	≥48天	指馆内业务人员全年深入基层免费服务、指导的人均天数,要求提供相关材料(含计划、辅导人次、效果)。
业务培训		(1)举办文化馆长、文化站长及文化专干培训班。	≥3期	全年文化馆长培训不少于1期,文化站长(文化活动中心主任)培训不少于1期,文化专干培训不少于1期,指导各区(市)县文化馆对全市村(社区)文化辅导员实行全员培训。
		(2)文艺创作培训(次/年)	≥5期	对文艺创作人员开展的辅导培训每年不低于5期,其中集中专项培训每年不低于2期。
理论研究		(1)公共文化服务研究	≥5期	积极开展公共文化服务课题研究,在省市以上刊物刊载不少于5篇。
		(2)群文理论研讨活动	≥2次	全年召开不少于2次群文理论研讨活动。
		(3)公益性刊物(期/年)	≥12期	公益性刊物每月至少一期。
馆办团队		群众文艺团队(支)	≥20支	由本馆统筹、指导、辅导培训的文艺团队不低于20支,含工厂、学校、企业、街道、乡镇、社区、村的文艺队伍;其中馆办文艺队伍不低于6支(挂靠性质的社会文化团队除外),特色队伍不低于1支。
宣传展示		(1)媒体宣传	≥12篇次	在《中国文化报》等国家级媒体以及省、市主要媒体报道不少于12篇次。
		(2)公共文化宣传展示	≥4次	结合"成都文化四季风"等大型文化活动宣传展示公共文化建设情况。
		(3)群众满意度	≥80%	每年应进行一次群众满意度调查,自行或委托相关机构对本馆工作随机发放读者满意度调查表。调查表发放数量不少于500份,回收率不低于80%。

附录 4-3

乡镇(街道)综合文化站公共服务规范

(DB330110/T064—2014)

(杭州市余杭区质量技术监督局 2014 年 9 月 25 日发布,2014 年 10 月 20 日实施)

前 言

本规范按 GB/T 1.1—2009《标准化工作导则第 1 部分:标准的结构和编写》给出的规则编写。

本规范由杭州市余杭区文化广电新闻出版局(体育局)提出并归口。

本规范起草单位:杭州市余杭区文化广电新闻出版局(体育局)。

本规范主要起草人:冯玉宝、戴园丽、龚蓓、陈顺水。

引 言

杭州市余杭区乡镇(街道)综合文化站于 20 世纪 70 年代初期开始设立,历经 40 余年的发展,已经成为具有综合服务功能,能为广大基层群众提供基本公共文化服务的公益性文化机构和阵地,成为公共文化服务体系建设的重要组成部分。同时,乡镇(街道)综合文化站由于管理体制的几经变化,服务职能的逐渐拓展,服务内容的不断延伸,必须要有相应统一的要求予以规范。为规范乡镇(街道)综合文化站公共服务,改进服务方式,保证服务工作的质量,全面提升乡镇(街道)综合文化站的服务水平和能力,提高服务效率,充分发挥乡镇(街道)综合文化站在社会主义精神文明建设中的积极作用,特制定本规范。

范围

本规范规定了乡镇(街道)综合文化站(余杭区称文体服务中心)公共服务的术语和定义、总体要求、具体服务项目、服务承诺以及检查、监督和评估等内容。

本规范适用于杭州市余杭区境内各乡镇、街道综合文化站(文体服务中心)(以下简称文化站)。

规范性引用文件

下列文件对于本文件的应用是必不可少的。凡是注日期的引用文件,仅所注日期的版本适用于本文件。凡是不注日期的引用文件,其最新版本(包括所有的修改单)适用于本文件。

中华人民共和国国务院令　第 382 号　公共文化体育设施条例(2003 年 6 月 26 日)

中华人民共和国文化部令　第 48 号　乡镇综合文化站管理办法(2009 年 9 月 15 日)

术语和定义

乡镇（街道）综合文化站

是指由乡镇人民政府或街道办事处单独设立的，担负社会服务、指导基层和协助管理农村文化市场职能，直接为基层群众提供基本公共文化服务的公益性文化机构。

公共文化服务

是指以政府为主的公共部门提供的，以保障群众基本文化权益、满足群众基本文化需求为目的的文化服务。

阵地服务

是指文化站利用所拥有的公共文化、体育设施和场地，根据当地群众的需求，向群众开展与设施的功能、特点相适应的服务活动，如书报刊借阅、举办展览、艺术培训、文体活动、电影放映、体育健身等服务。

文化技能

是指文化站从业人员掌握和运用文化艺术专业技术的能力，包括音乐、舞蹈、美术、摄影、书法等文艺创作、表演和电脑操作、文体活动组织策划等技能。

文艺辅导

是指文化站从业人员对群众文艺骨干和群众文艺团队所进行的文化艺术知识、技能的帮助和指导，提高其文化艺术水平的活动过程。

群众业余文化体育团队

是指以自愿为原则，以业余爱好为基础，以文化、体育活动为表现方式的基层群众文化体育骨干组织，是活跃基层文化体育工作的社会力量。

文物

是指人类在历史发展过程中遗留下来的具有历史、艺术、科学价值的遗物、遗迹。

非物质文化遗产

是指各民族人民世代相传并视为其文化遗产组成部分的各种传统文化表现形式，以及与传统文化表现形式相关的实物和场所。

村（社区）文化室（文化活动中心）

是指由村（社区）设立的，用于开展书报刊借阅、群众文艺演出、群众性体育活动等，为当地群众提供公共文化服务的场所。

数字文化信息服务

是指依托全国文化信息资源共享工程，进行文化信息的数字化采集、存储、处理和传输，实现网上图书馆、网上文化馆、网上博物馆等数字文化服务，推进公共文化发展、文化惠民的一项新颖文化服务。

一证通

是指以杭州市图书馆为中心，区（县）公共图书馆为分中心，乡镇（街道）图书馆为分馆，村（社区）图书馆（室）为亚分馆，构建成四级图书服务网络，读者持一张借书证就可以借阅到四级图书服务网络中的图书资料，实行通借通还的图书借阅方式。

服务绩效

是指文化站在开展公共文化服务过程中所产生的成效，包括公共文化资源供给、群众文化生活质量和社会影响等指标的评估结果。

总体要求

组织机构

文化站机构应按乡镇（街道）行政区划单独列编建站，实行一个乡（镇、街道）一站，为乡镇人民政府（街道办事处）设立的文化事业机构，机构级别为正科级。

根据文化部令第48号《乡镇综合文化站管理办法》，文化站实行以乡镇人民政府（街道办事处）管理为主，区文化广电新闻出版局（体育局）进行工作指导并监督和检查的管理体制。区文化馆、图书馆等相关文化单位负责对文化站开展对口业务指导和辅导。

人员配备

文化站应按所服务的辖区内人口数量配备专职人员，凡3万以上人口（常住人口，下同）的乡镇（街道）配备4名以上专职人员；3万以下人口的乡镇（街道）配备不少于2名专职人员。文化站设站长（主任）1人。文化站实行站长（主任）负责制，站长（主任）由乡镇人民政府（街道办事处）任命或聘任，但事先应征求区文化行政部门的意见。

文化站从业人员一般需具备大专学历或相当于大专文化程度，热爱文化事业，善于组织群众开展文化活动；能熟练掌握基层文化体育业务知识，具有一定的文艺特长，至少能掌握一门以上文化技能，热情主动、文明礼貌、勤奋刻苦、善于创新。

站舍建设

文化站站舍应位于交通便利、人口集中、便于群众参与活动的区域，一般不设在乡镇人民政府或街道办事处办公场所内。新建文化站站舍的选址、设计、功能安排等应征得区文化行政部门的同意。

文化站站舍建筑面积应在2500m² 以上，设置无障碍通道，并按照国务院令第382号《公共文化体育设施条例》规定，在文化站站舍外墙醒目位置标明设施的使用方法和注意事项。

根据文化部令第48号《乡镇综合文化站管理办法》要求，文化站基本功能空间应包括书刊阅览室、多功能活动厅、培训教室、综合展示厅、公共电子阅览室、健身房、国民体质监测点和管理用房，以及室外活动场地、宣传橱窗、板报栏等配套设施。

办公设施

文化站办公用房可设站长（主任）室、业务工作室、资料档案室等，并配有电话、电脑、打印机、复印机、传真机、扫描仪、数码相机（摄像机）等基本业务装备，以及办公桌椅、文件档案橱柜等基本办公设备。

人员管理

乡镇人民政府(街道办事处)对文化站从业人员的工作内容、工作纪律、工作效率、工作质量等实施管理,对其所履行的工作职责进行考核。

区文化广电新闻出版局(体育局)对文化站从业人员进行业务指导和培训,并对培训情况进行记录和建档。

经费保障

文化站每年用于宣传教育、文化体育活动的经费(不含基本建设和文化遗产保护等经费),应按辖区内常住人口数量不少于人均 15 元的标准予以安排,并列入乡镇人民政府(街道办事处)年度财政预算或年度经费安排。

宣传教育

宣传教育内容

普及科学文化知识

文化站应经常对广大群众开展市场经济知识、现代农业技术知识、社会发展知识、环境保护知识、健康卫生知识、现代科学常识和文化知识的宣传教育,促使科学文化知识的普及,以提高广大群众的科学文化素质,为群众求知致富,促进当地经济建设服务。

时事政策宣传

文化站应根据年度乡镇(街道)的宣传思想工作要点,结合党和政府的中心工作,适时开展时事政策宣传教育活动,引导广大群众理解和执行党和政府的相关政策,积极参与党和政府的中心工作。

法制宣传教育

文化站应协同乡镇(街道)司法所等单位,运用典型案例,结合民主法治村(社区)建设,对广大群众开展法律常识的宣传教育,教育群众增强法制观念,促进社会和谐。

公民道德教育

文化站应运用多种形式开展以为人民服务为核心的社会公德、职业道德、家庭美德和爱祖国、爱人民、爱劳动、爱科学、爱社会主义的公民道德宣传教育。

宣传教育方式

举办展览

文化站应通过图文并茂、生动形象的图片,或者运用相关实物,每年举办 2～3 期科学文化知识、时事政策、法律知识等综合性或专题性展览,进行宣传教育。

举办讲座

文化站应定期举办科普、经济信息、体育健身知识等讲座,并做好讲座人员、听众的组织工作。

设立宣传橱窗

文化站应在方便群众阅览的地方设立不少于 $30m^2$ 面积的宣传橱窗、板报栏,每月根据党委、政府的中心工作更新宣传内容，每年出刊宣传橱窗不少于 12 期。

专题宣传教育活动

组织开展每年 6 月第二个星期六的全国文化遗产日、农历 5 月余杭非物质文化遗产保护月、8 月 8 日全国全民健身日等主题宣传教育活动。

文化阵地服务

文化阵地服务要求

文化站应做好公共文化阵地管理和服务工作，并做到以下几点：

按照国务院令第 382 号《公共文化体育设施条例》要求，充分利用公共文化体育设施，传播有益于提高民族素质、有益于经济发展和社会进步的科学技术和文化知识，开展文明、健康的文化体育活动；

坚持公益性，实行免费开放；

建立、健全公共文化阵地管理制度，完善服务条件，积极开展丰富多彩、群众喜闻乐见的文化体育活动；

每周开放时间应在 40 小时以上，节假日开放时间适当延长，开放时间应与当地群众的工作时间、学习时间适当错开；

学校寒暑假期间，应增设适合学生特点的文化体育活动内容；

在醒目位置标明公共文化体育阵地开放时间、服务内容、使用方法、注意事项等；

加强公共文化阵地活动的安全管理，保证公共文化体育设施完好，确保参与活动群众的安全。

文化阵地服务内容

图书报刊借阅

文化站应设立乡镇（街道）图书分馆，面积应不少于 $500m^2$，设藏书室、阅览室以及经区文化行政部门审核符合标准的公共电子阅览室（含文化信息资源共享服务室）。阅览室应不少于 80 个座位，电子阅览室应配置 10 台以上电脑，带宽 2 兆，建立电脑桌面一站式导航服务。配备专（兼）职图书管理员 2 人以上（含）。

辖区人口 3 万以上的乡镇（街道）图书分馆拥有藏书应在 15000 册以上，辖区人口 3 万以下的乡镇（街道）图书分馆拥有藏书应在 10000 册以上。建立流通书库，月平均流通图书资料应不少于 500 册次。

图书管理员应热心为当地群众提供图书报刊阅读服务，图书借阅实行市、区、乡镇（街道）、村（社区）"一证通"；定期推荐优秀读物，每年应至少组织开展 2 次 20 人以上的专题读书活动。有条件的可开展盲人阅读服务。

乡镇（街道）图书分馆每年购置图书经费应在 15000 元以上，用于新增图书报刊。

文娱活动

文化站应设立面积在 $150m^2$ 以上的多功能活动厅，并具备能举行文艺演出、游艺活动等功能，配置舞台、灯光、音响等设施设备及乐器、服装等器具，常年为群众开展文化娱乐活动服务。

文化展示

文化站应设立100m²以上面积的综合展示厅，配置举办展览展示所必需的灯光及活动展板、展架、展台等设备。除举办当地非物质文化遗产项目固定展览外，每年举办贴近基层群众需要的文物、美术、摄影等临时展览展示在4次以上。

老年活动服务

文化站老年活动室面积在50m²以上，配置桌椅、电视机等设备，为老年人参加活动提供棋类、牌类等基本活动器具，并根据老年人的需要实行错时开放。

体育健身服务

文化站应建有面积在80m²以上的体育健身房，配置6件以上健身器材和1副乒乓球桌等设施，并为参加体育健身的群众提供科学锻炼的指导服务。

国民体质检测

文化站应建有面积100m²以上的国民体质监测点，配置符合国家标准的监测器材11件，配备不少于12名专（兼）职监测工作人员。国民体质监测点应常年对辖区群众开放，并每年集中组织开展1次针对各年龄段人群不少于200人的体质监测活动，准确录入监测数据及时上传至区体育行政部门。

广场活动

乡镇（街道）应开辟能提供群众参加文化体育活动的室外广场，面积应在3000m²以上，设置能进行文艺表演的舞台，配置健身、休闲等活动设施，并为群众开展广场文化和体育健身活动提供服务。

数字文化信息服务

依托公共电子阅览室，以基层群众需求为导向，开展电子图书、网络信息等服务。

群众业余文化体育团队建设

群众业余文化体育团队建设要求

文化站应做好辖区内群众业余文化体育团队的组建、管理工作，承担群众业余文化体育团队的业务辅导和培训任务，充分发挥群众业余文化体育团队在丰富活跃群众文化生活中的积极作用，并做好各类业余文化体育团队人员的登记造册，建立信息档案。

群众业余文化体育团队类型

群众业余文化体育团队主要指以下几类：

a)群众文艺创作团队；

b)地方文艺刊物编辑团队；

c)群众戏曲、音乐、舞蹈、美术、摄影、书法等文艺活动团队；

d)民间艺术工作者团队；

e)群众体育活动骨干团队；

f)文化志愿者团队；

g)理论宣讲员队伍；

h)业余文物保护通信员队伍；

i)非物质文化遗产传承人队伍；

j)社会体育指导员队伍；

k)文化市场义务监督员队伍。

乡镇(街道)群众业余文化体育团队建设

文化站应根据当地实际，在调查摸底的基础上，分门别类地组织建立起8支以上乡镇(街道)群众业余文化体育团队，其中有1支地方刊物编辑团队，每支团队人数应在10人以上。群众业余文化体育团队建立后，应选择确定每支团队的负责人，指导制订团队活动计划，每年组织开展团队活动应在6次以上，并做好活动记录。

文化站应加强对群众业余文化体育团队的业务指导，提高群众业余文化体育团队创作和活动水平，至少有1支群众业余文化体育团队达到区三级群众业余文化体育团队以上(含三级)标准；每年辖区内群众业余文化体育团队所创作(表演)的作品(节目)应有2件(个)获得区级以上奖项。

村(社区)群众业余文化体育团队建设

文化站应积极培育村(社区)群众业余文化体育团队，辖区内各行政村(社区)应配备享受政府补贴的宣传文化员1名；帮助各村(社区)建立1支以上群众业余文化体育团队。

辅导和培训

辅导和培训对象

文化站开展辅导和培训的主要对象是：

乡镇(街道)群众业余文艺骨干；

村(社区)宣传文化员；

文化志愿者；

社会体育指导员和群众体育活动骨干；

文化市场经营人员。

辅导和培训主要内容

文化艺术辅导培训

文化站应对乡镇(街道)和村(社区)文化骨干、宣传文化员、文化志愿者等开展综合性或单项性的文艺辅导培训，其中每年开展面向村(社区)文化骨干的集中辅导培训应在2次以上。

文化站辅导培训以讲座、培训班、作品加工会等方式完成，一般由文化站业务工作人员担任授课老师，也可请省、市、区相关人员授课。

文化站辅导的群众文化骨干，每年应有3件（次）以上的作品在区级以上（含区级）获奖、展览或发表。

群众体育知识辅导培训

文化站应对社会体育指导员和群众体育活动骨干进行体育知识、群众体育活动组织开展、群众健身知识和健身苑（点）健身器材管理等业务指导和培训。每年辅导培训应在3次以上。

其他培训

文化站应面向社会各阶层群体开展培训工作，主动与乡镇（街道）共青团组织、妇联和学校等联合举办多种类型的辅导培训活动。每年举办各类公益性培训、讲座应不少于5期。

村（社区）文化创建指导

文化站应做好辖区内村（社区）文化活动中心（室）、文化示范村、文化礼堂、群众体育先进村等创建工作的业务指导，并做好创建后的平时业务指导工作；指导村"农家书屋"和社区图书室的业务开展。

群众文化活动开展
综合性群众文化活动
综合性群众文化活动类型

综合性群众文化活动主要指以下几类：

乡镇（街道）文化艺术节；

群众文艺汇演或比赛；

跨辖区文化联谊活动；

传统节日和民俗礼仪活动。

综合性群众文化活动开展要求

文化站应根据当地传统节庆、重要集会及群众需要，每年组织开展6次以上具有一定规模的综合性群众文化活动（举办镇、街道文化艺术节可计算单项总和），其中跨辖区文化联谊活动2次以上。开展群众参与较多的大型文化活动，事先应与有关部门取得联系，制定活动应急预案，做好安全防范工作，确保活动安全。

地方特色文化活动

文化站组织开展群众文化活动应注重弘扬地方文化特色，运用当地特色文化资源，积极开展"一镇一品"特色文化活动培育工作，建立特色文化活动机制，形成拥有连续举办3届以上、群众广泛参与的特色文化活动品牌；应积极编排反映当地风土人情的特色文艺节目，至少拥有1个能代表当地特色的文艺节目。

群众性体育活动

文化站应适应全民健身的需要，每年举办单项性的群众体育活动6次以上，有条件的乡镇(街道)和获得省市体育先进单位称号的村(社区)应组织举办人民运动会(镇级人民运动会可按单项计算总和),当年不举办人民运动会的村(社区)应开展3次以上单项群众体育活动。

文化下村(社区)活动

根据文化部令第48号《乡镇综合文化站管理办法》要求,文化站应协助区文化馆、图书馆等文化单位配送公共文化资源,开展下村(社区)流动文化服务。每年组织开展文化下村(社区)流动活动不少于6次,每个行政村(社区)每月组织放映电影不少于1场,做好广播电视村村通工作,促使公共文化资源进村入户。

文化遗产保护

文物保护

文物普查

文化站应按照区文化行政部门的布置并在其指导下,组织普查力量,制订普查计划,举办普查业务培训,在规定的时间内完成辖区内文物普查工作,并做好普查文字、照片、录像等资料的整理,建立文物普查资料档案。发现珍贵文物和出土文物应及时报告区文化(文物)行政部门。

文物保护单位(点)保护与管理

文化站应按照与区文化(文物)行政部门签订的文物保护责任书内容,依法做好辖区内文物保护单位(点)的保护与管理工作,建立档案和保护标志,并与每处文物保护单位(点)所在的行政村(社区)、使用单位或个人签订保护责任书。保护责任书签订率应达到100%,一年一签,并报区文化(文物)行政部门备案。

文化站应对辖区内文物保护单位(点)每年进行不少于2次的文物安全检查,发现文物被盗、被破坏、被损坏等情况,应立即报告区公安部门和文化(文物)部门。

文化站应做好尚未公布为文物保护单位(点),但已列入不可移动文物名录单位(点)的保护管理工作。

文物保护单位申报

文化站应配合区文化(文物)行政部门做好重要文物申报市级、省级和国家级文物保护单位(点)工作。

非物质文化遗产保护

非物质文化遗产调查

文化站应根据区文化行政部门的安排或保护工作的需要,组织调查人员,通过召开座谈会、走访民间艺人等方式,有计划地开展辖区内非物质文化遗产调查,全面掌握辖区内非物质文化遗产资源分布状况和生存现状,对调查发现的非物质文化遗产应进行文字和影像记录,经过整理,建立完备的非物质文化遗产档案或数据库。调查中应收集属于非物质文化遗产组成部分的代表性实物,并妥善保存。

名录项目保护

文化站应做好辖区内各级非物质文化遗产名录项目的保护工作，对每个名录项目落实具体保护责任单位，与其签订保护责任书。并根据每个名录项目的存续状况，制订保护工作方案，建立项目传承基地、传承教学基地等保护载体，落实保护措施，实施科学保护。

传承人保护

文化站应掌握辖区内非物质文化遗产传承人（传承团体）的数量及传承状况，每年开展不少于2次走访慰问传承人活动，了解传承人对传承活动的需求；努力帮助传承人落实传承场所，建立传承人工作室，指导传承人开展传习活动，鼓励传承人带徒学艺，促进非物质文化遗产活态传承。

非物质文化遗产展示

文化站应通过建立展示馆、举办展示展演活动等方式，开展非物质文化遗产展示活动，弘扬地方优秀传统文化。乡镇（街道）应设立1个面积100m² 左右、相关实物150件以上的综合性或专题性非物质文化遗产展示馆，并指导村（社区）建立非物质文化遗产展示室；利用传统节日和当地民俗活动开展非物质文化遗产活态展示展演活动。

文化遗产合理利用

文化站应在加强文物和非物质文化遗产保护的基础上，积极利用当地优秀文化遗产资源，通过生产性保护等方式，培育特色•文化品牌项目和特色传统产业，推进文化遗产资源与发展旅游业、文化创意产业及美丽乡村建设相结合，为发展当地经济社会服务。

文化市场管理及监督

文化市场管理小组建立及职责

文化市场管理小组建立

乡镇（街道）应建立文化市场管理小组。管理小组一般由乡镇（街道）社会管理综合治理办公室（科）、城管执法大队、文化站及当地市场监管所、公安派出所等单位负责人组成；由乡镇（街道）党（工）委或政府（办事处）分管领导担任管理小组组长。

文化市场管理小组职责

乡镇（街道）文化市场管理小组职责包括：宣传和贯彻国家有关文化市场领域的法律、法规和规章；建立和健全文化市场属地监管的工作机制；牵头组织成员单位依法对本辖区文化市场经营活动监督管理；配合和协助上级执法部门查处违法违规经营行为；协助区文化行政部门对行政审批需要核实的事项进行调查并如实签署意见；维护文化市场经营者和消费者合法权益。

管理及监督内容

文化站应在乡镇（街道）文化市场管理小组的领导下，协助区文化行政部门具体管理和监督以下文化市场经营活动：歌舞、游艺等营业性文化娱乐活动；印刷、复制，发行出版物经营活动；营业性文艺演出活动；互联网上网服务营业场所经营活动；营利性体育经营活动。

同时协助区文化行政部门做好不可移动文物、非正常出土文物应急保护和广播电视设施保护及安装并使用卫星地面接收设施的监管工作。

服务承诺

坚持党的基本路线，认真执行国家法律、法规和有关政策，在思想上、政治上同党中央保持高度一致。

坚持文化工作"为人民服务、为社会主义服务"的方向，确保文化体育活动文明、健康，积极弘扬真善美，传递正能量。

坚持热心服务、文明服务、敬业勤业的信念，尽心尽责做好本职工作。

努力实施公共文化资源均等服务，文化惠民，每年组织开展不少于6次的综合性群众文体活动，辖区群众受益率占服务人口的50％以上。

积极做好文艺辅导和培训工作，确保村（社区）群众业余文化体育团队建有率达100％。

加强公共文化设施设备管理，确保国有资产安全、完整和有效使用，乡镇（街道）公共文化阵地做到免费为群众开放。

认真做好辖区内文化遗产的宣传保护工作，确保辖区内文物保护单位（点）保护责任书签订率达100％，每个非物质文化遗产名录项目至少有1个保护载体。

积极协助区文化行政部门加强辖区内文化市场管理及监督工作，努力预防发生重大问题或事故。

检查、监督和评估

区文化广电新闻出版局（体育局）按本规范的内容，每年至少2次对辖区内文化站（文体服务中心）公共服务工作进行检查，并将检查情况及时反馈给文化站，督促文化站改进和提高服务能力与水平。

乡镇人民政府（街道办事处）定期对文化站日常工作开展情况进行监督管理；区文化广电新闻出版局（体育局）通过每季度文化站工作例会制度，对文化站公共服务工作进行监督和检查。

文化站应建立公共服务工作年度评估制度，每年年底前，按照本规范的规定对公共服务情况进行自我评估，并向所在乡镇党委、政府（街道党工委、办事处）和区文化广电新闻出版局（体育局）提交评估报告。区文化广电新闻出版局（体育局）成立考核小组，依据本规范，结合每年乡镇综合文化站（文体服务中心）目标责任制考核，通过查看相关资料、召开汇报会等，对文化站公共服务履行情况进行综合考评。

第五章 文化志愿服务标准化

【目标和任务】

了解文化志愿服务的相关概念和性质；熟悉国内外文化志愿服务的发展和现状；了解我国文化志愿服务的地方实践；掌握文化志愿服务标准化设计和标准框架内容。

第一节 文化志愿服务概述

一、文化志愿服务的相关概念

1. 志愿服务(volunteer service)

志愿服务是指公民个人基于道义、信念、良知、爱心和责任，利用自己的时间、技能、资源、善心为他人、社区和社会提供的一种公益性服务。

2. 文化志愿者

文化志愿者即利用自己的时间、技能、资源，协助政府文化部门和公共文化场馆(图书馆、博物馆、美术馆、群众艺术馆、文化馆、文化站、文化艺术中心、剧院、音乐厅等)为广大群众提供非营利性、非职业化的公共文化服务的人员。与普通志愿服务不同的是，文化志愿服务强调公益文化艺术服务，文化志愿服务是志愿服务的重要组成部分。

3. 文化团体志愿者

文化团体志愿者是指经文化志愿服务组织登记，志愿为基层群众文化发展繁荣提供无偿服务的机关、企事业单位、大专院校和社会组织。

4. 文化志愿服务

文化志愿服务是指文化志愿者及其组织自愿、无偿地从事公共文化服务，促进社会文明和进步的志愿服务行为。

二、文化志愿服务的性质

文化志愿服务是公共服务的一种类型。公共服务的提供包括政府主导供给、市场化供给和志愿性供给三种类型。近年来，人们不断反思在公共服务领域中的狭窄二元思维——政府与市场，寻求新的协同机制来消减市场化带来的负面后果。其中，以志愿组织为代表的非营利组织成为备受关注的对象。人们发现，非营利组织并不仅是政府与市场二元范畴中的一个补充性配角，实际上，其能够积极参加包括社区建设、地方自治、慈善服务等在内的公共服务提供过程，扮演着开创和整合社会资源的重要角色。

在公共服务提供机制上，政府部门主要依赖政府的命令机制（合法权威），私人部门主要依赖市场的价格机制（交互作用），而第三部门主要依赖社群的网络机制（共同价值观和信仰）。三部门内在特质的差异，决定了它们在公共服务提供上应该具有不同的分工面向，需要构建弹性的合作关系（见表5-1）。需要指出的是，无论非营利组织在公共服务供给能发挥多大的作用，政府都必须处于主动地位。志愿性服务只是帮助人们表达他们的需要，但是并不能取代政府原来的服务角色。公共服务需要在政府与非营利组织之间平衡责任的分担，形成互利和互补的网络信任关系，这样，一个公私混合、功能互补的公共服务提供系统才能最终形成。

表 5-1　政府部门、营利部门与志愿性部门在提供公共服务上的结构差异

比较项目	政府部门	营利部门	志愿性部门
哲学	正义	利润	慈善
代表性	多数	所有者与管理者	少数
服务的法律基础	权利	用者付费	赠予
财源	税收	顾客付费	捐赠、收费、辅助
功能的决定	法律规定	所有者与管理者决定	团体抉择
决策权威来源	立法机关	所有者	章程与细则授权的董事会
负责对象	选民	所有者	董事会及赞助者
服务范围	全面性	限于付费者	限于某地区或意识形态
行政机构	大规模官僚组织	独立运作的市场机构	小规模官僚组织

资料来源：Ralph Kramer, *Voluntary Agencies in the Welfare State*, Berkeley：University of California Press，1987.

第二节　西方国家的志愿服务

在西方国家，志愿服务已有近百年的发展历史，其思想根源是基督教的博爱思想和资产阶级人道主义的价值。志愿服务最初起源于战争救护、重建家园、安置孤儿等

与战争相关的人道主义的救助活动，而在当今的和平年代，它已经涵盖环境保护、扶弱助残、赈济贫困、救灾抢险、维护和平、社区建设和社会进步等诸多领域，成为公民参与公共生活的重要平台，成为公民重要的生活方式。20 世纪 80 年代以来，发达国家的志愿组织日趋成熟，逐渐成为一种独立于政府机构，单独承担部分社会功能的重要社会组织。

一、英国的志愿服务

英国政府通过制定一系列政策和委托项目，以支持志愿服务事业发展。英国是世界上志愿服务开展最早、发展最成熟、成效最显著的国家之一。英国志愿部门的活动复杂而多样，包括了众多不同规模和类型的组织。其中，英格兰志愿组织理事会（National Council for Voluntary Organizations，NCVO）是英国目前最有影响的志愿组织联盟，甚至在欧洲也比较有影响。NCVO 最大功能在于向所有的会员机构提供咨询、顾问服务。此外，NCVO 还有"共同购买"和"发挥影响力"两个功能。"共同购买"是指通过 NCVO 与企业界的接洽，使得会员机构能够用更便宜的方式购买办公用品和服务等。而"发挥影响力"则体现在政策制定上。在英国，任何重大的政策在形成之前，都必须咨询 NCVO 以及相关的企业团体。任何政策若不咨询民间，将不可能在议会得到通过。另外，NCVO 还会主动分析新的政策对会员机构的影响，指导会员机构采取应对措施。

二、美国的志愿服务

美国的志愿者管理是一个非常系统的工程，从志愿者项目设计、需求评估、岗位描述再到招募、入职、培训、督导、评估以及对于志愿者非常重要的认可与激励，都发展出了一套系统的理论。美国是一个志愿服务事业普及和兴盛的国家，志愿者是一个受尊敬的、包括不同年龄段人口的庞大群体。根据官方发布的统计数据，2008 年美国人中参与志愿服务的共有 6180 万人，即 16 岁以上人口的 26.4% 参与了志愿服务。他们贡献了 80 亿小时的劳动，价值 1620 亿美元。同时，78.2% 的志愿者为社会慈善事业捐献了 25 美元或者更多的善款。相比之下，不参加志愿服务的人中做出同样捐献的比例仅为 38.5%。20 世纪 50 年代，美国建立了首个管理第三部门的机构"志愿服务管理局协会"（Association of Volunteer Bureaus）。到 20 世纪 90 年代初期，美国政府先后成立"闪光点基金会"（Points of Light Foundation）和"国家与社区服务机构"（Corporation for National and Community Service）。国家与社区服务机构目前已成为美国联邦政府的组成部门，并逐步完备了州层级的组织机构，负责管理全国的第三部门组织和活动，形成了良好的治理结构。美国志愿服务项目设计旨在解决不同时期不同社区存在的不同问题，项目丰富，涉及广泛的公共生活领域。进入 21 世纪后，美国的志愿服务还灵活地以社会热点问题或者突发事件作为载体拓展志愿服务项目和领域。如针对

"9·11"事件、金融危机等突发事件的新挑战，美国联邦政府创建了两个新的志愿服务计划，即"公民服务队"(Citizen Corps)计划和"缔造繁荣志愿者"(Volunteers for Prosperity)计划，旨在提高美国志愿服务体系在维护国土安全、防灾防疫、紧急救援等方面的功能。

美国政府对志愿服务支持除了制定相关政策扶持外，还特别重视对青少年学生志愿服务意识与行为的培养，建立了国家荣誉制度。1993年，克林顿政府签署《国家与社区服务法案》，规定"凡做满1400小时义工的青少年，政府每年共奖励4725美元的奖学金。"美国还将志愿服务200小时作为上大学的必要条件，许多学校把是否做过志愿服务者列为对学生考核的一项标准。许多大企业在招聘新员工的时候，都很在意应聘者的社会服务记录。美国还出版了两部专门介绍志愿者组织的教材——《志愿者手册》和《领导技巧》，为志愿者与志愿组织者提供指导。从荣誉激励来看，美国政府设有总统志愿服务奖，根据服务时间分别授予金、银、铜质奖章，并由总统亲自颁发。

三、澳大利亚的志愿服务

澳大利亚的国家图书馆对志愿者服务有比较完善的管理运作模式。自1989年起，就开展了"志愿者服务项目"(The Volunteer Program)，该项目旨在为社会公众提供一个支持和提升图书馆服务的机会。经过多年的实践，该项目无论在图书馆日常服务中还是在临时性的活动中，都已形成了比较完善的管理运作模式。据澳大利亚国家图书馆官方网站显示，2009年至2010年，共有77位不同知识背景、不同生活经历的志愿者参与图书馆服务，占当年馆员人数的15.68%，协助工作人员回复约2000位图书馆注册会员的提问，并帮助接待了国内外大约54万的到馆读者。为了更好地对志愿者进行管理，澳大利亚国家图书馆制定并应用了相关协议，比如说除了要提交个人申请表之外，还要签订志愿者协议(Volunteer Agreement)、法律声明(Statutory Declaration)、澳大利亚国家安全检查协议(AFP National Police Check)等，这些协议的目的是使参与服务的志愿者明确自身条件是否完全符合标准，以保证各项服务工作安全、顺利、有序进行。

图 5-1 澳大利亚国家图书馆的老年志愿者

四、西方国家志愿服务的经费来源

发达国家和地区开展志愿服务资金筹措的主要渠道是政府拨款，这也是志愿服务能够持续和稳定开展的坚实保证。而在资金使用上，大多数国家法律均要求志愿组织专款专用，接受政府和社会的监督，增加资金使用的规范性和透明度。在美国，政府会从财税政策上给予志愿者组织极大的支持，如拨款，给予特定的免税政策，规定非政府组织从事社区服务所形成的盈利或利润必须用于社区发展的再投入，为大众服务，不得用于个人等。加拿大政府专门制定有关法律加以界定，并对志愿部门进行资金等方面的支持，加拿大志愿者协会90％的资金来自政府部门拨款。政府部门同时对志愿部门使用政府资金情况进行定期评估，也对整个志愿部门的绩效进行评估。

第三节　我国文化志愿服务的发展

一、我国文化志愿服务的概况

2002年，共青团中央、中国青年志愿者协会颁布了《中国青年志愿者注册管理办法（试行）》，对注册志愿者的定义、基本条件、权利、义务、注册程序、管理和培训、激励表彰等都做了明确规定。2011年党的十七届六中全会《中共中央关于深化文化体制改革推动社会主义文化大发展大繁荣若干重大问题的决定》第一次在加强基层文化人才队伍建设的阐述中提出了文化志愿者的概念："壮大文化志愿者队伍，鼓励专业文化工作者和社会各界人士参与基层文化建设和群众文化活动，形成专兼结合的基层文化工作队伍。"这是党和政府在深刻分析我国文化国情和文化建设战略任务的基础上，按照为社会主义文化大发展大繁荣提供人才支撑的要求，围绕加强基层文化人才队伍建设做出的具体部署。从而将文化志愿服务正式纳入公共文化服务体系建设，从国家层面倡导社会各界热心公益人士投身文化志愿服务活动。

2012年，文化部、中央文明办共同印发了《关于广泛开展基层文化志愿服务活动的意见》（文公共发〔2012〕31号）。这标志着我国文化志愿服务开始进入规范化、标准化推进的新阶段。各地文化行政部门和文化单位按照该意见的要求，采取切实措施，完善文化志愿服务工作机制，规范文化志愿者队伍管理，并通过开展基层文化志愿服务活动和"文化志愿者边疆行"工作，摸索出越来越多的好做法，积累了越来越多的好经验，涌现出越来越多的好典型（见表5-2）。这些都将成为推动文化志愿服务事业发展的有力保证和重要条件。文化部将2013年定为"文化志愿者基层服务年"，服务年的系列活动由2项示范性活动和8个主题系列活动组成，对于培育和践行社会主义核心价值观，建设现代公共文化服务体系，推进基层文化队伍建设，推动各民族文化交流、交往、交融，促进社会和谐稳定具有重要意义。

表 5-2　全国基层文化志愿服务活动优秀项目名单

序号	项目名称	执行单位
1	"送福到家"文化志愿服务项目	北京市文化志愿者服务中心
2	"暖心工程"文化志愿服务项目	北京市密云县文化志愿者服务分中心
3	"快板沙龙"志愿服务进社区	北京市东城区文化志愿者分中心
4	天津市和平文化宫"心目影院"	天津市和平文化宫
5	"优秀传统文化进社区"——秦皇岛市文化志愿服务活动	河北省秦皇岛市群艺馆
6	"手牵手，让梦想成真"公益性系列活动项目	山西省群众艺术馆
7	"文化进社区、和谐到万家"——呼和浩特市文化志愿服务系列活动	内蒙古自治区呼和浩特市文化局
8	"对面朗读"——辽宁省图书馆公益文化活动	辽宁省图书馆
9	"走近历史"——辽宁省博物馆志愿者进校园活动	辽宁省博物馆
10	长春图书馆"义务小馆员"志愿服务活动	吉林省长春图书馆
11	"幸福社区、快乐之家"创建活动	吉林省梅河口市文化广播新闻出版局
12	"送欢笑到基层"文化志愿服务活动	黑龙江省文化厅
13	"荣担文化使者，播撒都市文明"——上海图书馆系统文化志愿者服务项目	上海图书馆
14	"百姓家门口的文化使者"——上海社区文化指导员志愿者服务项目	上海市东方社区文化艺术指导中心
15	"美好江苏"——基层文艺巡演	江苏省文化馆
16	"群星"文化志愿服务活动	浙江省宁波市文化馆
17	"百团千场万人"活动	安徽省文化厅
18	厦门青年民族乐团文化志愿服务活动	福建省厦门市文化馆、厦门青年民族乐团
19	"崛美行动"——江西省老艺术家年表库工程	江西省南昌市崛美行动公益发展中心
20	"艺润心田"——文化志愿者在行动	山东省青岛市文化广电新闻出版局
21	周口市"周末一元剧场"	河南省周口市文化局
22	湖北省博物馆文化志愿者宣讲活动	湖北省博物馆
23	"服务农民工、文艺送春风"——湖南省文化志愿者服务农民工系列活动	湖南省群众艺术馆
24	"喜阅 365"——亲子共读计划	广东省深圳少年儿童图书馆

序号	项目名称	执行单位
25	"文化志愿大篷车"进"三区"(社区、校区、厂区)活动	广东省东莞市长安镇宣传文体局
26	海口市社区文艺辅导员培训班	海南省海口市群众艺术馆
27	桂林"英语角"——崛起中的民间阅读推广力量	广西壮族自治区桂林图书馆
28	重庆市少年儿童图书馆"小小义工真能干"活动	重庆市少年儿童图书馆
29	沙坪坝区农村文化志愿服务队送书进农户活动	重庆市沙坪坝区文化广电新闻出版局
30	四川省文化志愿者"大篷车"流动博物馆服务项目	四川省博物院
31	成都小馆员志愿者服务活动项目	四川省成都图书馆
32	贵州省大学生志愿者艺术团巡回慰问演出	贵州省大学生志愿者艺术团
33	"微笑小屋"文化志愿服务品牌活动	贵州省遵义市文体广电局
34	文化志愿者服务外来务工人员及农民工子女免费美术培训班	云南省文化馆
35	基层业务骨干培训志愿者行动	陕西省图书馆学会
36	"志愿者行动"——基层图书馆员培训活动	甘肃省图书馆学会
37	青海省化隆县文化志愿服务队基层文艺演出活动	青海省化隆县文化馆
38	银川市"踏歌起舞"文化工程——广场民族健身舞培训	宁夏回族自治区银川市文化艺术馆

资料来源:《文化部关于表扬全国文化志愿服务组织工作成绩突出单位、全国基层文化志愿服务活动优秀项目和2012年"春雨工程"——全国文化志愿者边疆行示范项目的通报》,文公共发〔2012〕46号,http://www.gov.cn/gzdt/2012—12/10/content_2286994.htm。

图 5-2 2013 年"文化志愿者基层服务年"系列活动启动

二、我国文化志愿服务存在的问题

文化志愿服务相比于其他志愿服务门类，在全国起步较晚，整体水平还不高，依然存在诸多问题。

第一，总体规模还比较小，各地发展不平衡。与全国数千万志愿者总数相比，文化志愿者人数还比较少。一些地方对文化志愿服务工作的重要性认识不够。

第二，文化志愿服务社会化发展不够，支持和鼓励社会力量参与的政策不健全，落实不到位。文化志愿服务项目创新较少，长期持续开展的品牌不多。

第三，服务机制建设还有待完善，保障措施需要进一步加强。公共文化机构引入志愿者是时代发展的客观要求，也是完善和延伸其职能要求的具体体现。目前我国公共文化机构的志愿服务在组织结构、工作流程、管理体系、保障措施等方面尚未形成健全合理的服务机制，仍存在着"节日型""短效型""活动型"倾向，不利于文化志愿服务的持续健康发展，难以形成常态化的文化志愿服务模式。

第四，从全国范围来讲，目前尚缺乏完善的、统一的、专门的志愿服务制度。现有的全国层面的志愿服务制度，如《中国注册志愿者管理办法》《中华人民共和国公益事业捐赠法》《基金会管理条例》《社会团体登记管理条例》《民办非企业单位登记管理暂行条例》等，仅针对志愿服务中的某个问题或某类组织。一些地方政府针对志愿服务也制定了专门的规定，但志愿服务的地方条例也多侧重于对志愿服务的鼓励性规定，更多地体现了政府对志愿服务的推动意图，真正涉及志愿组织或志愿活动的条文非常少，且缺乏具体的操作性，无法真正发挥对志愿活动的指导作用。

三、我国文化志愿服务的发展方向

1. 提升志愿服务项目的组织管理能力，开展志愿与服务进社区活动

文化志愿服务的重点需求在社区，核心力量也在社区。国外一些地方和我国香港与台湾地区的居民有着较强的社区认同感和归属感，很多人对自己生活的社区有着强烈的社区意识和邻里意识，并积极参与社区的各种活动。社区除文化、体育及宗教活动外，通常还有各种由社区民间团体发起的志愿活动，如单亲父母俱乐部、老年人活动中心、妇女援助中心等。社区性志愿服务已成为国外一些地方和我国香港与台湾地区志愿者参与志愿服务活动的主要载体，并且在提出志愿服务计划和项目时，特别强调志愿服务与青少年发展及就业技能培养的结合，积极拓展青少年参与志愿服务的途径与方式。

2. 拓展多元化的筹资渠道，把志愿服务项目推向市场，使其接受市场和投资者的评价

在这一过程中，一方面，要建立对项目运作实际效果的内、外部定期评估机制，使项目的运作置于各方监督之下，以便不断改进项目的组织管理，提升项目的品质；

另一方面，要加强项目的推介和宣传，吸引社会公众关注，为多元化的社会融资奠定基础。需要强调的是，通过市场化手段从社会募集资金不能代替政府的资金支持。政府理应成为推动志愿服务事业发展的主体，加大资金投入，发起建立志愿服务基金，每年安排固定的财政预算支持志愿服务事业的发展。另外，政府在整合宣传资源，加大对志愿服务的宣传力度，营造全民参与的社会氛围和鼓励全民参与的政策环境方面也负有不可替代的责任。

3. 加强志愿服务的法制化建设，为志愿服务事业发展提供法律保障

目前英国、法国、西班牙、美国、加拿大、阿根廷、巴西、澳大利亚、日本、新加坡等国家以及我国香港和台湾地区都制定有志愿服务法规或者非营利部门的法律法规，以指导志愿服务工作。在新加坡，志愿者组织人民协会依据志愿者每年服务的时间与业绩对志愿者实行多层次的奖励，包括"公共服务奖""公共服务勋章""公共服务星条勋章"。从国外和我国香港与台湾地区志愿服务的实践看，志愿服务立法对鼓励志愿者参与服务具有重要的意义，甚至成为具有强制性的义务性要求。

4. 重视志愿服务项目类型选择，形成自身服务优势与品牌服务项目

国外和我国香港与台湾地区的非营利组织与志愿服务组织机构非常重视服务项目的选择，结合国家、地区自身的发展需要，将社会需求量大的社会服务项目作为组织长期的发展目标，坚持长期的运作，并形成服务优势。香港义务工作发展局于2002年5月与康乐及文化事务署合作推广文化艺术的义工服务计划，招募热爱文化艺术的市民参与，协助加强在康乐及文化事务方面的公益服务，帮助更多市民欣赏及体验香港的艺术及文化活动，成为推动及培养艺术发展的动力。义务工作发展局于2005年4月获得赛马会拨款资助推行"专才义工网"社区资源发展计划，此计划的目标是发掘有专才技能的义工，提供高素质的义工服务，致力缔造一个文明及关爱的社群。此计划有三大义工团队：专才服务队、文化艺术义工队和黄金岁月服务队（见表5-3）。义工团队这种志愿服务项目形式得到众多青年志愿者的接受与欢迎，在长期的项目运作过程中，逐渐形成了自身的特色和优势，成为志愿服务领域中的品牌项目。

表5-3　香港文化艺术义工队详情

义工服务队名称	义工技能水准要求	对服务对象的贡献
摄影义工队	具有摄影技术及经验	为服务机构拍摄美好和珍贵的服务回忆
司仪义工队	具有司仪的训练及经验	为服务机构提供司仪人才，协助加强服务质素
艺术导师义工队	具有艺术技能的训练及经验（如舞蹈、绘画、乐器、歌唱、书法、写作、手工艺导师）	为服务机构提供艺术技能的导师，到各团体或学校教授兴趣小组，加强服务使用者的艺术文化和修养

义工服务队名称	义工技能水准要求	对服务对象的贡献
文化艺术活动支持队	具有博物馆的导赏员、活动采访员、手工导师和公共图书馆的顾客服务员的训练及经验	为博物馆和公共图书馆提供支持服务，加强推行文化艺术活动的服务质素

资料来源：http://wgj.sh.gov.cn/node2/node741/node743/node763/node1071/u1a29353.html。

近年来，随着经济社会领域的深刻变革，人民群众的基本文化需求日益迫切，进一步催生了文化志愿服务工作的新发展。当前，国家高度重视包括文化志愿服务在内的志愿服务工作。随着文化志愿服务工作被纳入公共文化服务体系建设并融入国家文化发展总体战略中，文化志愿服务将成为一种新的生活方式和社会风尚，不断推动文化事业的持续发展。

第四节　文化志愿服务标准化建设

一、文化志愿服务活动标准化

1. 分类管理，打造志愿服务品牌

在充分了解志愿者服务意向的基础上（见表5-4），按照专业、服务岗位、服务时段等项目对文化志愿者实行分类管理。建立健全文化志愿者及其服务活动的档案制度，为文化志愿者建立包括基本状况、服务情况、累计服务时间的个人档案。文化志愿者组织可结合自身开展文化志愿服务的基础、特点和优势，创新服务内容、工作方式和活动载体，探索具有地方和行业特色的文化志愿服务模式，推动形成各具特色的志愿服务品牌。

表 5-4　志愿服务意向选择表

志愿服务大类	志愿服务项目小类
□文明新风	□文明劝导　□文化演出　□科普宣传　□窗口服务 □文明交通　□文化监督　□义务讲解　□社区调解
□扶危济困	□助老　□助残　□助学　□助业　□扶贫帮困　□医疗救助
□生态环保	□植绿护绿　□珍稀动植物保护　□清理脏乱 □整治污染　□生态宣传
□助推发展	□政策宣讲　□农业知识普及　□技术帮扶　□金融扶持 □管理扶持　□信息咨询

志愿服务大类	志愿服务项目小类			
□素养提升	□技能培训　□德行宣教　□学习辅导　□法律咨询和援助 □心理咨询和援助　　□网络舆情			
□平安和应急救援	□治安防范　□应急救援知识宣教　□卫生防疫 □禁毒防艾　□社会维稳　　□抢险救灾 □献血(包括造血干细胞捐献)　□器官捐献			
□大型社会活动	□公共秩序维护　□接待翻译　□组织联络　□咨询引导 □礼仪服务　　□贴陪服务　□综合文秘　□新闻宣传			

2. 优化管理与服务流程，促进志愿服务供需有效对接

通过创办"文化志愿者"专题网站，搭建起集文化志愿者注册系统、培训考核系统、活动发布系统、评价激励系统全方位覆盖的文化志愿者服务的网络平台，实现对文化志愿服务过程的管理以及动态掌握，从而提高文化志愿服务的管理水平和工作效率，实现文化志愿资源管理的信息化、网络化和科学化。

3. 推进"文化服务记录"制度

通过"文化服务记录"，对志愿者的服务项目、服务时间、服务地点、服务行为、服务质量等内容进行详细、准确、及时、规范的记录，对服务记录结果进行长久保存，权威证明与回馈激励，鼓励有关单位在招生、招聘时，同等条件下优先录取、聘用有良好文化志愿服务记录的志愿者。这样，可以激发文化志愿者奉献社会的荣誉感和使命感，引导更多文化专业人士加入志愿服务行列。

二、文化志愿服务队伍建设标准化

1. 完善招募渠道

各级公共文化服务机构可采取公开招募与定向招募相结合、经常性招募与阶段性招募相结合、面向个人招募与面向集体招募相结合等方式开展招募工作，建立健全、高效、便捷的志愿者招募机制和稳定通畅的招募渠道。一是各级各类公共文化服务机构可根据志愿服务项目和岗位需求情况，通过报纸、电视、网络、广播、信息栏等多种形式向社会公开发布有关志愿者需求数量、岗位要求和报名方式等招募信息，为志愿者参与志愿服务创造便利条件。二是各级公共文化服务机构可深入社区、农村和机关、学校、企事业单位、社会团体等机构，有针对性地开展志愿者招募工作，吸引和动员热心公益的广大市民特别是有一技之长的专业人士就近加入志愿者队伍，参加志愿服务活动。

2. 加强人员培训

(1)各级文化行政部门要利用多种形式开展文化志愿者培训活动，应根据本地文化建设实际，提出文化志愿者的培训计划，编写统一的文化志愿者培训教材，做好与文化志愿者服务相关的知识培训、专业技能培训和职业道德培训，提升文化志愿者的服务能力和服务水平。

(2)建立健全分类培训的文化人才培训体制机制，制订实施各类人才培训计划。依托党校、行政学院、干部学院、高等院校、职业院校、定点大型企业，发挥人民团体的作用，加强文化人才政治素养和道德素质教育，开展任职培训、岗位培训、业务培训、技能培训。

(3)制定实施基层文化人才队伍建设规划，大力鼓励专业文化工作者和社会各界人士深入基层文化建设和群众文化活动中，形成专兼结合的基层文化工作队伍，整合民间志愿服务组织，丰富志愿服务内容，壮大志愿服务力量。

(4)建立文化志愿者教育培训的长效机制，用良好的制度规范培训机制的运作，提高文化志愿者的能力和素质，并且将志愿服务中已经形成的优秀的做法用制度的形式确定下来，在实践中不断地丰富和完善，使文化志愿服务真正成为精品工程和民心工程。

3. 推进网络管理

(1)在文化志愿者招募方面，要充分发挥互联网的积极功能，鼓励市民直接在网上报名，填写文化志愿者申请资料，由后台工作人员根据报名者提供的信息加以筛选。

(2)在文化志愿者管理方面，可以利用网络围绕文化志愿者招募、志愿者培训以及考核等各个环节进行管理，从而增强文化志愿者管理的便捷性与有效性。

(3)在志愿服务方面，可以建立文化志愿者微信群、QQ群等虚拟空间，使得文化志愿者和志愿组织之间、文化志愿者之间、文化志愿者与服务对象之间能够通畅地交流。

4. 强化制度建设

(1)推行社区文化志愿服务者注册制度，把注册登记作为社区志愿服务者参加志愿服务的基本凭证，持有者可以参加任何地方社区组织开展的其他志愿服务。

(2)推行社区文化志愿服务"时间储蓄"制度，把提供社区文化志愿服务与优先享受其他志愿服务结合起来，把社区文化志愿服务者参加服务时间、服务质量、服务实效的记录储存起来，在社区文化志愿服务者自身需要社会提供帮助的时候提取出来，优先得到相应时间的其他志愿服务。

三、文化志愿服务激励评价标准化

志愿者与工作人员不同，他们参与志愿服务具有自愿性、无偿性和动机的多元性等特点，所以对志愿者不能只采用常规的指令和强制措施进行管理和约束，除了要求志愿者本身具有责任感和奉献意识之外，更需要志愿者管理组织采取合理有效的激励机制。只有正视志愿者激励存在的必要性，并对此进行详细地研究，制定具体的激励政策，才能促进志愿参与的积极性和可持续性。

2011 年，广东省文化厅制定了《广东省文化志愿者管理办法（暂行）》，在人员条件及吸纳对象、招募方式、组织机构、权利与义务等方面规范文化志愿者管理机制。同时依据文化志愿者服务时间和服务业绩开展每年度"星级"文化志愿者评选活动。每年义务服务时间累计达 200 小时以上的、300 小时以上的、500 小时以上的志愿者分别由省文化厅授予相关星级文化志愿者称号，颁发"星级文化志愿者证书"。成绩突出，贡献较大，社会反响良好或者累计服务时间较长的星级文化志愿者，可获文化志愿者杰出贡献银星奖；服务年限长，社会影响大，成绩显著，贡献很大的文化志愿者，可获文化志愿者杰出贡献金星奖。借此提升志愿者荣誉感，确保文化公益服务的长期性、有效性及可操作性。

对文化志愿者的表彰激励可以按以下程序操作：一是制定标准，根据贡献评定等级，建立星级志愿者制度或者授予荣誉称号；二是每年向优秀文化志愿者所在单位、社区反馈信息，赢得单位重视，以此激励和鼓舞志愿者本人；三是建立"志愿互动"机制（或志愿者服务偿还制度），每个志愿者在为社区提供某种服务以后，可以享受社区为他个人提供的某些免费服务；四是利用本区资源，为志愿者提供服务，可以让文化志愿者免费参加文化馆、图书馆活动，免费观看文化部门组织的演出活动；五是细化激励机制。把对志愿者的表彰纳入政府的表彰序列，建立以服务时数为主要依据的奖章授予和以服务业绩为主要依据的评选相结合的表彰奖励机制，评选优秀的文化志愿者团队和个人，同时在电视台、报刊等媒体上予以公布宣传。

四、文化志愿服务保障标准化

志愿者参加志愿服务要想取得预想的结果依靠个人和小群体的力量往往是难以实现的，他们的服务认可、工作条件等保障必须由有关组织和部门来提供。但由于组织者对志愿者和志愿服务理解认识的偏差，目前为志愿者提供的保障还比较匮乏，保障工作还很不充分。不少自发的志愿服务组织虽然被有关机构和部门批准或认可，但在服务项目、骨干培训、队伍建设等方面获得的支持和帮助十分有限，有的甚至得不到任何帮助。此外，资金短缺一直是国内志愿者活动的主要障碍之一。

文化志愿服务保障措施标准化的前提是把志愿服务事业纳入国家社会发展规划中，从制度上保障志愿服务事业发展。首先要加大对志愿服务的支持力度。借鉴国际经验，政府应从两个方面加大对文化志愿服务工作的经费投入力度：一是做好政府购买服务，尽快推进理顺政府购买服务工作机制，制定重点志愿服务项目目录，加大大型志愿服务活动和重点志愿服务项目资金支持力度。二是通过建立志愿服务基金会的方式，为文化志愿服务提供有效的资金保障，并建立基金规范使用与监督制度，同时，在政策上鼓励引导社会资源对志愿服务的投入。

文化志愿服务保障措施标准化的关键是推进立法，将文化志愿服务纳入《公共文化服务保障法》、省级《公共文化服务保障条例》的条款中。文化志愿者的法定权利应该包括自主选择的权利、受尊重的权利、人事保障的权利、物质保障的权利及接受培训的权利等。只有通过统一立法，明确志愿者与志愿组织的法律地位，保护志愿者以及志愿服务对象的权益，才能及时预防志愿服务中可能出现的各种风险，最大限度地调动志愿者们的服务热情。因此，加快志愿服务立法，约束和规范志愿者的行为，是我国志愿服务管理中亟待解决的一个现实问题。

五、文化志愿服务的地方创新

1. 北京市文化志愿服务模式

北京市东城区在全市率先建立了文化志愿者队伍，实现了每一街道聘请一家专业文化单位，每一社区聘请一名专业文化工作者，并适时向全社会公开聘请文化志愿者的目标。2009年年初，北京市文化志愿者服务中心正式成立。全市18个区县也相继设立文化志愿者服务分中心。此后，在全市设立了乡镇级文化志愿者服务站，帮助把群众的文化需求与志愿者的特长相对接，并为志愿者开展服务调配车辆、开展定向培训等。北京市文化志愿者服务中心经过召开座谈会、实地调研、与有关机构交流等渠道，形成了《北京文化志愿招募管理办法》《北京市文化志愿者服务中心工作三年规划（征求意见稿）》等一系列具有符合公共文化服务和志愿服务规律的规范性文件，并重点开展、指导扶持一批文化志愿服务项目。

2. 成都市文化志愿服务模式

成都市针对文化志愿服务的相关知识、专业技能等，拟订培训计划，定期组织培训，严格培训制度，并努力在培训内容、形式和效果上谋求创新和突破，以提升文化志愿者的服务能力和服务水平。在师资配备上，除邀请专业老师进行辅导及授课外，还邀请一线的文化志愿者骨干现身说法。在培训形式上，采取专题授课、座谈交流、模拟演练等形式，丰富、活跃培训课堂。在培养志愿者服务理念方面，成都市各级文化职能部门积极为文化志愿者提供参加各类文化活动的机会。2012年6月，成都市文化志愿者协会正式成立，使成都文化志愿者有了专门机构，并逐步建立起高效规范的文化志愿服务"总分制"管理网络。成都文化志愿者人员实行"分管理、共使用"原则，成都市文化志愿者协会的成员单位既可独立招募、管理、培训和使用自己的文化志愿者队伍，又可共享文化志愿者资源。成都文化志愿者工作实行"总指导、分实施"原则，总会和各分会既独立又融合，在志愿者项目和活动中，总会可对分会进行业务指导和支持，同时总会志愿者活动可由分会参与或与分会共同举办志愿服务项目。

3. 浙江省台州市黄岩区文化志愿服务模式

针对农村公共文化服务建设相对落后，民间文化人才热心公益但缺少展示平台等实际情况，台州市黄岩区创新推出"乡村大使"文化志愿服务体系，把基层部分群众培养成为文化大使（宣传大使、文明大使、产品大使、旅游大使、形象大使），向群众宣传党的理论政策，提供文化服务，倡导文明新风，走出了一条"从群众中来，到群众中去"的基层文化发展新路子。目前，黄岩区已招募文化志愿者1000多名，成立了文化志愿者服务团，下设秘书处，负责全区文化志愿者队伍的组建、日常管理、活动策划和协调、外联与宣传等工作，实行社团化管理，从组织上保障文化志愿活动正常有序开展。按照文化服务就近原则，志愿者分为城区分队和乡镇分队，城区分队下设戏曲、舞蹈、音乐(包括声乐和乐器)、书画、体育、计算机培训等若干个小组，实行统一分级管理。按照"群众所需、志愿者所能"的原则，建立志愿者服务项目库，确定送文艺节目、文化知识培训、科普法律宣传、抵制不文明行为四大项目。

4. 国外图书馆文化志愿服务模式

招募志愿者协助图书馆开展工作在海外极为常见，志愿者的管理机制与服务内容都运作得比较成熟(见表5-5)。从图书馆角度来看，图书馆志愿者所进行的这些服务内容背后需要相关部门对志愿者的管理与支持，包括招募、培训、考核、激励等，这是确保志愿者活动有效开展的基本环节。

表 5-5　国外图书馆志愿者管理方式和服务内容

图书馆名称	负责部门	招募、培训方式	激励措施	服务内容
西雅图公共图书馆	人力资源部志愿服务管理协调员	分成人组(年满18岁)和高中生组(年满14岁)，分别以个人名义申请		图书馆参观接待、讲解；图书整理；活动支持；英语培训；家庭作业帮助等
新加坡公共图书馆	志愿者管理小组	先注册志愿者系统，然后通过网络或者直接去服务台报名；每个志愿者都会参加一个带有引导性的基础课程；针对不同的服务内容，安排专门的培训课程	根据志愿者为图书馆贡献的时间和服务水平予以奖励	图书馆用户培训、儿童项目、手工艺制作、对外宣传图书馆馆藏资源选择评价、图书整理、读者咨询引导等

资料来源：吴迪：《浅谈海外图书馆志愿者的经验及启示》，《公共图书馆》，2008(3)：35。

【思考题】

1. 文化志愿服务的标准框架的主要内容包括哪些？

2. 结合自己所在地的文化志愿服务情况，思考如何推进文化志愿服务活动？

3. 文化志愿服务活动如何与业余文化团队建设相结合？

【参考文献】

[1]陈一锋，曾昶. 深圳出台《文化志愿服务促进办法》[N]. 中国文化报，2014-03-26.

[2]陈振明等. 公共服务导论[M]. 北京：北京大学出版社，2011：194.

[3]张昕. 走向公共物品和服务的可抉择供给体制——当代政府再造运动述评[J]. 中国人民大学学报，2005(5)：111-117.

[4]B. O'Connell，What Voluntary Activity Can and Cannot Do for America[J]. Public Administration Review，1989，49，(5)：486-491.

[5]党秀云. 论志愿服务的常态化与可持续发展[J]. 中国行政管理，2011(3)：50.

[6]侯鹏生，孙吉亭. 优良城市文化和现代志愿服务互动研究[J]. 求索，2012(9)：244.

[7]丁开杰. 英国志愿组织联盟与志愿者参与实践——以英格兰志愿组织理事会(NCVO)为例[J]. 理论月刊，2009(3)：149.

[8]曹荣芳，孙颖，董瑞敏. 中美体育志愿者服务现状及培养体系比较研究[J]. 前沿，2010(6)：70-71.

[9]徐彤武. 联邦政府与美国志愿服务的兴盛[J]. 美国研究，2009(3)：25.

[10]迟强，龙军. 准公共物品志愿供给的风险与政府作用：来自于美国的经验[J]. 学术论坛，2009(6)：117.

[11]康秀云. 美国培育积极公民的志愿服务路径研究[J]. 外国教育研究，2012(7)：116.

[12]Corporation for National and Community Service. FY 2010 CNCS Annual Financial Report[R/OL]. [2011-11-15]. http://www. nationalservice. gov/pdf/11_1115_final_fy_10_afr. pdf.

[13]谢芳. 美国社区中的志愿者服务[J]. 社会，2003(1)：58.

[14]刘通. 澳大利亚国家图书馆志愿者服务实践及对我国的启示[J]. 图书与情报，2012(1)：27.

[15]李勃. 国内外青年志愿者工作机制比较研究[J]. 北京青年工作研究，2009(7)：74.

[16]加拿大的社区服务体系建设及对我国的启示[EB/OL]. [2006-09-25]. http://news. xinhuanet. com/theory/2006-09/25/content_5135652_1. htm.

[17]中共中央关于深化文化体制改革 推动社会主义文化大发展大繁荣若干重大问题的决定[EB/OL]. [2011-10-25]. http://news. xinhuanet. com/politics/2011-10/25/c_122197737. htm.

[18]文化志愿服务正式纳入公共文化服务体系建设[EB/OL][2012-12-19]. http://

www. wenming. cn/whhm_pd/yw_whhm/201210/t20121019_895066. shtml.

[19]"文化志愿者基层服务年"系列活动在京启动[N]. 中国文化报，2013-04-24.

[20]推动文化志愿服务成为社会新风尚——访文化部副部长杨志今[N]. 中国文化报，2014-01-17.

[21]郭英. 中美公共图书馆志愿者服务现状之比较研究[J]. 图书馆理论与实践，2012(8)：53.

[22]刘芳. 图书馆文化志愿服务体系构建研究——以全运会文化志愿服务为例[J]. 图书馆工作与研究，2014(8)：49.

[23]李先忠. "三圈"理论视野下北京志愿服务项目运行分析[J]. 中国行政管理，2012(11)：44.

[24]志愿服务今后或可享受回馈激励[N]. 新闻晨报，2012-12-04.

[25]于丽艳. 探索"文化志愿者"专题网站建设的有效途径[J]. 河南图书馆学刊，2013(11)：95.

[26]阮可. 志愿服务有很多功课要做[N]. 中国文化报，2014-03-27.

[27]敬彪. 对完善文化志愿服务管理体制的思考[J]. 大众文艺（学术版），2014(5)：270.

[28]胡本春. 对文化志愿者队伍建设的调查与思考——以安徽马鞍山为例[J]. 长春工业大学学报（社会科学版），2012(3)：41.

[29]徐爱丽. 文化志愿者教育培训的长效机制探讨[J]. 邢台学院学报，2013(4)：72.

[30]高和荣. 文化志愿者队伍的建设与完善——基于厦门的研究[J]. 湖湘论坛，2012(6)：86.

[31]徐春林，曲宗文. 大力加强社区文化志愿服务者队伍建设[J]. 学习月刊，2006(5)：62.

[32]孟志丹. 图书馆文化助残志愿服务的实践与思考——以辽宁省图书馆为例[J]. 河南图书馆学刊，2014(2)：30.

[33]陆海燕. 国外关于志愿者激励的研究及其启示[J]. 武汉理工大学学报（社会科学版），2014(3)：431.

[34]何为. 两岸志愿服务制度对比分析及其启示——以台湾地区高校志愿者培训制度为例[J]. 社会工作，2010(8)：40.

[35]广东省文化厅：着力打造优秀志愿品牌　不断提高文化服务质量[EB/OL]. [2012-10-17]. http://www. wenming. cn/zyfw_298/zyjsyzh/gdld/gd_3502/201210/t20121017_890820. shtml.

[36]廖筱逊. 紫金县文化志愿服务模式初探[J]. 神州民俗（学术版），2011(4)：88.

[37]丁元竹，江汛清，谭建光，等. 中国志愿服务研究[M]. 北京：北京大学出版社，2007：132.

[38]魏娜. 我国志愿服务发展：成就、问题与展望[J]. 中国行政管理，2013(7)：66.

[39]缪仲妮. 论我国志愿服务法律制度的完善[J]. 南京社会科学，2006(7)：92-94.

[40]党秀云. 论志愿服务的常态化与可持续发展[J]. 中国行政管理，2011(3)：51.

[41]张承清. 浅谈群众文化与文化志愿者[J]. 神州民俗（学术版），2011(168)：111.

[42]北京市文化志愿者体系建设稳步推进[N]. 中国文化报，2010-07-29.

[43]成都搭建文化志愿服务网络[N]. 中国文化报，2013-02-06.

[44]成都市文化志愿者协会成立暨会员代表大会隆重召开[EB/OL]. [2012-11-13]. http://www.ct17.com/zyhd/ShowArticle.asp? ArticleID=3648.

[45]推动成都市文化志愿者服务全域覆盖[N]. 中国文化报，2014-07-11.

[46]浙江黄岩以"乡村大使"着力构建文化志愿服务体系[EB/OL]. [2012-05-23]. http://theory.people.com.cn/GB/49157/49165/17967445.html.

附录 5-1

文化部办公厅关于推行使用"中国文化志愿者"
标识和"文化志愿者注册服务证"有关事宜的通知

办公共函〔2014〕129 号

各省、自治区、直辖市文化厅(局)，新疆生产建设兵团文化广播电视局，本部各直属单位：

为贯彻落实党的十八大和十八届三中全会提出的"广泛开展志愿服务"、"支持和发展志愿服务组织"的要求，推动文化志愿服务工作规范化，文化部于 3 月下旬发布了"中国文化志愿者"标识(发布内容见 2014 年 3 月 26 日中国文化报头版)和"文化志愿者注册服务证"式样，并从 2014 年开始在"春雨工程"——全国文化志愿者边疆行和"大地情深"——国家艺术院团志愿服务走基层两项示范活动以及全国各地各类文化志愿者主题活动中推行使用，现就有关使用事项通知如下：

一、关于"中国文化志愿者"标识

(一)标识寓意

"中国文化志愿者"标识(简称标识)名为"绽放之时"，整体造型是一朵盛开的花朵，由 5 个变形的"文"字相互连接构成，融合了汉字、心形和中国结等元素，寓意文化志愿者心手相连，传播中华民族优秀文化，弘扬"奉献、友爱、互助、进步"的志愿精神，让幸福之花绽放在祖国的每一个角落。

(二)使用方法

在符合《"中国文化志愿者"标识使用技术规范》(见附件)的前提下，各地文化志愿服务机构可将机构名称与标识进行组合设计，应用于机构网站、牌匾、旗帜等标志性位置；可将标识应用于日常开展的活动中，包括奖牌、证书、服饰、胸章、文件资料、纪念品及宣传品等。

(三)推行要求

1. 各级文化行政部门在标识推行使用过程中要主动维护其庄重性和严肃性。

2. 各级文化行政部门及公共文化机构要结合本单位宣传工作计划广泛开展有关宣传活动，弘扬标识内涵精神，形成有利于标识推广使用的良好社会氛围。

3. 在各地组织实施的 2014 年"春雨工程"和"大地情深"2 项示范活动以及全国 9 个主题活动中，要按照规范要求，统一使用"中国文化志愿者"标识。

二、关于"文化志愿者注册服务证"

(一)证件简介

"文化志愿者注册服务证"(简称服务证)用于证明注册文化志愿者的身份，记录文化志愿者开展服务、参加培训以及所获荣誉等情况，并通过使用注册服务证对文化志愿者进行管理和有效的组织引导。

（二）使用方法

注册文化志愿者参加志愿服务后，由服务对象提供志愿者服务时间、服务内容证明，志愿者所属机构在服务证中盖章（或签字）予以认定。服务证由本人自行保管，不得转借。服务证持有者可凭证参加各地组织的文化志愿服务活动。如丢失或写满，可申请补办或续发。

（三）推行要求

1. 服务证由文化部发布统一式样，各地文化行政部门和公共文化机构根据需要制作。原则上内容和式样应与文化部发布的式样基本一致，尺寸可适当调整。

2. 服务证由各地文化志愿者所属注册机构统一发放。如部分省（区、市）已先行印制了带注册性质的服务证（手册），待原有服务证（手册）用完后，应更换文化部统一式样的服务证。

3. 各级文化行政部门及文化志愿服务机构要结合服务证的使用，建立文化志愿者数量动态统计机制，加强文化志愿者规范管理。

4. 在各地组织实施的 2014 年"春雨工程"和"大地情深"2 项示范活动以及全国 9 个主题活动中，组织实施单位和部门要统一发放服务证，做好文化志愿者身份注册和服务记录工作，为年底考核奖评提供依据。

三、其他事项

（一）"中国文化志愿者"标识和"服务证"不得用于任何营利性活动或商业活动。

（二）"中国文化志愿者"标识及"服务证"式样源文件统一下载邮箱地址：whzyfuwu@163.com，密码：zyfuwu。

（三）如有不明事项或其他未尽事宜，请及时与文化部公共文化司权益保障处联系。

文化部办公厅

2014 年 4 月 24 日

附件

"中国文化志愿者"标识使用技术规范

一、标识有三种组合形式（如下图）：彩色标识，单色标识和竖排标识，可根据实际需要选用。

二、标识图形在各种材质上应用时均要遵循"不可侵入"原则，即保持"标识"完整性，且四周留出一定的空白面积，如下图：

三、在实际应用过程中，要使用统一的标准色彩（见下图）。单色标识色彩建议但不限于使用红色，应用时与底色的对比差色值≥30％。

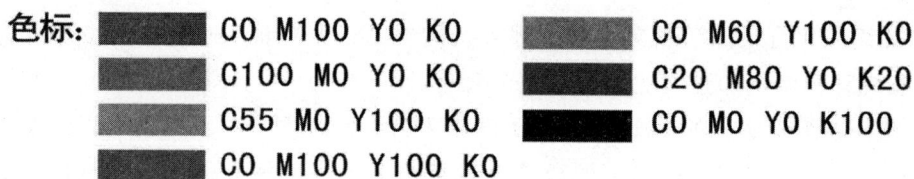

色标：

色块	色值	色块	色值
	C0 M100 Y0 K0		C0 M60 Y100 K0
	C100 M0 Y0 K0		C20 M80 Y0 K20
	C55 M0 Y100 K0		C0 M0 Y0 K100
	C0 M100 Y100 K0		

四、标识在小于 3mm 的尺寸中或作为装饰效果使用时，可去掉中英文字，单独使用图形。

五、实际应用时不得在标识图形上添加任何图案与文字，不得加白边或任何颜色的羽化效果，标识图形不得扭转、倾斜与镜像。

附录 5-2

文化志愿服务管理规范

DB 330105/T3—2015

（杭州市拱墅区质量技术监督局 2014 年 10 月 8 日发布，2014 年 11 月 8 日实施）

范围

本规范规定了文化志愿服务管理的术语和定义、管理组织、文化志愿者、文化志愿服务活动、管理要求、服务评价。

本规范适用于拱墅区文化志愿服务的管理。

规范性引用文件

下列文件对于本文件的应用是必不可少的。凡是注日期的引用文件，仅所注日期的版本适用于本文件。凡是不注日期的引用文件，其最新版本（包括所有的修改单）适用于本文件。

DB 3301/T 0138—2015 志愿服务组织管理规范

杭州市人大常务会（2003 年）第 17 号公告 杭州市志愿服务条例

术语和定义

下列术语和定义适用于本规范。

文化志愿者

经文化志愿服务组织注册登记，利用自己的时间、技能、资源自愿参加文化志愿服务组织安排的公益文化活动，无偿为社会提供非营利性、非职业化的公共文化服务的人。

文化团体志愿者

经文化志愿服务组织登记，志愿为基层群众文化发展繁荣提供无偿服务的机关、企事业单位、大专院校和社会组织。

文化志愿服务

是指文化志愿者及其组织自愿、无偿地从事公共文化服务，促进社会文明和进步的志愿服务行为。

文化志愿服务组织

是指从事文化志愿服务活动的非营利性社会公益组织。

管理组织

总则

文化志愿服务组织实行分级组建、分类管理和使用，倡导自我组织、自我管理、自我发展。区、街道设置文化志愿服务管理组织,对文化志愿服务活动进行管理。

管理职责

区文化志愿服务组织

区文化志愿服务组织应履行以下职责:

制订文化志愿服务活动规划以及计划;

开展文化志愿者招募、审核、登记、注册、发证、建档、考核等管理工作;

对文化志愿者开展培训;

组织和实施文化志愿服务活动,并指导各街道、相关组织、文化志愿者等开展文化志愿服务活动;

受理街道文化志愿服务组织开展活动的报备工作;

组织文化志愿者和文化团体志愿者星级评定,并开展表彰活动;

负责文化志愿服务活动经费的管理;

履行 DB 3301/T 0138—2015 规定的职责。

街道文化志愿服务组织

街道文化志愿服务组织应履行下列职责:

开展辖区内文化志愿者的招募、审核、登记、注册、发证、建档、考核等管理工作;

组织文化志愿者相关专业知识的培训;

组织实施文化志愿服务活动;

确认文化志愿者参加文化志愿服务的活动时间、次数、内容和效果等;

受理社区或辖区内其他文化活动场所开展文化志愿服务活动的报备工作;

推荐文化志愿者和文化团体志愿者的星级评定名单;

负责辖区文化志愿服务活动经费的管理;

指导辖区内文化志愿服务活动的开展。

文化志愿者

基本要求

文化志愿者基本要求

文化志愿者应符合以下要求:

a)热心公益文化事业,自愿从事文化志愿服务活动;

b)具有良好的思想道德品质和社会奉献精神;

c)具备从事文化志愿服务所对应的知识、技能或资源;

d)年龄在 18 周岁至 65 周岁之间(特殊情况除外:如身体条件许可,本人申请、经注册部门同意可放宽至 70 周岁);

e)具有参与文化志愿服务工作的身体素质。

文化团体志愿者基本要求

文化团体志愿者应符合以下要求：

a)要求有 20 人以上(含)的文化志愿者群体；

b)具有自我组织管理团队的能力；

c)有相应的文化活动项目；

d)每年组织开展文化志愿服务活动不少于 4 次。

权利与义务

权利

文化志愿者享有以下权利：

a)参加相关专业知识培训；

b)参与文化志愿者星级评定；

c)就志愿服务活动对各级文化志愿服务组织提出意见和建议；

d)优先享有区文化志愿服务组织提供的演出活动观摩和文化鉴赏等机会；

e)享有文化志愿服务活动特殊贡献加分；

f)有退出文化志愿服务组织的自由；

g)享有《杭州市志愿服务条例》规定的其他权利。

义务

文化志愿者应履行以下义务：

a)遵守国家法律、法规及文化志愿服务组织的相关规定；

b)每年参加文化志愿服务的累计时间应不少于 48 小时；

c)履行文化志愿服务承诺，服从管理，按照文化志愿服务组织的安排参加服务活动；

d)不以文化志愿者身份从事任何以营利为目的或违背社会公德的活动；

e)自觉维护文化志愿服务组织和文化志愿者的形象。

文化志愿服务活动

服务活动要求

文化志愿服务活动内容应健康、积极向上，体现地方文化特色。

服务活动分类

文体活动类：参与和开展文化节、读书节、运动会等文体活动。

展览展示类：参与公共博物馆、公共图书馆、文化馆、公共美术馆等文化机构开展的展览、展示的筹备、组织、现场活动管理及相关辅助工作。

讲座培训类：公益性的文化讲座、艺术培训与辅导。

设施服务类：公共博物馆、公共图书馆、文化馆、公共美术馆等文化机构和历史文化街区的现场讲解、疏导人流、维持秩序等服务。

文化交流类：参与国内外文化志愿服务活动交流；开展论坛和相关研讨会；通过

网络志愿提供相关文化作品（含文章、图片、视频等）。

其他类：协助基层文化的宣传、推广；协助政府文化主管部门做好文化设施、文化遗产等管理与保护工作。

服务活动策划

文化志愿服务活动方案策划，应包含活动内容、时间、地点、场地设置、人员要求、安防设施、应急预案等内容。大型志愿活动方案应按规定报相关部门审批同意。

文化志愿服务活动前需勘察场地，应考虑人员聚集承受、设施安全、交通疏散、天气情况等因素。

服务活动实施

文化志愿者服务活动应有统一标识，如徽章、服装、旗子、横幅等。

街道文化志愿者服务组织对参加志愿者人数达 30 人以上的活动，应在活动开展 10 日前向区文化志愿者服务组织申报备案，递交《拱墅区文化志愿服务活动备案登记表》（参见附录 E）。活动结束 2 日内将活动总结报备案部门。

文化志愿者服务活动结束后，进行总结与评价。

服务活动志愿者

文化志愿者参加志愿服务应着装整洁，穿着文明雅观；佩戴统一的徽章或服务证。

在服务过程中面带微笑，态度热情，耐心和气。服务对象提出批评、建议时，应耐心听讲、认真解释，不生气、不傲慢。

服务过程中严禁吸烟、喝酒、吃零食。不应向任何组织或个人索要或接收任何礼品和有价礼卡、礼券。服务过程中不应接受任何组织或个人的请吃及高消费娱乐活动。

管理要求

文化志愿者管理

招募

1.1.1.1　文化志愿服务组织应按《杭州市志愿服务条例》规定开展文化志愿者招募活动。招募时，应当以适当的方式公告志愿服务信息，包括志愿者招募条件、服务项目、服务内容等。

1.1.1.2　区、街道文化志愿服务组织均可在网上或所在地受理个人和文化团体志愿者申请，分别填写《文化志愿者申请表》（参见附录 A）和《文化团体志愿者登记表》（参见附录 B）。

1.1.1.3　经审核，对符合条件者填报《文化志愿者注册信息登记表》（参见附录 C）进行注册，发放文化志愿者证书和徽章（参见附录 D）或文化团体志愿者牌匾。并在 7 个工作日内录入区文化志愿者信息资料库。

组织培训

1.1.1.4　文化志愿服务组织应为志愿者开展岗前培训和常规培训，包括服务基本理念、专业服务知识、相关技能、安全知识等内容培训。

1.1.1.5 在服务活动开展前，文化志愿活动组织者应对活动方案、实施计划、应急处置预案等对志愿者进行告知并适当开展培训。

档案管理

文化志愿服务组织宜按专业、服务岗位、服务时段等条件对文化志愿者实行分类建档，对文化志愿者个人信息、文化志愿服务活动应建档并实行动态管理。

退出注销

1.1.1.6 文化志愿者因故退出，可向申请注册的文化志愿服务管理部门提出书面申请，经确认后，办理退出注销手续。

1.1.1.7 有下列行为之一的，文化志愿服务管理部门可进行劝退，取消其文化志愿者资格，办理退出注销手续，并通知本人：

a)违反志愿服务组织的规章制度，造成严重后果的；

b)因故意或者重大过失造成服务对象或者第三方受损害的；

c)以文化志愿者或者服务单位的名义组织或者参与违反文化志愿者服务原则的活动，并损害了服务单位声誉的；

d)文化志愿者在开展服务活动中存在违法行为的；

e)不服从工作安排，多次无故不参加服务项目活动的；

f)其他不符合法律法规要求的。

经费管理

文化志愿服务工作经费由政府财政拨款、社会捐赠和资助及其他合法收入组成。

工作经费的筹集、使用和管理应当公开，并依法接受有关部门和捐赠、资助者及志愿者的监督。

工作经费应当用于文化志愿服务事项，包括适当给予志愿者参与文化志愿服务活动的交通、午餐等补助。

服务评价

个人志愿者星级评定

注册期内的个人文化志愿者可按表1规定评定星级，获相应星级证书。

表1 个人文化志愿者星级评定条件

服务时间	星级
个人文化志愿服务累计时间 100h	☆
个人文化志愿服务累计时间 200h	☆☆
个人文化志愿服务累计时间 300h	☆☆☆
个人文化志愿服务累计时间 400h	☆☆☆☆
个人文化志愿服务累计时间 500h	☆☆☆☆☆

注册期内的个人文化志愿者如达到表2的要求，可获相应星级；如已按表1获得星级，且满足表2特殊贡献评分具体内容之一时，则可按表2的加分星级增加，最高不超过五星。

表 2 　特殊贡献评分

具体内容	星　　级	加分星级
捐赠书籍 100 册	☆☆☆	☆
授课辅导时间 20 个课时		
无偿提供设备、场地 2 天		
提供网络文化作品 10 次以上		
捐赠书籍 200 册	☆☆☆☆	☆☆
授课辅导时间 40 个课时		
无偿提供设备、场地 5 天		
提供网络文化作品 20 次以上		
捐赠书籍 500 册以上	☆☆☆☆☆	☆☆☆
授课辅导时间 60 个课时以上		
无偿提供设备、场地 10 天以上		
捐赠特殊纪念意义的文化物品		
引进文化名人设立工作室		
提供网络文化作品 30 次以上		

团体志愿者星级评定

文化团体志愿者可按表3规定进行评定，获相应星级证书。

表 3 　团体文化志愿者星级评定条件

内容与要求	星　　级
组织参加文化志愿服务活动累计 500 人次以上 组织参加文化志愿服务活动累计 2000 小时以上 组织参加文化志愿服务活动累计 100 次以上	☆☆
组织参加文化志愿服务活动累计 1000 人次以上 组织参加文化志愿服务活动累计 4000 小时以上 组织参加文化志愿服务活动累计 200 次以上	☆☆☆
组织参加文化志愿服务活动累计 1500 人次以上 组织参加文化志愿服务活动累计 6000 小时以上 组织参加文化志愿服务活动累计 300 次以上	☆☆☆☆

続表

内容与要求	星　级
组织参加文化志愿服务活动累计 2000 人次以上 组织参加文化志愿服务活动累计 8000 小时以上 组织参加文化志愿服务活动累计 400 次以上	☆☆☆☆☆

文化志愿服务活动评价

文化志愿服务组织应对下属文化志愿服务组织、文化志愿服务活动进行评价。

评价以开展文化志愿服务活动次数、时间、参加人数、安防措施、社会效果、满意度调查等内容进行。

应对评价结果进行综合分析，提出整改措施，持续改进文化志愿服务活动管理。

附录 A

（资料性附录）

文化志愿者申请表

表 A.1 文化志愿者申请表

<table>
<tr><td>姓　名</td><td></td><td>性　别</td><td></td><td>年　龄</td><td></td><td rowspan="8">贴照片处</td></tr>
<tr><td>身份证号码</td><td></td><td>文化程度</td><td></td><td>健康状况</td><td></td></tr>
<tr><td rowspan="4">社会状态</td><td>在校学生</td><td colspan="4">就读学校：</td></tr>
<tr><td>在职人员</td><td colspan="4">就职单位：</td></tr>
<tr><td>退休人员</td><td colspan="4"></td></tr>
<tr><td>其他</td><td colspan="4"></td></tr>
<tr><td>家庭住址</td><td colspan="5"></td></tr>
<tr><td>手机号码</td><td colspan="2"></td><td>固定电话</td><td colspan="2"></td></tr>
<tr><td>QQ 号</td><td colspan="2"></td><td>电子邮箱</td><td colspan="2"></td></tr>
</table>

可根据个人特长，选择参加服务组别（可多选）：

场馆队	□公益培训组	□讲解服务组	□主题活动组	□秩序维护组	□网络维护组
活动队	□书画组	□摄影组	□声乐戏曲组	□文学创作组	□健身舞蹈组
宣讲队	□文化研究组	□宣传组	□心理咨询辅导组	□其他	
其他					

服务意向时间（可多选）：

	周一	周二	周三	周四	周五	周六	周日
上午							
中午							
下午							
晚上							
机动时间			是否可接受调剂安排的时间				

加入阵地（可多选）：

图书馆	博物馆	文化馆	其他阵地：

街道社区：

参加文化志愿服务目的（不超过三项）：

□尽公民责任	□帮助他人	□兴趣	□学习新知识	□结交朋友	□自我锻炼	□增加社会经验	□为未来工作做准备
□回报社会	□善用空暇	□一展所长	□其他				

申请人承诺	我志愿成为一名光荣的志愿者，我自觉传播先进文化。我承诺：尽己所能，不计报酬，帮助他人，服务社会，践行志愿精神，传播先进文化，为构建和谐社会奉献力量。 　本人郑重声明：保证所填资料属实，保证具备参加志愿服务相应的基本能力和身体素质，对自己提供的志愿行为以及可能引起的后果承担责任，严格履行承诺！ <div align="right">申请人签字：</div>
	感谢您的热心参与，我们将在 7 个工作日内以邮件或电话的形式，确认您的报名信息，谢谢。

申请日期：　　　　　年　月　日

注：个人资料请如实填写，仅供文化志愿服务组织使用，不会外泄。

附录 B

（资料性附录）
文化团体志愿者登记表

表 B.1 文化团体志愿者登记表

名 称					所属街道			
特 长					地 址			
负责人		联系电话			联系人		联系电话	
志愿服务内容								
服务意向时间								
姓 名	性 别	政治面貌	身体状况	文化程度	专业特长	联系电话	备 注	

注：a)此表由各单位汇总填写。

b)每年 12 月 25 日名单核实一次。

c)团体内成员遵循自愿注册原则。

附录 C

（资料性附录）

文化志愿者注册信息登记表

表 C.1　文化志愿者注册信息登记表

姓　　名		性　　别		出生年月	
注册号		注册时间			
服务内容					
工作单位			联系电话		
通信地址					
培　训　记　录					
时　间	内　　容		时　数	确　认　人	
服　务　记　录					
服务时间	服务内容		时　数	确　认　人	
表　彰　记　录					
获奖时间		获奖内容		颁奖部门	

附录 D

（资料性附录）

文化志愿者 logo、徽章和证书

图 D.1　文化志愿者 logo

图 D.2　文化志愿者徽章

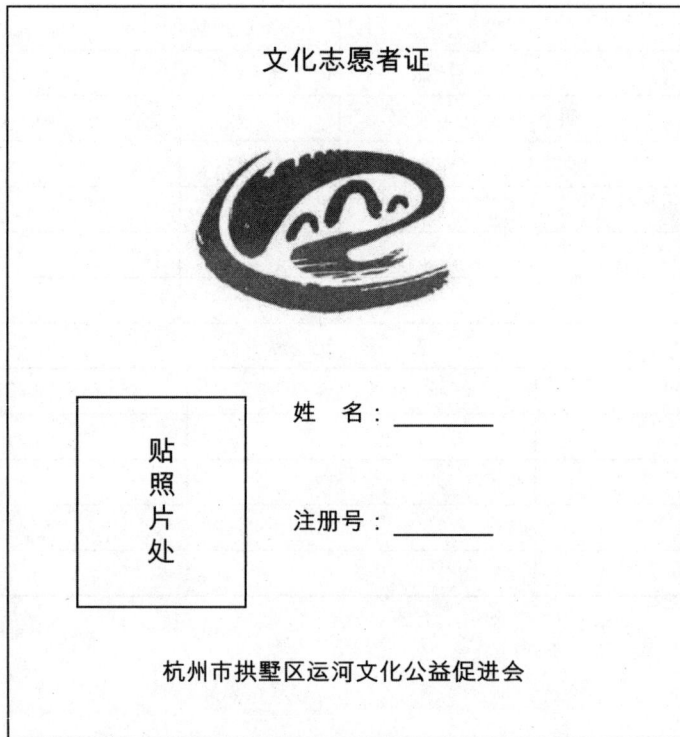

图 D.3　文化志愿者证(样版)

附录 E

（资料性附录）

拱墅区文化志愿服务活动备案登记表

表 E.1　拱墅区文化志愿服务活动备案登记表

活动名称			
活动主题及内容			
活动规模（志愿者参与人数）			
活动时间		活动地点	
负责人		联系方式	
申请备案单位意见： 　　　　　　　　　　　　　　　　　　　　　　　　　　备案申请单位 　　　　　　　　　　　　　　　　　　　　　　　　　　　（公章） 联系人：　　　　　　　联系方式：　　　　　　　　申请备案时间：			
受理备案单位意见： 　　　　　　　　　　　　　　　　　　　　　　　　　　备案申请单位 　　　　　　　　　　　　　　　　　　　　　　　　　　　（公章） 受理人：　　　　　　　　　　　　　　　　　受理备案时间：			

第六章 流动文化服务标准化

【目标和任务】

了解流动文化服务的概念、目标、对象、支撑体系和形态；理解流动文化服务是设施服务的延伸和拓展；了解流动文化服务的功能和发展；掌握流动文化服务标准整体框架和内容；熟悉流动图书馆、流动文化馆、流动大篷车、流动电影院等流动文化服务的标准和要求。

第一节 流动文化服务概述

一、流动文化服务的概念

流动文化服务是指以城乡基层特别是老少边穷地区群众为主要服务对象，以公益为目标，通过配送演出、图书、培训讲座、展览展示、电影等文化活动，健全流动服务网点，推进城乡文化一体化发展的公共文化服务。流动文化服务是现代公共文化服务体系的重要组成部分。

二、流动文化服务的目标

流动文化服务坚持公益性、基本性、均等性、便利性。突出政府责任，加强统筹协调，以健全基层流动文化服务设施网点为基础，以城乡基层特别是老少边穷地区群众为服务对象，通过流动文化服务方式，下沉文化资源，精准配送，实现公共文化服务全覆盖，推进城乡文化一体化发展，保障群众基本文化权益，促进基本公共文化服务均等化。

三、流动文化服务的对象

乡镇(街道)、农村(社区)等城乡居民，重点是偏远山区的农民、外来务工人员、中小学校在校学生、军营、城市低保户、社会福利院、敬（养）老院、残障人士等社会群体。

四、流动文化服务的支撑体系

1. 流动文化服务点

流动文化服务点是指能承接组织开展流动演出、图书阅览、培训讲座、展览展示、电影放映等活动的室内、室外空间，包括乡镇（街道）综合文化站、村（社区）文化活动中心、农村学校、文化礼堂、城乡文化公园及经有关部门认定的场所。

2. 流动文化服务组织

流动文化服务组织是指建立的流动文化服务中心等服务机构，包括开展流动文化服务活动的公共图书馆、文化馆、公共博物馆、青少年宫（活动中心）、工人文化宫、国有剧团等，以及以公益为目标参与公共文化服务的各类社会力量和组织。

3. 流动文化服务车

流动文化服务车包括用于流动文化服务活动的演出车、图书车、展览车及其他辅助用车等。

五、流动文化服务的形态

1. 流动文化大篷车

以大篷车演出团体为依托，通过舞台车的形式为基层群众提供歌曲、舞蹈、小品等形式的巡回文艺演出。

2. 流动电影院

以电影放映车为载体，为基层群众提供免费的送电影巡回放映服务。

3. 流动文化馆

以文化馆为依托，组织专业人员，为农村、社区、校园、军营开展美术、文学、舞蹈、声乐、戏曲等巡回培训辅导。

4. 流动图书馆

以图书馆为依托，以流动图书车为主要形式，开展文献资源借阅、公益性讲座与咨询、展板展览和科技电影播放等巡回服务。

5. 流动博物馆

以市、县博物馆为依托，为基层群众开展展板展示、多媒体互动、文物普及宣讲和咨询等巡回服务。

六、流动文化服务的功能和发展

从功能上来看，文化流动服务实质上是一种"上门服务"，是把公共文化服务送到群众身边、送至群众家门口的服务，能够体现公共文化服务的诚意和主动性。各级图书馆、文化馆、文化站等公共文化服务机构在其固定场所开展的阵地服务，大多数是等待群众前来接受文化服务，服务单位处于被动地位，而流动服务则是一种"主动出击"的服务，更能表达公共文化服务的诚意，体现公共文化服务的主动性和亲和性。

从政策上看，党的十七届六中全会和十八大、十八届三中全会都明确要求开展流动公共文化服务。《文化部"十二五"时期文化改革发展规划》提出：以城乡基层文化设施建设为重点，以流动文化设施和数字文化阵地建设为补充，继续加强公共文化设施建设，努力形成比较完备的国家、省、市、县（区）、乡镇（街道）、村（社区）六级公共文化设施网络，建立灵活机动、方便群众的流动服务网络。《文化部"十二五"时期公共文化服务体系建设实施纲要》把公益性流动文化服务列为"十二五"时期公共文化服务国家基本标准，为城乡居民设定了保障标准，即免费享有文艺演出、图片展览、图书借阅等为一体的流动文化服务；每个乡镇每年送 4 场地方戏曲。对于覆盖水平，要求基本建立灵活机动、方便群众的公益性流动文化服务网络，保障公益性演出场次。为保证流动服务质量，到"十二五"期末，中西部地区争取每县配备 2 台流动文化车。为适应城镇化和社会主义新农村的建设要求，提出了以城乡基层文化设施建设为重点，以流动文化设施和数字文化阵地建设为补充，努力形成比较完善的从国家到村（社区）六级公共文化设施网络。为推动流动文化设施建设，要求提高装备配置水平，因地制宜开展流动服务，提高流动服务设施的利用效率，建立起灵活机动、方便群众的流动文化服务网络。在对特定地域、特定群体，特别是针对农村和农民工要广泛开展流动文化服务和网点服务，以促进公共文化服务均等化。在民族地区，要根据实际情况，推动各级文化馆（站）、公共图书馆、博物馆、美术馆等加强流动文化服务，消除公共文化服务"盲区"。

从实践上看，中央和地方在完善公共文化服务设施网络的同时，在流动公共文化服务方面进行积极探索，形成了"春雨工程"——全国文化志愿者边疆行以及内蒙古乌兰牧骑、衢州"流动文化加油站"等众多流动文化服务品牌，获得群众普遍欢迎。流动文化服务已经成为基层开展公共文化服务的重要方式，成为巩固和扩大基层文化阵地的必要手段。

第二节　流动文化服务标准的制定

一、流动文化服务的管理机构

流动文化服务的管理机构应包括组织机构、协调机构和执行机构。

1. 组织机构

政府部门可建立相应的流动文化服务领导机构，负责本区域内流动文化服务工作的开展。领导机构可以由政府分管领导担任领导小组组长。办公室设在文广新局。可以由体育局、旅游局、团委、工会、妇联等部门担任领导小组成员单位。

2. 协调机构

各地文广新局负责本区域内流动文化服务项目的计划、实施、协调工作，其他部门按照职责做好相应的工作。

3. 执行机构

执行机构可以由文化馆担任，或成立流动文化服务中心。执行机构应履行以下职责：

①制订全市流动文化服务活动规划以及计划；

②开展本级的流动文化服务；

③负责本区域文化走亲，文化联动，规定最低场次；

④协调、引导相关部门、有关单位、社会组织、社会力量开展流动文化服务；

⑤建设流动文化服务网络平台；

⑥建立流动文化服务项目库；

⑦对流动文化服务人员开展培训；

⑧每年度统计本区域内流动文化活动情况，开展绩效评估；

⑨组织优秀流动文化服务团队和个人评定，并开展表彰活动；

⑩对全区域流动文化服务点统一标识；

⑪负责市本级流动文化服务点建设和管理；

⑫负责流动文化服务活动经费的管理。

另外，上一级部门还应指导下一级开展流动文化服务。

二、流动文化服务的管理

1. 组织

流动文化服务机构应做好年度活动计划和方案，方案内容包含活动项目、时间、地点、场地设置、人员要求、安全及应急预案等。

2. 培训

流动文化服务中心应定期开展培训，包括服务基本理念、专业服务知识、相关技能、安全知识等内容培训；县级以上公共文化机构从业人员每年参加脱产培训时间不少于15天；乡镇(街道)、村(社区)基层文化专兼职人员每年参加集中培训时间不少于5天。大型流动文化服务活动开展前，组织者应对相关人员进行相应培训。

3. 实施

流动文化服务活动前相关接洽人员应勘察场地，综合考虑活动聚集承受、设施安全、交通疏散、天气情况等因素。大型流动文化活动方案应按规定报相关部门审批同意；流动文化服务活动应有统一标识，如徽章、服装、旗子、横幅等；活动结束后，应进行总结与评价。

4. 台账

实施单位应及时收集流动文化服务的方案、计划、照片和媒体报道等相关资料。

三、流动文化服务的场所、设施与设备

1. 流动文化服务场所

流动文化服务提供需有固定的场所，流动大篷车服务场所道路能方便车辆进出，有场地可供舞台车展开（面积 90 平方米以上），并可容纳 200 人以上观看演出；流动图书馆服务面积需要 30 平方米以上。开展流动文化服务的各类场所应符合相应的场地面积、安全等要求。

2. 流动文化服务设施与设备

包括基本服务设施和特定服务设施和设备。

（1）基本服务设施。包括：电源、引导标牌、消防安全标识等信息、安全服务设施。

（2）特定服务设施。包括：

①流动大篷车展开后可搭建成 90 平方米以上的舞台，并配有灯光、音响等成套设备，以此为流动舞台开展巡回演出；

②流动图书馆车厢内应配备必要的书柜、柜台，装有照明、通风设备等，配有装有图书馆管理软件的手提电脑，配备图书打包工具；

③流动文化馆车应配备音响等相关设备，用于开展现场培训辅导；

④流动电影院应购置现代化流动电影放映车，随车配备数字电影流动放映系统（dMs）、服务器存储、播放、投影仪以及音箱等设备。

（3）相关设施设备的采购应符合相关国家、行业强制性标准的要求。

四、流动文化服务的人员配备

1. 人员配置。流动文化服务机构应明确一名负责人，并配备数量适宜的服务人员；流动文化服务点应明确一名联络人员。

2. 岗位要求

（1）服务负责人。负责制订流动文化服务的年度计划，根据收集的群众需求，统筹安排服务的项目、时间和地点；负责对工作人员和文化联络员的管理；负责处理群众

的投诉和意见建议等；负责服务质量的监督和整改工作。

（2）工作人员。应爱岗敬业，具有良好的服务意识，具备良好的职业道德，具有相应的专业素养和专业技能。

（3）文化联络员。应具有良好的组织能力和沟通能力，主动与流动文化服务管理人员开展协调、沟通工作。

3. 服务人员素质要求。

①具备良好的职业道德，遵守岗位规范；

②具备相应的专业知识；

③掌握本岗位所需的应急事件处理方法；

④会讲普通话；

⑤态度热情，耐心，礼貌待人；

⑥着装整洁，佩戴统一的徽章或服务证；

⑦不得索要或接收礼品和有价礼卡、礼券，不接受高消费娱乐活动。

五、流动文化服务的形式与内容

1. 流动大篷车

以流动舞台车为载体，以文艺小分队的形式开展巡回演出，免费为农民群众提供送戏下乡服务。建立"流动剧院"数字网络服务平台，供农民群众挑选自己喜爱的表演节目。

2. 流动电影院

以流动电影放映车为载体，组建电影服务小分队，定制"电影大棚"，利用固定设施和室内场所，配合开展政策法规、精神文明建设等主题教育公益宣传活动，深入基层巡回放映影片，丰富基层人民群众的精神文化生活。为农村群众提供数字电影放映服务，合理调整放映结构，其中每年国产新片（院线上映不超过两年）比例不少于1/3。为中小学生每学期提供2部爱国主义教育影片。

3. 流动文化馆

组织、策划群众文化活动，开展文化艺术辅导和培训，开展数字文化服务和农民工文化服务，建立"数字文化馆"网站，发展文化俱乐部。根据群众需要，通过政府采购等方式，平均每年为每个乡镇（街道）送地方戏曲等文艺演出5场以上。

4. 流动图书馆

设立流动点、现场临时借阅点以及送书上门等服务并开展公益性讲座与咨询活动。市、县（市、区）公共图书馆每年组织送书下乡不少于1万册次；县级公共图书馆对乡镇图书分馆每年流通不少于4次。

5. 流动博物馆

以"图文展示＋媒体播放＋讲解员同步讲解"为形式展示馆藏珍贵文化艺术作品藏品，开展博物馆网络信息化服务和历史文化知识的传播和交流。每年举办公益培训或讲座不少于 6 次。

六、流动文化服务的流程

流动文化服务应符合以下基本流程：

①文化联络员根据网上的活动安排每月调查和收集群众需求两次并上报负责人；

②文化站主要负责人根据联络员收集到的信息统筹制订和实施年度计划，并提前发布信息；

③文化联络员根据群众需求预约相关文化活动，管理人员对接服务需求，研究制订服务方案，将活动的时间、地点以及内容及时反馈给文化联络员；

④活动安排落实到各个岗位，工作人员协助活动开展；

⑤联络员做好活动记录登记；

⑥总结归档。

七、流动文化服务的管理要求

1. 制度要求

(1)人员绩效考评。应建立完善的岗位制度，对服务人员的出勤、工作态度进行全面考核，对表现优秀者实行奖励，对违反有关纪律者按规定给予处理。

(2)服务资源收集、采购和保管。流动文化服务所需资源的收集、采购和保管应建立相应制度，保证流动文化的顺利开展和实施。

(3)设施、设备管理。流动文化服务的相关设备设施应登记造册，由专人负责管理和日常维护。

(4)消防安全管理。确保消防安全设施完好有效，疏散指示标志应醒目、无遮拦，疏散通道、疏散楼梯、安全出口应保持通畅；公共区域的外窗不应设置障碍物；常闭式防火门保持常闭状态。

(5)监督检查。流动文化服务中心设置人员负责受理意见或建议，对服务质量进行监督检查，及时反馈相关意见和建议，要求服务单位在规定时间内整改，服务单位应于接收意见或建议后 5 个工作日内予以整改并回复。流动文化服务中心还应做好检查台账工作。

(6)责任追究。对各岗位人员由于故意或过失，不履行或不真实履行职责，不执行或拖延办理决议事项，不办理或拖延交办工作，以致影响到工作和服务进程甚至造成人身财产安全损害情况，设置责任追究制度。

(7)其他要求。各市县文化责任单位应根据相关要求和单位实际,制定其他必要的规章制度。

2. 安全与应急

(1)应符合 GA 654—2006《人员密集场所消防安全管理》、GA 27—2002《文物系统博物馆风险等级和安全防护级别的规定》等要求。

(2)固定场所应设置疏散通道、安全出口、消防车通道、救护车通道、应急广播、应急照明等应急设施;流动文化服务点应有应急措施,配有显著、醒目的疏散指示标志,标志应符合 GB 2894—2008《安全标志及其使用导则》和 GB 13495.1—2015《消防安全标志第 1 部分 标志》的规定。

(3)按规定配置消防设施和器材,设置消防安全标志,并配备消防安全管理员,定期对消防设施和器材进行检查和维护保养,加强对易燃易爆物品、灯光、电线等物品的安全管理,确保消防安全。

(4)针对活动制定公共卫生、治安事件、设施设备突发故障等各项突发事件应急预案,建立执行和监督机制。

3. 卫生要求

服务场所的空气质量、噪声、通风等卫生要求应符合 GB 9664—1996《文化娱乐场所卫生标准》、GB 9669—1996《图书馆、博物馆、美术馆、展览馆卫生标准》的相关要求。设施、设备的运营应保障不污染周边的环境和卫生。设施、设备的操作、管理和维修人员应持证上岗。

4. 档案管理

建立流动文化服务档案,每次服务都要有完整的活动记录和台账资料,包括文字、图片、影音文件等,除做好实物保存资料外,相关资料上传网络服务平台。

八、流动文化服务的监督与考核

1. 机构及其职责。各流动文化服务管理机构应明确以下职责

①负责流动文化服务质量的监管;

②负责处理各类意见、建议、投诉;

③负责督查、考核等工作。

2. 考核

(1)考核时间。每年 1 月底前对上一年度的流动文化服务工作进行考核。

(2)考核内容。包括:

①群众满意度;

②开展服务频率及覆盖率。

(3)考核方式。通过走访座谈、实地查看以及查阅会议纪要及有关资料等方式对各服务单位进行考核。

（4）考核结果。将考核结果作为评优评先的依据。

九、流动文化服务标准体系的构建

1. 流动文化服务流程职责标准化建设

（1）流动文化服务流程建设：

①流动服务职能的分类建设包括各类流动文化服务的主要形式，如流动大篷车、流动图书馆、流动文化馆、流动博物馆和流动电影院等服务内容标准建设；

②流动服务运行的过程建设包括各类服务形式运行过程管理，如，流动图书馆的图书采编、分类、打包、装卸、运输、推介、借阅、返回、入库等过程环节管理的标准建设；

③流动服务方式的信息建设包括各类流动服务方式、程序等信息的公示、公开、及时、准确、明了等标准建设。

（2）流动文化服务岗位建设：

①流动服务岗位的配置建设；

②流动服务岗位的职责建设；

③流动服务岗位的规范建设，包括服务岗位的举止行为、文明用语、仪表着装等标准建设。

（3）流动文化服务资源建设：

①流动服务资源的采集采购建设包括流动舞台车、流动图书等采集采购管理的标准建设；

②流动服务资源的创作整理建设包括文献资料、课题等整理管理的标准建设；

③流动服务资源的整合协调建设包括服务资源的整合、协调、借调、管理等标准建设。

2. 流动文化服务内容标准化建设

（1）流动文艺演出建设：

①服务对象建设包括服务人群、单位的选择与确定等标准建设；

②节目编排建设包括节目的针对性、专题性选择与确定等标准建设；

③现场管理建设包括场所选择、设施配置、现场协调等标准建设。

（2）流动电影放映建设。

①服务对象建设包括服务人群、单位的选择与确定等标准建设；

②影片选择建设包括内容的针对性、专题性选择与确定等标准建设；

③现场管理建设包括场所选择、设施配置、现场协调等标准建设。

（3）流动展览展示建设：

①服务对象建设包括服务人群、单位的选择与确定等标准建设；

②展览展示等内容建设包括展览展示等专题文化服务内容的选择与确定等标准建设；

③现场管理建设包括场所选择、设施配置、现场协调等标准建设。

3. 流动文化服务环境设施标准化建设

（1）流动文化服务点建设：

①确定流动服务点的标准包括服务人口数、流动服务半径和服务点的安全及正常运行的位置标准；

②流动服务点的日常维护管理标准包括服务点的检查、水电维修、人员管理等标准建设。

（2）流动文化服务设施设备建设：

①流动服务基本设施设备配置和管理的标准建设包括直接用于流动服务工作的各类工具、器材、设备等配置与管理的标准建设；

②流动服务设施设备配置和管理的标准建设包括水电系统、空调系统、座椅、应急用品、残障人士服务设施设备等配置与管理的标准建设；

③安全消防设施设备配置和管理的标准建设。

（3）流动文化服务标识系统建设：

①流动服务载体基本标识系统建设包括单位品牌标志、指示标识系统等标准建设；

②流动服务信息宣传系统建设包括宣传专栏、流动服务网站管理等标准建设；

③流动服务安全警示系统建设包括各类安全提示、应急疏散引导等标准建设。

4. 流动文化服务质量监管标准化建设

（1）监管组织建设：

①单位领导职责建设包括流动服务单位领导参与组织、协调服务质量监管的职责标准建设；

②单位职能机构建设包括流动服务单位质量监管职能机构、岗位的配置标准建设；

③职能机构职责建设包括流动服务单位质量监管职能机构、岗位的职责标准建设。

（2）监管机制建设：

①督察检查制度建设包括单位质量监管职能机构、岗位履行日常督察检查和各级各类服务岗位互相监督制约的标准建设；

②投诉接访制度建设包括网络、信件、电话、现场等接访机制的标准建设；

③责任追究制度建设包括对日常检查、投诉中发现问题的查证落实机制与岗位管理考核责任追究机制的标准建设。

（3）流动服务效能建设：

①意见与建议采集机制建设包括通过网络、信件、问卷等意见建议采集机制的标

准建设；

②调研与反馈管理机制建设包括对意见建议的研判分析机制和反馈机制的标准建设；

③考核与完善整改机制建设包括对岗位履职的考核机制和对问题调研分析的整改机制等标准建设。

十、流动文化服务标准化的作用

(1)对影响流动文化服务的相关因素制定相应的标准加以控制，优化流程，实现公共文化服务的规范化管理。

(2)使政府和部门能够按标准提供服务和进行管理，提高服务效能，并使服务获得最佳效益。

(3)推动政府部门之间的无缝衔接，有利于政府合理配置公共服务资源，提高基本公共文化服务均等化的水平。

第三节　流动文化服务的地方实践：
浙江省衢州市"文化加油站"

作为全国基层公共文化服务工作的生动样本，地处浙江省西部的衢州市通过"流动大篷车""流动文化馆""流动图书馆""流动博物馆""流动电影院"等多形态的流动服务平台，着力延伸城区固定文化设施服务终端，打通公共文化服务"最后一公里"，取得了明显实效。衢州市通过流动文化服务方式创新倒逼公共文化服务提质升级，形成了政府主导、供需对接、资源优化、管理规范的一整套制度设计，为切实改变公共文化服务供给能力较弱的边远地区、贫困地区、民族地区提供了示范样本，形成了具有鲜明特点的公共文化服务"衢州模式"。2014年5月，在全国基层公共文化服务工作现场经验交流会上，流动文化服务的衢州样本被文化部予以总结推广，为各地推进流动文化服务工作提供了思路和实践模式。

"文化加油站"是衢州市打造的流动文化服务创新品牌，是流动文化服务工作机制的一种具象表述。其内涵可概括为：以创新服务方式推动公共文化服务均等化为着力点，通过"流动大篷车""流动图书馆""流动文化馆""流动博物馆""流动电影院"等"5+X"载体为终端，形成"四式"文化加油模式，持续、定期、源源不断地向基层和农村输送优质文化资源，切实有效地提升欠发达地区的公共文化服务水平，同时构建起全方位、广覆盖、高效能、标准化的流动文化服务体系，形成一整套供需对接、资源优化、机制灵活、管理规范的公共文化服务新模式。其中，"流动"指服务的形式，"文化"指服务的内容，"加油"则体现出了衢州市开展的流动文化服务在致力于保障基层群众基本文化权益、繁荣群众文化、实现"精神富有"和传播"正能量"方面发挥的重要作用。

一、"四有"标准和"四式"加油方式保障实施

衢州市流动"文化加油站"的建设形成了"四有"基本标准和"四式"加油方式。"四有"即有场所、有活动、有队伍、有保障；"四式"即公益式、直通式、多元式、播种式。

1."四有"基本标准

(1)有场所：统筹基础设施建设。通过流动大篷车、流动图书车、流动电影放映车、流动博物馆展览放映设备，把城区公共文化馆、图书馆、博物馆、影剧院等基础设施和农村文化礼堂有机链接，为群众提供便于聚集、乐于参与、环境相对优越的文化服务环境。文化礼堂是一个集礼堂、讲堂、文化活动场所于一体的农村综合性文化场所，可以开展节庆礼仪、乡风文明、教育培训、文体娱乐等各项活动。通过文化礼堂建设，积极整合农村演出舞台、音像放映、文体活动室、农家书屋、讲堂等各类设施，建立起较为完善的农村加油站终端服务平台体系。

(2)有活动：合理设置服务内容。围绕"文化彩虹，精神家园"主题，将城区图书馆、文化馆、博物馆、影剧院的各类公共文化服务内容和资源，有计划地输送流动到农村文化礼堂里给农民进行"文化加油"，进而传播现代文明，营造人人崇善、人人向善、人人行善的良好道德风尚，不断提高农村文明程度。一是送精品。各类流动文化服务平台依托各线工作资源，积极交流、引进各地各类精品，使群众在家门口就能感受上档次的文化服务。二是送新品。如移动电影院及时采购城市影院尚未下线的商业电影送到农村基层，让老百姓能在家门口欣赏到城市影院播放的电影。三是送服务。根据各地农村对公共文化服务的不同需求，开展分类服务。如偏远山区留守儿童较多，流动文化服务工作者就精心挑选了一批少儿读物、卡通漫画电影和科普展览送到各地进行巡展。

(3)有队伍：整合各项人力资源。一是专业队伍整体转为流动服务队伍。各级各类文化专业队伍就是流动服务队伍，全部有计划、有组织地参加流动服务。如为做好流动大篷车工作，市西安高腔传习所成立了农家乐文化大篷车艺术团，安排了一批固定的核心演员，所里其他演员按需参演。二是建立市县乡村四级流动"文化加油站"工作联络员队伍，具体联络和服务流动"文化加油站"建设，既是联络员，又是组织员，还是讲解员。三是建立农村文化礼堂管理员队伍，各村配备一名以上的专兼职管理员，负责农村文化礼堂的日常管理。四是打造一支管理有序、服务专业、覆盖全市的流动"文化加油站"志愿者队伍。目前全市登记在册的流动文化加油站志愿者有2万余人。

(4)有保障：建立健全各项机制。2006年以来，衢州市委、市政府每年都将送戏、

送书、送电影等文化惠民工程写入政府工作报告,列入为民办实事项目,列入市委、市政府对各县(市、区)的年度综合考核,这有力推动了流动"文化加油站"工作扎实、持久开展。每年年初将流动文化服务考核目标任务细化分解到各流动文化服务平台,再由相关责任单位制订年度工作计划,通过"一月一汇总,一季一通报,一年一考核",保障流动文化服务有序开展,落实到位。稳步推进各流动文化服务平台标准化建设,以"流动图书馆"为例,研究制定了《图书流通操作办法》《图书流通车工作管理办法》《流通点管理员培训手册》《图书流通点准入制度》等系列规章制度,规范了"流动图书馆"的服务和运行。

2."四式"加油方式

(1)公益式加油:实现城乡公共文化服务均等化。流动文化加油站以"政府主导、社会参与、市场化运作"为方向,对农民提供纯公益性服务,运作上不给农民增加任何负担,而且演职人员的吃住行等开支也全部自筹解决,即使在偏远乡村只能在农家吃饭,也严格按照每人每餐15元的标准支付,不花农民一分钱。

(2)直通式加油:实现文化资源效用最大化。流动文化加油站最大限度地发挥了文化资源的绩效,部分弥补了农村、山区政府投入不足、文化资源贫乏等问题。由于各级财政投入公共文化资金远远不能满足实际需求,因此县、乡、村普遍缺文化人才、文化器材、文化设施及文化场所,部分地区虽然有器材及设施,但不能得到有效利用。为此,流动文化加油站直接开到农民家门口,减免中间环节,充分发挥城市文化资源效用,使政府投入绩效最优化,服务供给最大化。

(3)多元式加油:实现公共文化服务全社会共建共享。内容上,把时事宣传和地方文化普及有效融合。近年来,流动文化平台编送的"最美"系列文艺节目,科技知识普及书籍、展览和影片,深受群众欢迎,起到了寓教于乐的独特作用。另外,地方特色文化是群众最亲切、最喜闻乐见的文化,是群众最欢迎的。衢州市开展流动"文化加油站"活动正是传承和弘扬中华民族优秀文化的有效方式。活动主体上,为社会各界开辟了支持参与文化的渠道,搭建了宣传自身、服务群众的理想载体。如团市委几年来与文化部门互动,开展"流动青少年宫"活动,市妇联与文化部门一起在全市开展留守儿童"文化微心愿"活动。江山廿八都民俗艺术团主动申报参与流动"文化加油站"活动,免费到学校、单位演出。司法、计生、国土、药监、610办、民航机场等许多部门单位都先后与"流动大篷车""流动电影院"这些平台合作,宣传自身工作,进一步丰富了流动"文化加油站"的内容。

(4)播种式加油:实现乡风文明。"最美"系列节目在衢州发展的实践证明,再发达的媒体传播也不能取代面对面的信息交流和思想教育。社会主义核心价值体系必须融于群众路线中,立足大众,贴近群众,关注民生,通过身边人讲身边事,身边事感动身边人,才能让更多的群众自我教育、自我管理、自我服务,做到内化于心、外化于行。流动文化加油站以流动、灵活、见缝插针的宣传服务形式，将社会主义核心价值观以群众喜闻乐见的文化形式传达给基层群众，用社会主义的先进文化有效占领农村的思想文化阵地，是建设最美衢州、仁爱之城的有效抓手。

二、"5＋X"模式的流动文化服务实践

流动"文化加油站"具体表现为"5＋X"流动模式，该模式延伸了公共文化服务终端。"5＋X"流动载体的"5"为"流动文化大篷车""流动图书馆""流动文化馆""流动博物馆""流动电影院"；"X"为"流动青少年宫""流动科技大篷车""流动俱乐部""96811流动图书馆"等流动服务方式。前5种服务，是地县市级文广新局系统内的服务职能延伸，后面的"X"体现了大文化的思路，努力突破体制障碍，建立公共文化服务体系建设协调机制，统筹服务设施网络建设，实现跨部门、跨领域、跨系统文化项目的合作，有效实现资源的整合利用，从而整体提升区域公共文化服务水平。

1. 流动大篷车：田野上的舞台

流动大篷车以衢州市农家乐大篷车艺术团为依托，该艺术团源于对本土剧团——衢州市西安高腔传习所的改制而成，自2005年在全国率先启动活动以来，已巡回演出1600余场，受益观众120余万人，得到了中宣部、文化部领导批示肯定。流动大篷车的服务对象为全市范围的乡镇、农村等基层人民群众，以学校、军营、监狱、敬老院等人群为重点。

(1)流动大篷车服务内容：

①配合宣传党委和政府的方针政策。

②宣传普及与农民群众生产生活密切相关的信息。

③免费为农民群众提供送戏下乡服务。

④为基层农村培育和扶持文艺骨干。

(2)流动大篷车的服务形式为：

①以流动舞台车为载体开展巡回演出。

②以文艺小分队的形式开展文艺辅导培训。

③建立"流动剧院"数字网络服务平台。

④建立流动大篷车服务联络点。

(3)流动大篷车的服务流程(如图6-1所示)：

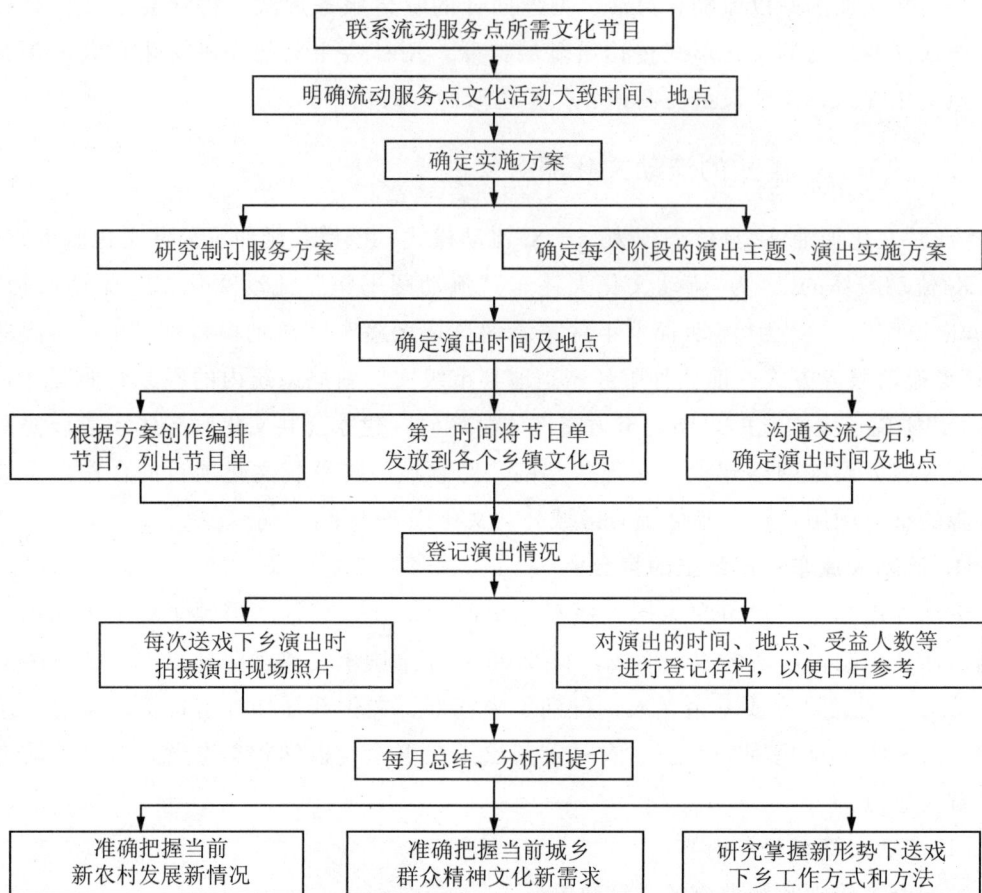

图 6-1 流动大篷车服务流程图

（4）流动大篷车的服务要求：

①流动大篷车的演职人员要尽量年轻化，多才多艺，一专多能，力争吹拉弹唱样样都会，台前幕后样样能干，从而确保有较好的演出质量。

②流动大篷车上的灯光、音响等硬件设备要定期维护、经常更新，大篷车也要求定期维护及年检，确保到基层演出的安全、顺利。

③流动大篷车要始终坚持"不花农民一分钱"的纯公益原则，演职人员要做到全心全意为农民提供优质文化服务，严禁出现演出期间赌博、吃拿卡要等违规行为。

④流动大篷车的演出要围绕中心、服务大局，大力弘扬社会主义先进文化，努力践行社会主义核心价值观。节目内容要求积极健康、紧贴三农实际、反映农民生产生活、为农民喜闻乐见；节目形式力求生动活泼、丰富多彩。

⑤流动大篷车在丰富农民文化生活的同时，要加强对基层农民文艺骨干的艺术培训和辅导，中级职称以上的演职人员每年辅导农民文艺骨干5次以上。

⑥流动大篷车要增强公共文化服务意识，以农民需不需要、欢不欢迎、满不满意

作为衡量服务质量的标准，要随车设置意见箱，收集群众的意见，同时要开展流动服务满意度调查，接受群众的评价。

(5)流动大篷车的考核指标包括：

①观众对演出的满意度。

②演出频率及覆盖率。

2. 流动图书馆：够得着的书房

衢州市流动图书馆的服务对象包括辖区内偏远地区或不便于使用图书馆的人群，重点是偏远农村农民、留守儿童、城市外来务工人员、残疾人、孤寡老人等弱势群体。

(1)流动图书馆的服务内容包括：

①提供文献资源借阅服务。

②开展公益性讲座与咨询。

③举办展览。

④科技电影播放。

(2)流动图书馆的服务流程(如图 6-2、图 6-3 所示)：

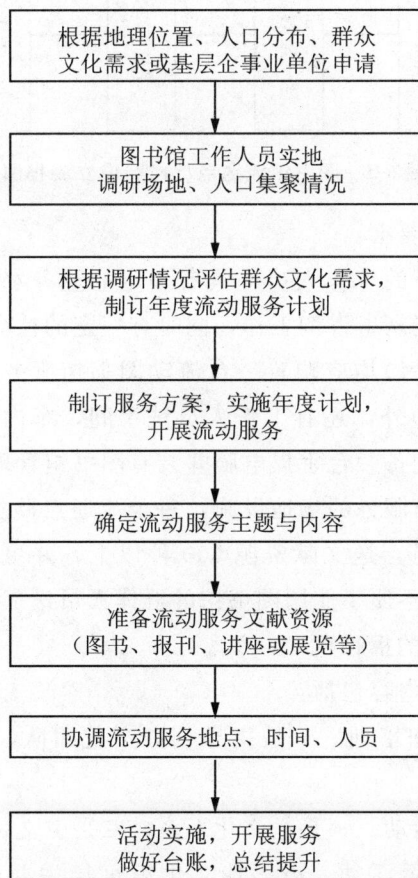

根据地理位置、人口分布、群众文化需求或基层企事业单位申请

↓

图书馆工作人员实地调研场地、人口集聚情况

↓

根据调研情况评估群众文化需求，制订年度流动服务计划

↓

制订服务方案，实施年度计划，开展流动服务

↓

确定流动服务主题与内容

↓

准备流动服务文献资源（图书、报刊、讲座或展览等）

↓

协调流动服务地点、时间、人员

↓

活动实施，开展服务做好台账，总结提升

图 6-2　流动图书馆服务流程图

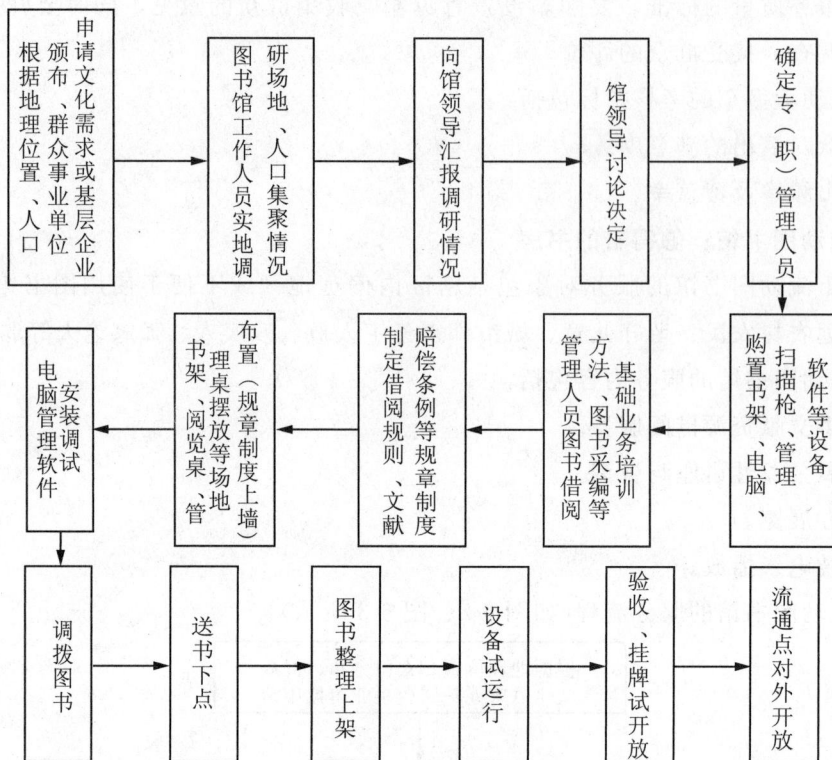

图 6-3　图书馆流通点(分馆)设立流程图

（3）流动图书馆的服务要求：

①开展流动图书馆服务的工作人员应具有一定的业务水平和文化水平，经图书馆有关专业知识的培训后方能从事咨询工作，同时有一定的社会活动能力和组织能力。

②市本级及各县(市、区)均应购置一台流动图书馆服务专用车，要求车厢内除服务空间(包括书柜、柜台等)外，还有工作人员洗手间，车内装有荧光灯、通风设备和电扇等，并可自行充电。配备一台手提电脑并装有图书馆管理软件，能实时上网。

③具备开展流动图书馆服务的场地设施，每个流通点要求有 30 平方米以上的独立图书室和 1 名专门管理人员，送文献资源 500 种以上，并更新补充。现场借阅点陈列文献资源 1000 种以上。为不便于使用图书馆的群体人员送书上门年不少于 12 次。

3. 流动文化馆：欢乐的播种机

（1）流动文化馆的服务内容包括：

①开展文化艺术辅导和培训。一是指导创办文艺团队，二是建立辅导基地(示范点)，三是举办培训班。

②开展城乡群众文化活动。一是送文化下乡，二是引文化进城。

③举办公益性展览展示活动。市、县文化馆每年举办展览次数分别不低于 15、10 次。

④指导群众文艺作品创作。以名师带徒、名家传艺和专业帮业余等形式，开展流动文化走亲、结亲活动，实现每位专家和业务干部"带出一个骨干、抓出一件作品、赛出一件奖品"的目标。

⑤开展数字文化馆服务。推进"数字展厅""数字培训""数字报刊"等流动文化服务项目。

⑥开展农民工文化服务。一是编发《民工文化报》；二是发展"民工文化俱乐部"。

(2)流动文化馆的服务流程(如图 6-4 所示)：

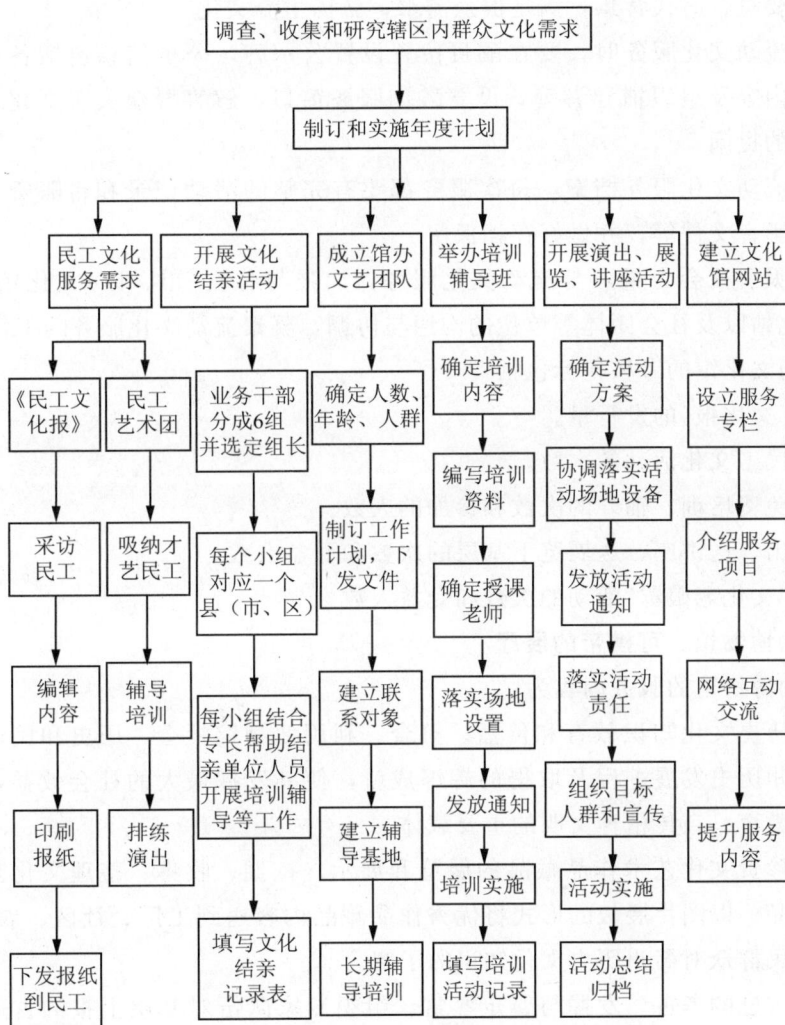

图 6-4　流动文化馆服务流程图

(3)流动文化馆的服务要求为：

①市、县文化馆要配备各门类专职专业技术人员开展流动文化服务，专业技术人员职称级别不限，每年接受专业知识和业务培训不少于 12 学时。

②坚持下基层制度，市、县文化馆业务人员每年下农村和基层培训、辅导、调研的人均时间均不少于80天。

③落实流动文化服务设施，市本级及每个县（市、区）均要统筹配置流动文化馆服务专用车一辆，并配备灯光、音响等相关设备，确保设施设备完好，正常使用。

④建立流动文化馆工作领导小组，每年年初制订流动文化服务工作计划，年终做好年度服务工作总结评价。

⑤流动文化服务要立足基层，突出送、种、秀相结合，内容要积极健康，形式要丰富多样，要符合时代背景，满足群众需求，弘扬主流文化。

⑥开展流动文化服务时，要在醒目位置设置公示牌，公示信息包括各项活动的时间、地点、内容及组织辅导者等，设立咨询服务窗口，解答群众关于文化政策、文化活动等问题的提问。

⑦建立流动文化服务档案，每次服务都要有完整的活动记录和台账资料，包括文字、图片、影音文件等，并做好存档保留。

⑧积极吸引社会力量参与流动文化服务，加强与各县（市、区）文化馆、乡镇（街道）综合文化站以及社会团体等单位的沟通与协调，凝聚流动文化服务的工作合力。

（4）流动文化馆的考核指标包括：

①《民工文化报》的发行量。

②举办民工文化活动的次数。

③开展免费培训、辅导的次数和参加的人数。

④送演出、送讲座、送展览下基层的次数和受益人数。

⑤开展"文化老娘舅"活动的次数和受益人数。

4. 流动博物馆：可携带的展厅

（1）流动博物馆的服务内容为：

①地方历史文化知识教育和传播。整合、利用博物馆社会、历史和民俗等人文资源，介绍衢州历史发展进程及取得的辉煌成就，使其发挥最大的社会效益，成为传播知识、普及教育、宣传精神文明的重要载体。

②馆藏珍贵文化艺术作品藏品的展览和展示。挖掘、收集、整理文化艺术作品和历史文化藏品，以图片展板的形式将优秀作品藏品内容送到工厂、社区、农村和学校，增强广大人民群众对衢州历史文化知识的了解。

③文物古迹的考古、发掘与鉴定鉴赏。组织专家队伍对基层上报的古迹遗存地址及有关物品信息进行考察和论证，为文物爱好者、民间收藏者以及普通老百姓普及文物知识，定期定点举办文物鉴赏、文物艺术品交流等活动。

④基层文物知识讲座和有价值文物的征集。组织博物馆专家到学校、社科机构开展讲座和信息交流，赠送博物馆出版的藏品图录、专著和其他研究成果，实现合作双赢。

⑤开展博物馆网络信息化服务，设置服务专栏，开展服务活动，征求群众意见和建议，让群众通过网络平台获取博物馆动态信息和文博知识。

(2)流动博物馆的服务形式为：

①搭建载体。创建爱国主义教育基地，申报文物保护单位(点)，保护历史文化村落，并以这些基地、文物保护单位(点)和历史文化村落为支点，逐步形成服务网络，有针对性地开展衢州历史文化知识的教育、交流和传播。市、县博物馆每年要到本区域的爱国主义教育基地、文保单位(点)、历史文化村落开展宣传活动不少于10次。

②展板展示。提炼历史文化内涵，按要求定制宣传展板，以专题为内容、以"图文展示＋媒体播放＋讲解员同步讲解"的形式，开展实物展览展示。市、县博物馆每年引进或制作专题展览3~5个，在20家(含20家)以上单位进行巡回展示。

③配置流动博物馆车。市本级及有博物馆的县(市)均要配备一辆流动博物馆车辆，并完善相应的人员和设备，重点向基层地区开展流动文化服务。市本级博物馆每年前往全市偏远农村和基层学校，开展巡展和咨询活动48次(按4个县市，每年每个县市12次计算)。

④建立数字博物馆。建立衢州市数字博物馆网站，服务内容信息准确齐全，结构科学美观，采用图文并茂的方式展示博物馆服务内容。

(3)流动博物馆的服务流程(如图6-5所示)：

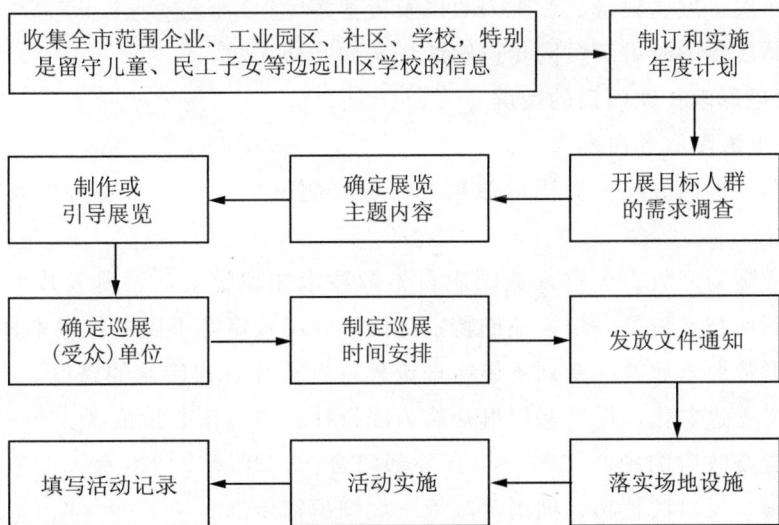

图6-5　流动博物馆服务流程图

(4)流动博物馆服务要求为：

①建立流动博物馆领导小组和工作小组，配备安全保卫组、讲解组、公共服务组(设备组、宣传组、协调组)，最少有6名专(兼)职人员开展流动博物馆服务活动。

②市本级及各县(市、区)购置一定标准的流动博物馆服务专用车，并配备相应的

人员、设备等。

③制订"流动博物馆"活动年度工作计划，保证其可操作性和可实施性，年底进行全面总结。

④流动博物馆活动的内容要通俗易懂，具有知识性、科学性、时效性。

⑤有完整的流动博物馆服务活动记录和资料，包括文字、图片、影音文件等，并建档保存。

⑥设立意见箱、电话热线，及时收集反馈信息，并以月为阶段进行总结、研究和提升。

⑦加强与全市范围企业、工业园区、社区、学校，特别是留守儿童、民工子女等边远山区学校的沟通和协调，将博物馆的宣传教育功能与为民服务结合起来，共同做好流动博物馆活动。

⑧每年展板展示不少于20场，参观人数5万；多媒体展示不少于10场，受众人数不少于2000人次；流动专用车巡展48次（4个县市每年每个县市12次）。

⑨通过网络、网站等信息平台做好活动前的服务宣传工作。同时也做好活动现场资料的发放和收集，新闻素材的撰写以及媒体报道的跟踪工作。

（5）流动博物馆的考核指标包括：

①观众满意度。

②巡展场次、展览数量、参观人数以及覆盖率。

③多媒体展示同时讲解员同步讲解的场次和受众人数。

5. 流动电影院：家门口的荧屏

（1）流动电影院服务内容为：

①深入基层巡回放映优秀国产故事片、农村题材生活片，丰富基层人民群众的精神文化生活。

②贴近实际为广大农民群众放映农科专题技术知识纪录片、科教片，帮助解决农业生产中遇到的技术瓶颈，增强他们特别是山区农民致富奔小康的技术本领。

③根据形势要求放映一系列主旋律理论教育宣传片，宣传党的路线、方针和政策，弘扬社会主义先进文化，促进基层群众努力践行社会主义核心价值观。

④围绕党委政府的中心工作，与有关部门合作，开展计划生育、土地法、社会主义新农村建设、反对法轮功、拥军等政策法规知识宣传。

（2）流动电影院服务形式包括：

①以流动电影放映车为载体开展送电影下乡活动。购置现代化流动电影放映车，随车配备数字电影流动放映系统、服务器存储、播放、投影仪以及立体声音箱等设备，高效、快捷地为农民群众提供送电影上门服务。

②利用固定设施和室内场所为当地群众放映数字电影。整合利用农村文化礼堂或者村内最能聚集人气的广场等文化场地设施，为群众放映他们喜爱的影片。

③组建电影服务小分队。开展送电影到乡镇、到村组、到田间地头，为广大农民送去精神食粮，让农民通过看科教影片，学到技术、增长见识、增加收入。

④定制"电影大棚"推动优秀影片进校园、进企业。购置"电影大棚"，在雨雪天气开展送电影进校园、进工厂活动，让学生和务工人员在校园内和厂门口看到喜爱的电影。

⑤配合开展主题教育公益宣传。通过村广播、车载小喇叭、现场广播、映前公益广告等形式开展政策法规、精神文明建设等主题教育宣传活动，充分发挥农村数字电影的宣传教育作用。

（3）流动电影院的服务流程（如图 6-6 所示）：

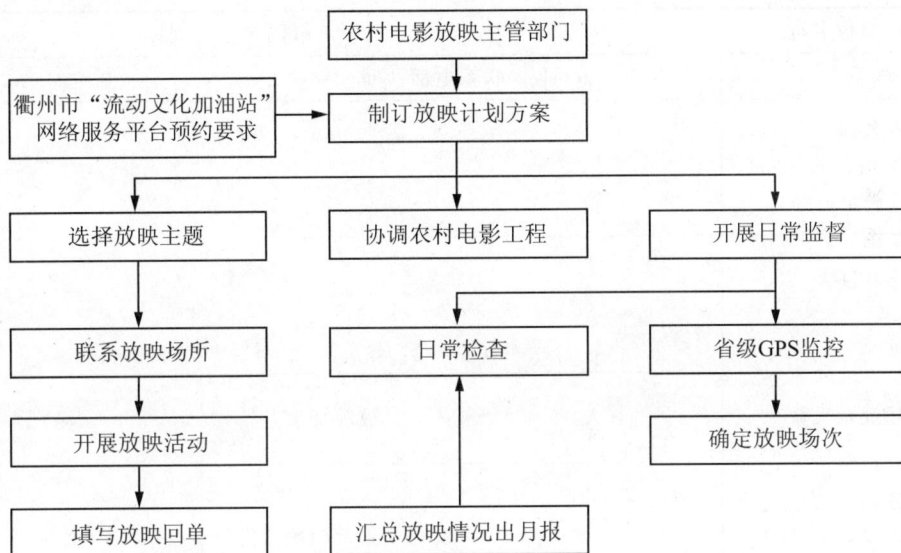

图 6-6 流动电影院服务流程图

（4）流动电影院服务要求为：

①流动电影院坚持放映公益化原则，不得向乡镇（街道）、村（社区）等接受放映服务的集体经济单位收取任何名目费用。

②流动电影院坚持放映节目丰富化，各放映主体放映电影节目必须达到一定比例商业节目，以满足群众日益增长的文化需要。

③流动电影院在场地选择、电源使用、场地安全、设备摆放、设备开启、声道选择、设备测试、影片播放、断电操作、放映过程与放映结束等方面坚持放映操作规范化。

（5）流动电影院考核指标包括：

①年度放映任务完成率＝（实际放映场次÷年度放映任务）×100％，该指标应大于等于100％。

②商业节目放映完成率＝（实际商业节目放映场次÷年度放映实际场次）×100％，

该指标应大于30%。

③节目订购完成率＝（年度实际节目订购场次÷年度放映任务场次）×100%，该指标应大于等于100%。

④网络预约完成率＝（实际放映场次÷网络预约场次）×100%，该指标应大于80%。

⑤流动放映农村覆盖率＝（放映村数÷区域村总数）×100%。对于中心村，该指标大于100%，行政村等于100%，自然村大于60%。

⑥群众满意度＝（满意群众÷接受调查总群众）×100%，该指标应大于60%。

表6-1　流动电影院放映活动联系单

放映单位名称		解码卡号	
联系人	联系电话		
放映场所名称 （包括乡镇、行政村、学校、厂矿企业等）			
放映影片节目	1.	2.	
放映时间	年　　月　　日　　时		
实际观众人数	（人）	放映场次	（场）
放映场所 （包括乡镇、行政村、学校、厂矿企业等） 确认意见（盖章） 年　　月		文化主管部门确认意见 （盖章） 年　　月	

【思考题】

1. 流动文化服务对农村、偏远地区、山区等推进公共文化服务均等化有何实际意义？

2. 流动文化服务有哪些表现形态？

3. 结合本地实际思考如何开展规范的、有效的流动文化服务？

【参考文献】

[1]文化部"十二五"时期文化改革发展规划［EB/OL］．［2012-05-10］．http://www.chinanews.com/cul/2012/05-10/3879721.shtml.

[2]文化部关于印发《文化部"十二五"时期公共文化服务体系建设实施纲要》的通知[EB/OL]．[2017-07-04]．http://zwgk. mcprc. gov. cn/auto255/201301/t2013012_474074. html.

[3]浙江省文化厅 2013 年工作总结和 2014 年工作要点[EB/OL]．[2014-02-10]．http://district. ce. cn/newarea/roll/201402/10/t20140210_2268949. shtml.

[4]公共文化服务"衢州模式"：大篷车十年撒种乡间路[EB/OL]．[2014-06-10]．http://www. chinanews. com/df/2014/06-10/6264210. shtml.

[5]陈政．衢州流动文化服务向"国标"迈进[N]．衢州日报，2014-07-26.

[6]浙江衢州创新公共文化服务载体——让文化流向农村"洼地"[EB/OL]．[2014-06-11]．http://www. chinanews. com/df/2014/06-11/6269002. shtml.

[7]以文化人　以文化物　以文惠民——我市公共文化服务体系建设面面观[N]．衢州晚报，2014-05-29.

[8]阮可．流动文化服务应高效运行[N]．中国文化报，2014-06-04.

[9]我的快乐我作主——衢州公共文化服务体系建设纪事[EB/OL]．[2014-05-29]．http://zjnews. zjol. com. cn/system/2014/05/29/020051623. shtml.

文化部关于加强流动文化服务工作的意见

文公共发〔2014〕21 号

各省、自治区、直辖市文化厅(局),新疆生产建设兵团文化广播电视局,国家图书馆,
文化部全国公共文化发展中心:

为贯彻落实党的十八大、十八届三中全会有关精神,加快构建现代公共文化服务
体系,扩大公共文化服务的有效覆盖,提高城乡基层特别是老少边穷地区公共文化服
务水平,打通公共文化服务的"最后一公里",促进基本公共文化服务标准化、均等化,
现就加强流动文化服务工作,提出如下意见。

一、加强流动文化服务工作的重要性和必要性

近年来,我国公共文化服务体系建设快速推进,原有设施落后、设备陈旧、布局
分散的状况得到了很大改变,各级公共文化设施网络已经基本建成。但是仅仅依靠固
定文化设施,还不能满足广大群众的基本文化需求,特别是农村、偏远山区、牧区和
海岛等地方地广人稀,公共文化服务仍存在不少盲区。

大力开展流动文化服务,有利于完善公共文化服务体系,实现与固定设施服务、
数字服务的相互补充、有机结合,扩大服务范围,实现公共文化服务全覆盖;有利于
整合公共文化资源,提高公共文化服务效能,使群众能够便捷地享受服务,实现公共
文化服务低成本、高效率运行;有利于促进基本公共文化服务均等化,解决老少边穷
地区以及老年人、未成年人、残疾人和农民工等特殊群体公共文化服务供给不足的问
题,对于弘扬社会主义核心价值观,改善文化民生,更好地保障群众基本文化权益具
有重要意义。

二、指导思想、基本原则和主要目标

(一)指导思想。按照公共文化服务公益性、基本性、均等性和便利性要求,突出
政府责任,加强统筹协调,以健全基层流动文化服务设施网点为基础,以各级公共图
书馆、文化馆、博物馆和数字文化服务机构为骨干,以城乡基层特别是老少边穷地区
群众为服务对象,通过送文化下基层、区域文化交流以及公共数字文化服务等多种形
式,创新服务手段,拓展服务领域,提升服务效能,实现公共文化服务项目、活动、
人才和信息等各项资源的综合利用和共建共享,推进城乡文化一体化发展,更好地保
障广大群众基本文化权益。

(二)基本原则

1. 政府主导,社会参与。发挥政府的主导作用,协调相关部门、动员社会力量广
泛参与,共同推进流动文化服务工作开展。

2. 面向基层,按需提供。把基层作为流动文化服务的重点,以需求为导向,开展

群众便于参与、乐于参与的文化服务，提高工作的针对性和精准度。

3. 创新机制，整合资源。创新流动服务的工作模式和运行机制，统筹利用各方资源，丰富服务内容，为群众提供更多优质的公共文化产品和服务。

4. 因地制宜，注重实效。根据各地经济社会发展水平、自然条件和文化工作基础等因素，采取符合实际的措施和方法开展流动文化服务，确保取得良好效果。

（三）主要目标。开展流动文化服务的工作目标是：到 2020 年，流动文化服务成为基层公共文化服务的常态性工作，各级公共文化机构及基层综合性文化服务中心成为流动文化服务的骨干和支撑，公共文化机构配备与需求相匹配的流动文化服务设备，流动文化服务网点基本健全，区域文化交流广泛开展，通过实施图书馆、文化馆总分馆制，实现行业文化资源流动共享，培育一批不同层次、各具特色的流动文化服务品牌，建立科学规范的流动文化服务工作机制和管理模式，使流动文化服务成为现代公共文化服务体系建设的重要组成部分。

三、完善流动文化服务网络

（一）加强基层文化服务网点建设。基层文化服务网点是开展流动文化服务的落脚点。要结合基层综合性文化服务中心和小型文体广场建设，整合宣传文化、党员教育、科学普及、体育健身等各类公共资源，坚持改扩建为主、新建为辅，在城市以提升便利性为目标，以街道和社区文化服务中心为载体，加强文化服务网点建设；在农村特别是老少边穷地区，以促进均等化为目标，选择人口集中、交通便利、群众经常活动的地段，设立基层文化服务网点，为开展流动服务提供基本阵地。

（二）配备流动文化服务器材设备。加大流动文化服务所需器材设备的配备，逐步使县以上公共文化单位具备经常性开展流动服务的条件。继续实施流动图书车、流动舞台车等流动文化服务项目。开发生产适应不同类型文化单位和不同地方需要的流动服务车，以及其他流动文化服务器材设备。东部地区根据实际需求，自主采购和配备流动文化服务设备，中西部地区和其他老少边穷地区，采取中央和省级财政统筹、地方适当自筹的办法，分期分批配备与服务人口、区域相适应的流动文化设备。

（三）强化各级公共文化机构的流动服务职能。把开展流动文化服务纳入公共文化机构的职能职责，在推进各级公共图书馆、文化馆、博物馆和数字文化服务体系建设发展时，充分考虑开展流动文化服务的需要，增加相应建设内容，提出明确的职能要求；加强公共文化机构对村和社区文化建设的指导和服务，充分考虑公共文化资源分布不均衡的现实情况，按照重心下移、资源下移和服务下移的要求，更多地面向基层特别是老少边穷地区开展流动文化服务。

四、创新流动文化服务运行方式

（一）推动流动文化服务标准化。把流动文化服务纳入基本公共文化服务保障标准。制定流动文化服务标准，明确公共文化机构特别是基层服务网点在流动文化服务所需场地、功能设置和设备配备等方面的具体指标；明确各级各类公共文化机构开展流动文化服务的对象、范围、种类、数量和质量要求，形成流动文化服务规范，推动流动文化服务工作科学、规范、有序开展。

（二）建立流动文化服务供给目录制度。围绕读书看报、参加文化活动、进行文化鉴赏和看电影看戏等重点内容，结合流动文化服务特点，创作生产一批形式多样、小型轻便的群众文艺作品，精选一批文艺类获奖作品、文化培训讲座和文物美术展览，储备一批能够经常参与流动文化服务的各类文化艺术专家人才，形成流动文化服务资源库，建立供给目录和供需对接平台，通过新闻媒体、服务公示栏等向社会公布，便于群众根据自身需求，可选择地参与和享受流动文化服务。

（三）推动流动文化服务社会化。在发挥政府、各级文化行政部门和公共文化机构对流动文化服务内容、运行和保障等方面主导作用的同时，鼓励和支持社会力量广泛参与流动文化服务，通过政府采购、委托运营、以奖代补等多种方式，吸引各类文化非营利组织、民办文化实体、文化企业及其他社会力量积极参与。充分利用群众文艺团队和文化志愿者开展流动文化服务，实现群众文化的自我服务和自主创造。

五、丰富流动文化服务内容

（一）依托公共图书馆开展流动服务。扩大实施以县（区）图书馆为总馆，乡镇（街道）文化站为分馆，以村（社区）文化室、农家书屋为流动服务点的总分馆制，定期为分馆和流动服务点配送和更新图书、报刊和农业技术资料，开展读书活动、读者咨询、培训讲座等延伸服务。利用流动图书车广泛开展便民服务，为群众借阅图书提供便利。鼓励和支持各地开展图书漂流、阅读推广、图书换读等流动图书服务活动。

（二）依托文化馆（站）开展流动服务。探索文化馆总分馆制，形成文化馆系统资源有效整合、统一管理和高效利用的模式。各级文化馆利用流动服务车等多种方式，根据群众需求，结合重要节日纪念日，把小戏小品等群众喜闻乐见、健康向上的文艺作品送到群众身边；整合各类文化艺术人才资源，为基层群众免费开展美术、文学、舞蹈、音乐、戏曲、书法等各类培训；组织非物质文化遗产展览展示，弘扬优秀传统文化；开展"文化结对子""文化走亲"等流动服务，通过定点服务、互动交流，为群众提供丰富多彩的文化活动。

（三）依托各级博物馆开展流动服务。推广"流动博物馆"的服务方式，设计开展集多媒体互动、传统展板等多种形式于一体的新型流动展览，把文物展览办到边远山区、贫困地区、民族地区和革命老区，办到城乡基层的群众身边，让更多人享受博物馆的文化服务。利用流动展览和博物馆网络课堂等方式，丰富中小学教育资源，在中小学生中开展历史文化知识普及和爱国主义教育活动。

（四）依托数字文化工程开展流动文化服务。发挥全国文化信息资源共享工程、数字图书馆推广工程、公共电子阅览室项目的资源优势和传播优势，为流动文化服务提供数字资源支持、搭建对接平台并开展宣传推广。在中西部地广人稀的地方特别是牧区设立小型无线服务站点，为尚未实现网络覆盖的地区提供数字文化服务，使群众可以通过手机、电脑、电视等移动终端获取文化资源和服务。

（五）依托农村电影放映工程开展流动文化服务。创新农村流动电影放送方式，制订年度农村电影放映计划；提高农村电影放映采购的片源质量，根据群众实际需求，增加新片数量；拓展影片类型，把送故事片与送科教片、普法宣传片等结合起来；在送电影进农村的同时，扩大服务范围，有针对性地把电影送到中小学校、社区、军营、厂矿、农场等地，增加影视宣传、影视知识讲座等服务内容。

六、培育流动文化服务品牌

（一）实施流动文化服务政府示范项目。深入开展"三下乡""四进社区""送欢乐下基层"等传统流动文化服务活动，提高服务水平。充分利用国家公共文化服务体系示范区和示范项目创建成果，开展区域文化联动，实现公共文化资源在区域间的优势互补和流动共享。鼓励和支持专业文艺院团开展多种形式的流动文化服务。根据东、中、西部的不同特点，总结推广具有地域特色的流动文化服务模式。

（二）培育流动文化服务行业品牌。各级公共文化服务机构探索总结本行业、本系统在整合文化资源、开展流动服务方面的典型经验，重点围绕图书馆、文化馆、博物馆、美术馆以及数字文化等领域，结合自身业务实际，结合保护、传承和弘扬优秀传统文化，创造性地实施流动文化服务项目，着力打造一批行业品牌，促进公共文化单位开展流动服务。

（三）打造流动文化服务社会品牌。培育一批由企业和社会组织实施的流动文化服务品牌。深入开展"春雨工程"——全国文化志愿者边疆行活动，采取双向互动的方式，进一步加强内地与边疆民族地区的文化交流。组织开展"志愿服务·点亮生活"等地方系列文化志愿服务活动。以关爱空巢老人、留守儿童、农民工和残疾人等为重点，打造一批流动文化服务品牌。

七、健全流动文化服务工作机制

（一）完善公共文化服务协调机制。加强组织领导，发挥公共文化服务体系建设协调机制的作用，整合宣传、文化、新闻出版广电、教育、卫生、体育、旅游等各方面资源，推动各相关部门结合职能、发挥优势参与流动文化服务，完善社会力量参与流动文化服务的激励机制，促进流动文化服务规划指导集约化、资源配置最优化和服务运行高效化。

（二）实施流动文化服务绩效评估。建立群众评价和反馈机制，引入第三方群众满意度测评，对各级各相关部门和公共文化机构开展流动文化服务的质量和效果进行科学评估。要把流动文化服务列入公共文化服务绩效考评指标，并适当提高分值和权重。评估结果与经费补贴、项目申报和人员奖惩等挂钩。

（三）加强流动文化服务经费保障。坚持以政府为主导，把流动文化服务经费保障纳入公共财政预算，加大政府采购力度，不断增加对流动文化服务的财政投入。各级农村文化建设专项资金，应扩大对农村流动文化服务的支持。积极拓展社会筹资渠道，鼓励社会力量捐赠、赞助流动文化服务活动。

（四）为流动文化服务提供人才支持。利用全国基层文化队伍培训网络，对基层公共文化从业人员开展流动文化服务培训。各级公共文化单位应明确专职或兼职人员负责流动文化服务工作。加大"边远贫困地区、边疆民族地区和革命老区人才支持计划"文化工作者专项实施力度，鼓励更多优秀文化人才参与基层流动文化服务。鼓励和扶持业余文艺团队、优秀文化人才和乡土文化能人等，以多种方式参与流动文化服务。

（五）总结推广典型经验。总结各地在开展流动文化服务方面的好做法、好经验，同步做好宣传推广工作，充分利用报刊、电台、电视台等传统媒体，以及新闻网站、手机报、微博、微信等新媒体，大力宣传流动文化服务的重要意义，充分反映各地开展流动文化服务的重要举措、工作成效和典型经验，让全社会更多的人了解和参与流动文化服务。

各地文化行政部门要按照本意见的精神，结合实际、深入调研，尽快制订贯彻落实的工作计划并抓好组织实施。

文化部

2014 年 5 月 20 日

第七章　数字文化服务标准化

【目标和任务】

了解数字文化服务的概念、内容、发展及现状；理解数字文化服务是阵地服务的延伸；了解数字文化资源标准化建设内容；掌握图书馆、文化馆评估定级中涉及数字文化的要求。

第一节　数字文化服务概述

一、数字文化服务的概念

数字文化服务是公共文化服务体系建设的重要组成部分，是数字化、信息化、网络化环境下文化建设的新平台，包括公共文化服务内容数字化、服务方式数字化、服务管理数字化等。数字文化服务对于消除数字鸿沟，满足人民群众不断增长的精神文化需求，提高全民族文明素质，构建社会主义核心价值体系具有重要意义。

二、数字文化服务的内容

1. 公共文化服务内容数字化

公共文化服务需要适应服务对象需求和欣赏习惯的变化，开发出更多、更新的数字化形式的产品和服务，不断丰富公共文化服务内容。一方面是将原来的公共文化产品和服务项目，通过电子化、数据化等转换，变为可以利用现代信息传播技术进行使用的产品和服务；另一方面是按照现代信息传播方式的特点，提供全新形态的公共文化产品和服务。

2. 公共文化服务方式数字化

随着信息技术、网络技术的应用普及，公共文化服务方式需要不断调整，一方面是将现有的服务方式向电子化、网络化迁移，在保留传统服务方式的同时提供新的服务渠道；另一方面是开拓全新的数字化服务方式。

3. 公共文化服务管理数字化

公共文化服务管理数字化建立在服务设施、服务产品、服务人员、服务对象和服务行为等数据化的基础之上，通过数字化管理平台管理公共文化服务所涉及的各个方面。[1]

三、数字文化服务的发展

20 世纪 70 年代以来，数字技术尤其是数字化的媒介技术（包括计算机技术、互联网技术）迅猛发展并得到了广泛应用，从而把人类社会带入了数字化时代。如今，以互联网为代表的新媒体技术既给传统的公共文化服务提供方式带来巨大冲击，也为公共文化服务的建设提供了更新、更好的手段。

21 世纪以来，国家层面有计划地启动了公共文化服务和管理的数字化建设探索。2011 年，文化部、财政部联合下发《关于进一步加强公共数字文化建设的指导意见》后，步伐逐步加快。截至目前，已重点实施了全国文化信息资源共享工程、数字图书馆推广工程和公共电子阅览室建设计划三大惠民工程。三大惠民工程互相促进，形成合力，形成了一个较为完整的公共数字文化服务体系。各级文化部门也以实施重大数字文化惠民工程为抓手，加快推进公共数字文化建设，并取得了明显成效。

2013 年 1 月文化部出台的《文化部"十二五"时期公共文化服务体系建设实施纲要》在重点内容第五条"促进公共文化服务领域文化和科技融合，强化公共文化服务的技术支撑"中，明确五个方面的具体任务：深入实施文化信息资源共享工程、继续加强数字图书馆建设、加快推进公共电子阅览室建设、加强公益性文化单位网络服务平台建设和加强移动通信技术在公共文化服务领域的应用。从实际情况看，前三项任务都是已有项目的延伸和深化，而后两项任务则是对各级文化部门和公共文化服务单位提出的新要求，也是公共文化服务单位面临的巨大挑战。

从各地实践来看，上海市 2014 年推出的"城市公共文化云"服务项目，把互联网、

---

① 2015 年 1 月 12 日，中共中央办公厅、国务院办公厅印发的《关于加快构建现代公共文化服务体系的意见》明确指出"加快推进公共文化服务数字化建设"。"加快推进公共文化机构数字化建设"与公共文化管理数字化相对应，"构建公共数字文化服务网络"与公共文化服务方式数字化相对应，"科学规划数字文化资源建设"与公共文化服务内容数字化相对应。从次序上看，公共文化管理数字化的内容被放在首位，也就是公共文化管理部门和公共文化服务机构要加强自身的数字化建设。

云计算等信息通信技术与文化资源打包上"云"，通过云连接、云操作、云平台和云整合等手段，实现包括公共文化和商业文化在内的云应用，使用户如网上购物般实现自选文化产品或信息服务消费。浙江省的"浙江文化通"以移动通信网络为支撑，以图书馆、文化馆、博物馆以及影剧院等公共文化单位集成管理系统平台和基于元数据的信息资源整合为基础，以适应移动终端一站式信息搜索应用为核心，以云共享服务为保障，通过手机、平板电脑等手持移动终端设备，为公众提供搜索和阅读数字信息资源服务。公民可以在任何时间、任何地点登录，获得自助查询公共文化资讯、查阅借阅图书及相关服务。重庆市北碚区的"公共数字文化体验平台"通过整合本地文化资源网站、多媒体移动 APP 终端、科技体验厅等，集合成文化馆数字化新媒体，为群众提供各类相关服务，内容涵盖群众艺术培训、文化展览、文化互动体验、阅读等群众性文化活动以及非物质文化遗产宣传等。

此外，自 2013 年年底以来，江苏、湖北、黑龙江、陕西、宁夏、新疆生产建设兵团等通过招标方式，启动了公共文化服务数字化建设项目。以四川省成都市为例，2012 年年初，成都市文化局结合国家公共文化服务体系示范区创建工作，选取地处成都近郊的郫县作为先行试点，在全国率先研发了"公共文化智能服务与管理系统"，初步建立起了县、乡、村三级数字联动管理、服务、监督和考核体系。该系统通过联动管理、电子阅览、图书管理、政务办公、绩效考核、资源共享六大业务模块与"文化366"网站，实现了全县公共文化服务与管理两大模块整合，实现各种公共文化资源的最大共享，也便于对群众的文化需求进行收集、反馈，及时调配资源，丰富供给。与全国其他地方的探索比较，郫县实践的创新性突出体现在服务与管理并重，实现了对基层公共文化设施的全天候监管，有效地缓解了基层人少事多的矛盾，节约了成本，提高了管理效能。在郫县试点的基础上，成都市提出：通过现代信息技术与现代传播手段的深度融合，充分整合网络文化资源，以智能联动管理、全视域虚拟体验、全方位方便接入，展开跨网络、跨终端的数字文化服务，让公共文化服务方便地融入百姓生活之中。落实到项目上，就是到 2015 年 5 月底，建成一中心(公共文化数字化服务管理中心)和三平台(公共文化数字化管理平台、公共文化数字化服务平台、公共文化APP 信息移动服务平台)。在实际工作中，坚持统一安排部署、统一标准和接口，防止各自为政，确保互联互通。

四、数字文化服务存在的问题和原因

1. 条块分割，标准不一。公共数字文化管理碎片化严重，各系统、各机构条块分割。

2. 服务与管理分离。三大公共数字文化惠民工程和各地的实践都着眼于构建公共文化资源共享的服务功能，而对管理工作则基本没有涉及，由此使得服务与管理的数

字化建设不配套，管理方式和手段落后的问题凸显。

3. 资源整合不够。一是重复开发建设现象比较突出，不利于下一步的互联共享；二是公共文化资源的数字化转化率低；三是对已有数字资源整合不足，开发利用率不高；四是分类不科学，与新媒体缺乏深度融合，资源优势尚待释放。

4. 服务质量不高。不少地区，在规划和选项上，离广大群众对公共文化服务的需求存在距离。服务内容单调、及时性较差，服务方式简单、缺乏互动，群众参与率和满意度不高。

出现这些问题有以下几个主要原因。首先是缺乏顶层设计和相应的政策法规，建设中涉及各级各地以及各行业信息整合、协同配合等问题，缺乏从上到下的协调运作机制。因此，条块分割、各自为政，重复建设等现象就难以避免。其次是数据库建设滞后。由于缺乏标准规范，加之各地政府部门收集整理、甄别整合公共文化资源的力量不足，民间资本介入渠道不畅，导致公共文化资源大数据建设工作难以推进，直接制约着数字化产品与相关服务的有效供给。另外一个重要原因是人才队伍薄弱，现有文化队伍年龄结构偏大、文化程度偏低，知识结构和专业技能与形势发展要求很不适应。

在今后一段时期内，数字文化服务建设思路应包括：①加强数字文化资源建设，优化资源结构，提高资源的针对性和实用性；②建设互联互通的公共数字文化服务平台，完善服务网络；③加强公共数字文化管理和服务，进一步提升服务效能；④统筹实施重大数字文化工程，实现融合发展。以"标准化"解决交叉管理、重复建设等问题，这必将有助于推进数字文化服务高效发展。

·· 扩展阅读

让数字文化更精准对接群众需求

北京大学李国新教授认为，资源建设是数字文化服务的核心任务。以文化共享工程为例，10多年来，资源建设数量快速攀升，精品不断涌现，成就令人瞩目。但是，基层群众对某些资源不适用、不对路的抱怨和意见也不时可以听到。

怎样让文化共享工程的资源建设更好地和群众的需求有效对接及精准定位是需要重点解决的问题。李国新举例说，某省计划拍摄一部反映地方年画的视频专题片，应该说这是一个不错的选题，但设计的内容却是从年画产生的社会环境说起，追溯发展历史，展现制作工艺，分析艺术特征，评价社会影响，洋洋洒洒5集80分钟，充满了学术味道。试想，一般老百姓谁能够坐下来花一个半小时看这样一部学术性的专题片？这就是异化了共享工程资源建设的目标，资源建设定位不准，结果势必是少人问津。

"做基层公共文化服务工作，数字化只是一种手段，最终效果如何，其实还在人心。最重要的是心系百姓，要知道百姓想什么、要什么、缺什么，否则公共文化服务就成了没有沃土、不见大树的空壳。"这是"2014 中国文化馆榜样人物"、上海市群众艺术馆馆长萧烨璎的口头禅。她表示，数字化等高科技手段的介入只有与基层群众的实际文化需求相对接，才能真正打通公共数字文化服务的"最后一公里"，才能最终保障人民群众共享数字文化的最新发展成果。

安徽省文化厅杨旭东认为，数字化文化建设要做到三个连接。一是连接资源。将国家建立的海量数字文化资源，通过各级各类公共文化机构，与每一位需要的公民连接起来，保障每一位公民在信息时代、现代社会中都应该享有的基本文化权利。二是连接政府。公共文化服务体系深入到社会的每个角落，只要有人聚居的地方都应建立相应的公共文化服务设施，在这些设施里都应有电脑、有网络。公民可以利用这些设施随时看到政府的运行状态和便民服务。目前来说，不是每个人都能利用这些设备，有的是不会用，有的是不知道用，有的是不可以用。针对这些不同情况，公共文化服务机构除了有责任保障基层文化服务设施正常开放之外，还应该传播使用设备的所必要的知识。三是连接机会。推进公共文化服务数字化建设，可以在一定程度上缩短城乡之间的数字鸿沟，让基层百姓不仅可以与城里人一样享受到信息时代的文化产品，而且还能借助互联网连接到外面的世界，连接到各种机会。如可以与城里打工的父母联系，可以与城里上学的子女联系，可以与另一个地方的广场舞爱好者交流，可以卖出自家的产品，可以购买各地的商品等。

第二节　数字文化资源标准化建设

在数字资源建设中，数字内容包括由传统载体(印本、图片、录音录像等)数字化而形成的数字对象，或者是原生数字形态的内容对象(例如直接的数字文本、数字摄像或数字录音文件等)。数字内容创建的标准规范涉及内容编码、内容对象格式、内容对象标识等方面。知识组织分类标准规范、唯一标识符规范、加工格式规范、元数据标准规范、交换标准规范及著录规则的成功推行给数字资源的互操作提供了现实条件。

一、数字资源知识组织分类标准规范

本分类法按照文化部构建国家公共数字支撑平台的需要，以文化共享工程视频资源为主要对象编制，力图达到以下目标：其一，建立起适合文化共享工程的资源特点、内容分布及发展状况的，能容纳多种资源类型的一体化分类结构；其二，应符合系统的性质，以适合用户需求的方式构建；其三，符合网络环境下的使用特点，具有较好的灵活性、通用性，同时操作应尽可能简便。本类表主要用以建立分类查检工具，供浏览检索，并能与相关元数据、关键词等其他查检形式结合应用。

根据对多种资源类型一体化处理的需要，本系统整体上采用"列举—组配"结合的编制方式。主体类目部分以等级列举式为主，按资源的内容对象设置，以便可以根据资源的情况和用户需求，灵活配置和展示类目，方便用户从内容对象的角度进行查检；结合资源类型（如专题讲座、专题片、舞台艺术、电影、动漫、特色数据库）、民族语言等，通过组配方式设置类目，以便供用户从资源类型和民族语言等角度，结合主体类目的分类结构进行查检；同时，为便利用户对多属性主题的使用，类目体系适当采用多维揭示的形式，通过对多属性资源在相关门类重复反映，为用户多角度查检提供可能，改进系统的易用性。

二、数字资源唯一标识符规范

数字资源唯一标识符规范规定了国家公共数字文化支撑平台（以下简称平台）的数字资源唯一标识符系统（Platform Digital Object Unique Identifier，PDOI）的体系框架及命名规则。本规范仅供平台建设参与单位对数字资源对象进行标识。方便资源对象的保存、迁移、交换和使用，可以有效地对数字资源的知识产权进行保护。规范不试图代替各平台参与单位已使用的标识系统，但可以将各单位机构已采用的标识符进行扩展，统一纳入国家公共文化数字支撑平台体系中进行标识管理。

（一）术语和定义

1. PDOI 名称（PDOI name）

在 PDOI 系统内定义一个唯一对象（标识对象）的字符串。PDOI 名称可以由遵循 PDOI 语法规则的字幕、数字、字符组成。

2. PDOI 语法（PDOI syntax）

PDOI 名称中字符的形式、顺序的组成规则，具体指 PDOI 名称前缀、分隔符、后缀的形式和特征。

3. 持久性（persistent）

不受时间影响而存在，能够脱离标识符分配者的直接控制应用在各种服务中，也可与其他标识符系统存在映射关系。

4. 对象数据（object）

存储资源本身的数字文件。

5. 元数据（metadata）

描述对象数据的数据。

6. 唯一标识（unique identification）

有且仅有一个对象被该 PDOI 标识。

7. 兼容性（compatibility）

PDOI 标识符的兼容性体现在 PDOI 号码的后缀中可以包含任何已有的标识符，例如国际标准书号 ISBN、国际标准刊号 ISSN、国际标准文本代码 ISTC、出版物件标识符 PII 等。

8. 互操作性（interoperability）

PDOI 的处理系统可以与任何因特网上不同的计算机操作系统在处理同一数据时保持一致，能与不同时期的技术系统兼容。

（二）语法规则

1. 一般规则

PDOI 是为达到 PDOI 系统的目的而建立的一个无任何含义的字符串。一个 PDOI 名称标识唯一的一个数字对象。PDOI 语法规则规定了组成 PDOI。

PDOI 由以下三部分组成：

①前缀元素；

②分隔前后缀的向前斜线"/"（'\0x2F'）；

③后缀元素。

前缀由分级的子命名授权段组成，每个子命名授权段之间用字符"."（'\0x2E'）分隔。后缀是本地命名授权，在同一前缀命名空间下，后缀名也是唯一的。

PDOI 名称应遵循 URI 语法规则。PDOI 名称字符串以及前后缀元素的长度都没有限制，在实际应用中，PDOI 名称字符串可能受到相关通信协议的限制。

PDOI 是不区分大小写的，可以使任何 ISO/IEC10646 字符集中的任何字符。

2. PDOI 前缀

PDOI 的前缀是命名授权。命名授权由多个非空的命名授权段来构成，每个段由字符"."（'\0x2E'）分隔。

PDOI 的前缀由命名授权段组成，一般情况下有如下规则：

①第一个命名授权段是中国唯一标识符命名授权；

②第二个命名授权段是行业/系统/地区/机构命名授权；

③根据应用需要，PDOI 的应用机构可增加第三个、第四个命名授权段，但命名授权段的数量不宜超过四个。

3. PDOI 后缀

PDOI 后缀与前缀之间用向前斜线"/"（'\0x2F'）分隔，同一个前缀元素下的每个后缀应该都是唯一的。唯一的一个后缀可以是一个顺序号，也可以是另外一个系统的标识号。

4. PDOI 的显示

当 PDOI 在屏幕显示或打印时，在 PDOI 名称前需放置一小写的"pdoi:"，其中冒号为半角。

(三)国家公共文化数字支撑平台 PDOI 管理

1. 前缀管理

文化部全国公共文化发展中心作为国家公共文化数字支撑平台管理机构，负责所辖省级分中心、市级支中心、相关文化组织机构的标码前缀申请、注册、解析和管理工作。

2. 各级中心标码前缀示例

国家中心：86.8000/＊＊＊

省级分中心：86.8000.11/＊＊＊＊

市级支中心：86.8000.11.＊＊＊/＊＊＊＊＊

3. 显示示例

pdoi：86.8000/＊＊＊，通过 pdoi 可以查找到资源的一些信息。

三、数字资源加工格式规范

《国家公共文化数字支撑平台视频资源加工规范》是建立在调研国内外数字资源加工规范的发展现状及相关标准、分析数字资源和应用环境类型的基础上，为在新兴网络技术和新媒体技术快速发展的背景下保障国家公共文化数字支撑平台数字资源的有效整合、管理和发布而制定的。

《国家公共文化数字支撑平台视频资源加工规范》规定了视频资源数字化加工应遵循的标准，包括工作流程标准、元数据加工标准、视频数字对象的命名规则等。本规范给出了适用于视频资源发布服务级的推荐标准，可供全国各级、各类型文化机构在模拟视频、数字视频的采集、编码转换、编辑以及发布工作中使用，也可供从事相关业务的单位参考使用。

四、数字资源元数据标准规范、交换标准规范及著录规则

元数据是专门用来描述数据的特征和属性的，它能用来支持电子资源的定位、发现、评估、选择等。元数据一般可分为：描述元数据、管理元数据、结构元数据。①描述元数据用于描述一个文献资源本身的特征、内容以及与其他资源的关系，其主要作用是发掘和辨识。②管理元数据包括有关数字实体的显示、注解、使用以及长期管理等方面的内容。例如所有权权限的管理、产生/制作的时间和方式、文件类型、其他有关技术、使用或获取方面的权限管理等。③结构元数据定义多个复杂的数字实体的物理结构，以利于导航、信息检索和显示。

《国家公共文化数字支撑平台数字资源元数据规范》是为创建国家公共文化数字支撑平台资源数据库服务的。本规范是建立在调研国内外数字文化资源元数据研究现状及用户需求、分析数字文化资源特征的基础上，主要针对全国公共文化发展中心及分中心数字文化资源的实际情况制定的。其规定了文化数字资源的著录单位、著录对象间的关系、元素及修饰词设置等。本规范既适用于原生数字文化资源，也适用于数字化的文化资源，其载体类型包括视频资源、音频资源、图像资源以及数据库。

为了创建国家公共文化数字支撑平台数字资源数据库，更好地为广大用户、文化部公共文化发展中心及分中心服务，提高数字文化资源的利用率，国家特制定了《国家公共文化数字支撑平台数字资源编目规则》。规则规定了《国家公共文化数字支撑平台数字资源元数据规范》中的各个元素及修饰词的著录信息源、著录内容以及著录方法，而且规定了数字文化资源的集合层记录、个体层记录、分析层记录的分层方法，力求满足用户的各种需求。同时，各个元素及修饰词还结合编目规则提供了可供参考的实例。规则还规定了数字文化资源的著录内容、著录单位、各个编目层次的切分方法、著录信息源、著录用文字、各个元素及修饰词的著录方法，旨在充分地揭示数字文化资源的特点。规则既适用于原生数字文化资源，也适用于数字化的文化资源。数字文化资源包括讲座、讲坛、专题、访谈、农业或文化专题片、戏剧、戏曲、电影、电视剧、动漫、综艺节目、曲艺、音乐会、器乐、歌曲、故事、小说、诗歌、照片以及绘画等形式的视频资源、音频资源、图像资源以及数据库，但不对数字文化资源的技术信息做专门规定。

第三节　数字图书馆标准化建设

一、数字图书馆的发展

数字图书馆的建设对数字资源生产、组织、保存以及发布服务的生命周期进行全流程管理，使图书馆拥有更为丰富的角色定位。图书馆不再仅仅处于传统被动接受图书的地位，现在数字图书馆资源全流程管理可以实现对优质馆藏资源的数字化加工，使图书馆从被动的资源收集者成为主动的资源生产者；对数字资源进行有序组织，使图书馆成为标准化数字资源的管理者；对数字资源进行长期安全保存，使图书馆成为文明传承的守护者；对数字资源进行发布从而进行服务，使图书馆成为数字资源的服务者。

我国从 20 世纪 90 年代起开始加快推进数字图书馆的发展。1996 年，国家计划委员会立项启动"中国数字图书馆示范工程"，国家图书馆、上海图书馆、深圳图书馆、广东中山图书馆、辽宁省图书馆、南京图书馆、广西桂林图书馆参与了本项试验计划。该项建设于 1997 年正式启动，2001 年通过验收，创建了多馆合作的网络内容资源建设和共享体系，为我国进行大规模数字图书馆建设积累了重要的实践经验。2011 年，文化部、财政部共同推出"数字图书馆推广工程"。这是继全国文化信息资源共享工程、公共电子阅览室建设计划后，启动的又一个重要的数字文化建设工程。数字图书馆推广工程将建设分布式公共文化资源库群，搭建以各级数字图书馆为节点的数字图书馆虚拟网，建设优秀中华文化集中展示平台、开放式信息服务平台和国际文化交流平台，最终实现数字图书馆的服务惠及全民，切实保障公共文化服务的公益性、基本性、均等性、便利性，最大限度地发挥数字图书馆在文化建设中引导社会、教育人民和推动发展的功能。

从长远来看，数字图书馆建设标准规范的长期框架将包括：建立、完善标准规范发展战略，并形成可靠的跟踪发展机制；建立、完善标准规范框架体系，并形成可靠的跟踪发展机制；建立、完善和跟踪发展数字资源的创建加工、描述、组织、服务、保存整个生命周期的标准规范，以及数字资源及其服务的互操作、知识化组织、开放管理等方面的标准规范；与其他领域合作，建立或采用、完善和跟踪发展与数字资源利用和管理有关的知识产权保护、电子支付、使用管理等方面的标准规范；建立、完善标准规范发展机制。

二、国家数字图书馆标准体系

由科技部牵头的数字图书馆建设工作，指定中国科学技术信息研究所、中国科学院文献情报中心、国家图书馆、北京大学图书馆、中国化工信息中心、中国标准研究中心等多家单位共同制定标准规范，形成了包括我国数字图书馆标准规范总体框架与发展战略、数字图书馆标准规范开放建设机制、数字资源加工标准与操作指南、数字资源唯一标识符应用规范、基本数字对象描述元数据规范、专门数字资源描述元数据规范和元数据标准规范开放登记系统七大方面，涵盖实施指南、建设规范、加工规范、标识规范、基本元数据、专门元数据、检索规范、资源集合元数据、集成和管理规范、元数据登记规范等数十项子规范的庞大的规范体系。国家数字图书馆标准规范体系在采纳参照现行的国际标准、国家标准、行业标准或事实标准的同时，制定了三十余项标准规范(见表 7-1)。

表 7-1　国家数字图书馆标准规范体系

成果类别	规范名称
汉字处理规范	汉字属性字典
	中文文献全文版式还原与全文输入
	XML 规范
	古籍用字规范（计算机用字标准）
	计算机中文信息处理规范
	生僻字、避讳字处理规范
唯一标识符	国家图书馆数字资源唯一标识符规范
对象数据	国家图书馆数字资源对象管理规范
	文本数据加工标准与工作规范
	图像数据加工标准与工作规范
	音频数据加工标准与工作规范
	视频数据加工标准与工作规范
元数据总则	国家图书馆元数据应用规范
	国家图书馆元数据置标规范
	国家图书馆核心元数据标准
	国家图书馆专门元数据设计规范
	CNMARC XML
	CNMARC－DC－国家图书馆核心元数据集的对照转换
	MARC21－DC－国家图书馆核心元数据集的对照转换
专门元数据规范——古文献	专门元数据标准与著录规范——拓片
	专门元数据标准与著录规范——舆图
	专门元数据标准与著录规范——甲骨
	专门元数据标准与著录规范——古籍
	专门元数据标准与著录规范——家谱
专门元数据规范——电子书刊	专门元数据标准与著录规范——电子图书
	专门元数据标准与著录规范——电子连续性资源
	专门元数据标准与著录规范——学位论文
	专门元数据标准与著录规范——期刊论文
专门元数据规范——网络及多媒体资源	专门元数据标准与著录规范——网络资源
	专门元数据标准与著录规范——音频
	专门元数据标准与著录规范——视频
	专门元数据标准与著录规范——图像

成果类别	规范名称
知识组织	知识组织规范
资源统计	数字资源统计标准
长期保存	国家图书馆数字资源长期保存规范
管理元数据	国家图书馆管理元数据规范

三、图书馆评估定级的数字化要求

1994 年以来，文化部对全国县以上公共图书馆进行了 5 次评估定级。评估定级工作对推动全国公共图书馆事业的发展产生了良好的推动作用，全国公共图书馆的基础设施、业务建设和服务水平得到较大提高。评估定级工作以文化部制定的省级、市级、县级公共图书馆评估标准和定级必备条件为依据，文化部将对符合标准和条件的图书馆命名为一级、二级、三级图书馆。考虑到我国已经初步形成了一个由国家级数字图书馆、行业性数字图书馆和各区域数字图书馆组成的数字图书馆建设与服务体系，第五次公共图书馆评估标准对数字图书馆的建设与服务标准做了进一步的规定（详见表 7-2、表 7-3）。

表 7-2 市级图书馆评估标准中涉及数字图书馆的相关规定

领域	标号	指标名	指标值与因素	分值	备注
设施与设备	12	现代化技术条件		100	
	121	计算机数量（台）	100↑ 90↑ 80↑ 70↑ 60↑	20 16 12 10 6	1. 指可供读者和工作人员正常使用的计算机数量； 2. 含122； 3. 提供每台计算机的存放地点、用途。
	122	提供读者使用的计算机数量（台）	65↑ 60↑ 55↑ 45↑ 40↑	15 12 10 8 6	1. 指在读者活动区域（含电子阅览室）供读者正常使用的计算机； 2. 提供每台计算机的存放地点、用途。
	123	读者服务区无线网覆盖范围（%）	80↑ 60↑ 40↑ 20↑ 10↑	15 12 10 8 6	

领域	标号	指标名	指标值与因素	分值	备注
设施与设备	124	宽带接入（Mbps）	15↑ 10↑ 5↑	20 15 10	1. 指接入互联网带宽； 2. 提供网络施工合同书。
	125	存储容量（TB）	30↑ 25↑ 20↑ 15↑ 10↑	10 8 6 4 2	指专用存储设备容量，不含普通服务器、微机的硬盘容量。
	126	图书馆自动化管理	有业务管理系统 业务系统自动化程度	0—10 0—10	系统运行不正常的，可酌情扣分。
经费与人员	21	经费		35	
	214	电子资源购置费占资源购置费的比例（%）	10↑ 8↑ 5↑	5 4 3	1. 计算方法：年电子资源购置费/年新增藏量购置费×100%； 2. 提供评估上一年度或评估当年的数据。
文献资源	32	电子文献藏量（种）	6000↑ 5000↑ 4000↑	8 6 4	1. 指在评估期间可供读者使用的电子文献数量，主要是电子图书、期刊； 2. 含各种来源的电子文献（如采购、接受捐赠或调拨等）； 3. 一个题名的成套电子文献按其实际包含的种数计； 4. 建议报查重后的数量； 5. 以上一年度报文化部的年度统计报表为依据。
	37	数字化建设		40	
	371	数字资源总量（TB）	15↑ 10↑ 8↑ 5↑ 2↑	15 12 10 8 6	含有关数字文化工程资源量，含自建和外购并存储在本地的数字资源量。

领域	标号	指标名	指标值与因素	分值	备注
文献资源	372	馆藏中文文献书目数字化(%)	80↑ 70↑ 60↑ 50↑ 40↑	15 12 10 8 6	1. 计算方法:(馆藏中文图书、报刊机读目录记录数/馆藏中文图书、报刊种数)×100%; 2. 指馆藏1949年以来中文普通图书和中文报刊按CNMARC格式编制机读目录的比例。
	373	地方文献数据库建设	建设内容 建设规模	0—6 0—4	1. 建设内容考查其选题规划情况; 2. 建设规模考查其可用数据库数量及其容量。
服务工作	46	图书馆网站建设与服务		0—15	重点考查网站建设规划、网站结构、网站内容、网站美化、网站更新管理以及网上服务项目。
重点文化工程	72	数字图书馆推广工程		40	对2010年与2011年推广工程经费到位的图书馆进行考核,经费未到位的图书馆不考核,其分值采用加权系数的方法纳入"文化工程"的总分值。分值计算方法:除"72 数字图书馆推广工程"外的其他三项文化工程分值按现有分值计分,"文化工程"项总分在该三项文化工程总分基础上,乘以加权系数1.33,取其整数位作为该图书馆"文化工程"项分值。
	721	经费投入(万元)		0—4	指地方财政投入推广工程的专项经费,不与其他经费重复计算。
	722	制度建设与管理		0—5	1. 包括整体规划、年度计划与总结;人员、设备等管理制度;服务、活动档案等; 2. 同时考查其对本地区基层图书馆的工程实施管理和业务指导情况。

领域	标号	指标名	指标值与因素	分值	备注
重点文化工程	723	专门机构和专职人员		0—5	考查其是否设立推广工程对接机构，是否有专职人员参与工程建设。
	724	基础平台建设	软件平台 硬件平台 推广工程专网建设	0—2 0—2 0—2	1. 硬件平台建设主要考查其是否按照《文化部办公厅关于印发"数字图书馆推广工程"省级、市级数字图书馆硬件配置标准的通知》开展工作，硬件配置是否达到标准； 2. 软件平台建设主要考查其是否按照软件配置标准进行部署； 3. 推广工程专网建设情况主要考查区域内各公共图书馆虚拟网互联互通情况。
	725	资源建设	资源总量 资源共建共享	0—3 0—3	主要考查其开展自建数字资源登记、联合建设及参与资源共建共享的情况。
	726	信息服务		0—5	主要考查其依托各种数字图书馆技术手段面向各类用户群体开展服务的情况，包括：1. 依托互联网、移动通信网、广播电视网等多网络平台和计算机、手机、数字电视等多种终端提供数字图书馆服务； 2. 面向政府机关、科研院所、企事业单位、基层群众、弱势群体开展服务活动。
	727	人员培训		0—3	考查其组织本地区图书馆工作人员培训的相关计划制订及其具体实施情况。
	728	宣传推广		0—3	考查其宣传规划制定、宣传报道活动开展及宣传信息向上级报送的情况。
	729	标准规范建设		0—3	考查其在推广工程实施过程中应用标准规范的情况。

领域	标号	指标名	指标值与因素	分值	备注
重点文化工程	73	公共电子阅览室建设计划		40	根据文化部、财政部于2012年2月下发的《"公共电子阅览室建设计划"实施方案》要求进行考查。
	731	设施建设	硬件达标 免费上网 服务环境安全整洁	0—4 0—2 0—2	1. 重点考查公共电子阅览室的硬件、网络和基础环境等方面; 2. 根据文化部制定印发的《公共电子阅览室设备配置标准(试行)》中的硬件、网络和基础环境部分进行考查。
	732	资源建设		7	
	7321	数字资源总量(TB)	3 2 1	3 2 1	
	7322	数字资源整合		0—1	重点考查是否整合了共享工程、图书馆和网络资源。
	7323	数字资源服务更新频率	每周更新 每月更新	0—1 0—1	
	7324	资源共建共享		0—1	与其他单位和部门有资源共建共享项目。
	733	技术支撑	信息安全管理平台 资源传输调配体系 资源导航与信息采集	0—3 0—3 0—2	1. 建立信息安全管理平台,符合文化部相关规范要求; 2. 建设资源传输调配体系,能够有效地将本地数字资源服务于公共电子阅览室; 3. 公共电子阅览室终端拥有资源导航界面,并能有效采集用户使用信息。
	734	制度建设与管理	管理规范 管理系统	0—3 0—2	1. 建立完善的管理规范,包括资产、人员、服务、考核机制等; 2. 制定对本级及下级公共电子阅览室建设和服务情况的管理和统计制度,并

领域	标号	指标名	指标值与因素	分值	备注
重点文化工程					利用管理平台实现有效管理； 3. 管理系统主要考核相关管理信息是否录入管理系统。
	735	服务		12	
	7351	开放时间（小时）	12↑ 10↑ 8↑	6 4 2	严格按照《"公共电子阅览室建设计划"实施方案》的要求，对公众提供服务。服务时间要充分保障。（安装管理系统的以管理系统的统计数据为准）
	7352	针对性服务	为青少年服务 为老年人服务 为农民工服务	0－2 0－2 0－2	重点考核针对这些重点服务人群是否有明确的服务方案。

表 7-3 县级图书馆评估标准中涉及数字图书馆的相关规定

领域	标号	指标名	指标值与因素	分值	备注
设施与设备	12	现代化技术条件		100	
	121	计算机数量（台）	45↑ 35↑ 30↑ 25↑ 15↑	20 16 12 8 4	1. 指可供读者和工作人员正常使用的计算机数量； 2. 含122； 3. 提供每台计算机的存放地点、用途。
	122	提供读者使用的计算机数量（台）	30↑ 25↑ 20↑ 15↑ 10↑	20 16 12 8 4	1. 指在读者活动区域（含电子阅览室）供读者正常使用的计算机； 2. 提供每台计算机的存放地点、用途。
	123	宽带接入（Mbps）	10↑ 5↑ 2↑	20 12 8	提供电信施工合同书。
	124	存储容量（TB）	6↑ 5↑ 4↑	20 16 12	指专用存储设备容量，不含普通服务器、微机的硬盘容量。

领域	标号	指标名	指标值与因素	分值	备注
设施与设备	125	图书馆自动化管理系统	有业务管理系统 业务系统自动化程度	0—10 0—10	系统运行不正常的可酌情扣分。
文献资源	32	电子文献藏量（种）	500↑ 400↑ 300↑ 200↑ 100↑	10 8 6 4 2	1. 指评估期间可供读者利用的电子文献数量，含电子图书、电子期刊； 2. 含各种来源的电子文献（如采购、接受捐赠或调拨等）； 3. 一个题名的成套电子文献按其实际包含的种数计； 4. 提供查重后的数量； 5. 以上一年度报文化部的年度统计报表为依据。
	37	数字化建设		25	
	371	数字资源总量（TB）	4↑ 3↑ 2↑ 1↑	5 4 3 2	含有关数字文化工程资源量，含自建和外购并存储在本地的数字资源量。
	372	馆藏中文文献书目数字化（%）	80↑ 70↑ 50↑ 30↑ 20↑	10 8 6 4 2	1. 计算方法：（馆藏中文图书、报刊机读目录记录数/馆藏中文图书、报刊种数）×100%； 2. 指馆藏1949年以来中文普通图书、报刊等文献资料按CNMARC格式建立机读目录的比例。
	373	地方文献数据库建设	建设内容 建设规模	0—5 0—5	1. 建设内容考查其选题规划情况； 2. 建设规模考查其可用数据库数量及其容量。
服务工作	45	图书馆网站建设与服务		0—20	重点考查网站建设规划及其结构、内容；网页美化、维护、更新、管理及网上服务项目等。

领域	标号	指标名	指标值与因素	分值	备注
重点文化工程	72	公共电子阅览室建设计划		30	根据文化部、财政部于2012年2月下发的《"公共电子阅览室建设计划"实施方案》要求进行考查。
	721	设施建设	硬件达标 免费上网 服务环境安全整洁	0—2 0—2 0—2	1. 重点考查公共电子阅览室的硬件、网络和基础环境等方面; 2. 根据文化部制定印发的《公共电子阅览室设备配置标准(试行)》中的硬件、网络和基础环境部分进行考查。
	722	资源建设		7	
	7221	数字资源总量(TB)	3 2 1	3 2 1	
	7222	数字资源整合		0—1	重点考查是否整合了共享工程、图书馆和网络资源。
	7223	数字资源服务更新频率	每周更新 每月更新	0—1 0—1	
	7224	资源共建共享		0—1	与其他单位和部门有资源共建共享项目。
	723	技术支撑	信息安全管理平台 资源传输调配体系 资源导航与信息采集	0—2 0—2 0—2	1. 建立信息安全管理平台,符合文化部相关规范要求; 2. 建设资源传输调配体系,能够有效地将本地数字资源服务于公共电子阅览室; 3. 公共电子阅览室终端拥有资源导航界面,并能有效采集用户使用信息。

领域	标号	指标名	指标值与因素	分值	备注
重点文化工程	724	制度建设与管理	管理规范 管理系统	0—2 0—2	1. 建立完善的管理规范，包括资产、人员、服务、考核机制等； 2. 制定对本级及下级公共电子阅览室建设和服务情况的管理和统计制度，并利用管理平台实现有效管理； 3. 管理系统主要考核相关管理信息是否录入管理系统。
	725	服务		7	
	7251	开放时间(小时)	12↑ 10↑ 8↑	4 3 2	严格按照《"公共电子阅览室建设计划"实施方案》的要求，对公众提供服务。服务时间要充分保障。(安装管理系统的以管理系统的统计数据为准)
	7252	针对性服务	为青少年服务 为老年人服务 为农民工服务	0—1 0—1 0—1	重点考核针对这些重点服务人群是否有明确的服务方案。

当前，随着城市化进程的加快，数字图书馆建设已经成为现代数字城市、智慧城市建设的重要内容。近年各地陆续制定了公共文化机构的服务规范，在这些规范里，都涉及数字化的标准，如《江苏省公共图书馆服务规范》于 2013 年 9 月颁布实施，其中对图书馆的数字化服务标准做了具体规定，例如：

江苏省公共图书馆服务规范(节选)

第八条　图书馆应配备一定数量的计算机设备供读者使用，通过有线、无线网络等技术手段向读者提供信息服务。省、地市两级公共图书馆应实现馆内无线网络全覆盖，县(区、市)级公共图书馆应实现有线宽带接入，为读者提供网络信息服务。

第十三条　图书馆应通过流动站、流动车等形式，将基本服务项目向社区、村镇延伸；积极利用互联网、手机通信等信息技术手段和载体，开展多种形式的远程网络信息服务。

第十九条　图书馆应设有专门网站或网页，向读者提供书目检索、信息查询、参考咨询等网上服务项目。

第二十一条　图书馆对馆藏纸质、电子、缩微等不同载体的各类馆藏文献书目数据应予以数字化，通过计算机与书目检索系统向读者提供题名、著者、主题等基本检索途径，方便读者查询。

第四节　数字文化馆标准化建设

文化馆的公共文化服务由阵地服务、流动服务及数字化服务组成。而数字化服务是当下文化馆创新公共文化服务的一项紧迫任务和重要手段。从实际工作看，目前我国多数文化馆还没有网站、数字化服务室或电子阅览室，相对落后于公共图书馆的数字化建设。文化部在 2011 年第三次评估定级时把文化馆的数字化、网络化列入评估标准，在全国示范区建设的"创建标准"中第一次提出"数字化文化馆"的概念，"十二五"规划把文化馆的数字化、网络化建设纳入其中。文化馆的数字化建设作为公共文化服务体系建设的重要组成部分，是数字化、信息化、网络化环境下文化建设的新阵地，是利用信息技术提高公共文化服务能力的重要途径。数字文化馆的公共文化服务是依托互联网这个广阔的网络平台而构建，表现在数字化、网络化、虚拟化，突破时空和区域限制，经多种网络通道，以广大群众为服务终端的公共文化服务，达到公共文化服务内容对受众体的最大覆盖。

我国对文化馆评估的工作始于 2003 年，各级文化馆（按行政层级相应称为省级馆、副省级馆、地市级馆、县级馆）评估定级工作以文化部制定的省级、副省级、地市级、县级文化馆等级必备条件、评估标准以及评估细则为依据，发挥以评促建、以评促管、以评促用的作用，促进文化馆事业科学发展，按照要求每 4 年进行一次全国文化馆评估定级工作。

文化部于 2015 年度启动了第四次全国文化馆评估定级工作。本次评估项目和标准体现了对文化馆数字文化服务能力的重视：把"具备数字服务能力"作为一级、二级、三级文化馆必备条件之一；在"设备"评估项目中大幅提高数字化设备的分值；在数字化服务内容方面的分值也有一定提升（详见表 7-4、表 7-5）。

表 7-4　市(地级市、区)文化馆评估定级标准中涉及数字化的要求

等级必备条件					
标号	项目	标准	等级	说明	评估细则
4	具备数字服务基本能力	有网站	1	网站具备信息发布、艺术欣赏(含视频点播)、网上培训、活动开展、咨询指导5项功能。	上网检查。
			2	网站具备信息发布、艺术欣赏、咨询指导3项基本功能。	
			3		

评估标准

本标准分为四大部分,共1000分,提高指标共50分。其中:一、办馆条件:360分;二、队伍建设:110分;三、公共服务:430分;四、管理:100分;五、提高指标:50分。

标号	项目	标准	分值	说明	评估细则
1	办馆条件		360		
12	设备		100		
123	信息化基础设施	达标	20	购置或租用服务器、存储、网络及安全、互联网接入等设备,具备支撑网站和办公自动化等业务正常运转的保障能力。存储设备:磁盘阵列可用容量不低于10TB。互联网接入:有线接入带宽达到50M;无线Wi-Fi接入互联网。	以2014年年底馆内设备配置的实际种类和数量为准。需提供包括存放位置、责任人在内的全部型号、设备一览表。
		基本达标	10	购置或租用服务器、存储、网络及安全、互联网接入等设备,具备支撑网站和办公自动化等业务正常运转的保障能力。存储设备:磁盘阵列可用容量不低于5TB。互联网接入:有线接入带宽达到20M。	
125	数字化服务设备	达标	15	配备中央控制台、投影机、投影幕、4路VGA输入切换器、有源音箱、电视机、触摸屏、终端计算机、平板电脑等设备,具备艺术教育培训、电子阅览等数字服务能力。电视机不少于2台。终端计算机不少于10台。	
		基本达标	10	配备电视机、投影机、投影幕、音箱、终端计算机、平板电脑等设备,具备艺术教育培训、电子阅览等基本的数字化服务能力。终端计算机不少于5台。	
3	公共服务		430		
37	数字化服务		45		

标号	项目	标准	分值	说明	评估细则
371	网站功能	齐备	15	网站具备信息发布、艺术欣赏（含视频点播）、网上培训、活动开展、咨询指导5项功能。	上网检查。
		基本齐备	10	网站具备信息发布、艺术欣赏、咨询指导3项基本功能。	
372	网站原创信息更新量（条/月均）	15	10		原创信息指本馆第一手采写或基层采写并供稿的工作动态信息。以2014年上网的信息数量与全年月份的平均值为依据确定得分。上网检查。
		12	8		
		8	5		
373	资源数字化存储量（TB）	2	10	含群众文化、非物质文化遗产数字化资源	指将群众文化的各种文献资源进行数字化处理，如制成光盘提供查询、进行磁盘列阵处理提供网上使用、提供给文化信息共享工程等。按照群众文化文献资源进行数字化处理的资源总量确定得分。
		1.5	8		
		1	5		
374	数字服务活动项目数（项）	4	10	数字服务包括网上教学、展览、指导以及利用数字资源开展服务、提供远程辅导等活动。	以2014年网上查询数据为依据。
		3	8		
		2	5		

第七章　数字文化服务标准化

表 7-5　县(市、区)文化馆评估定级标准中涉及数字化的要求

等级必备条件					
标号	项目	标准	等级	说明	评估细则
4	具备数字服务基本能力	有网站	1	网站应具备信息发布、艺术欣赏、咨询指导3项基本功能。	上网检查。
			2		
		有网站	3	网页应有信息发布功能。	

评估标准					

本标准分为四大部分，共 1000 分，提高指标共 50 分。其中：一、办馆条件：360 分，二、队伍建设：110 分，三、公共服务：430 分，四、管理：100 分，五、提高指标：50 分。

标号	项目	标准	分值	说明	评估细则
1	办馆条件		360		
12	设备		100		
123	信息化基础设施	达标	20	购置或租用服务器、存储、网络及安全、互联网接入等设备，具备支撑网站和办公自动化等业务正常运转的保障能力。存储设备：磁盘阵列可用容量不低于 10TB。互联网接入：有线接入带宽达到 50M；无线 Wi-Fi 接入互联网。	以 2014 年年底馆内设备配置的实际种类和数量为准。需提供包括存放位置、责任人在内的全部型号、设备一览表。
		基本达标	10	购置或租用服务器、存储、网络及安全、互联网接入等设备，具备支撑网站和办公自动化等业务正常运转的保障能力。存储设备：磁盘阵列可用容量不低于 10TB。互联网接入：有线接入带宽达到 50M；无线 Wi-Fi 接入互联网。	
125	数字化服务设备	达标	15	配备中央控制台、投影机、投影幕、4 路 VGA 输入切换器、有源音箱、电视机、触摸屏、终端计算机、平板电脑等设备，具备艺术教育培训、电子阅览等数字服务能力。电视机不少于 2 台。终端计算机不少于 10 台。	
		基本达标	10	配备电视机、投影机、投影幕、音箱、终端计算机、平板电脑等设备，具备艺术教育培训、电子阅览等基本的数字化服务能力。终端计算机不少于 5 台。	
3	公共服务		430		
37	数字化服务		45		

标号	项目	标准	分值	说明	评估细则
371	具备数字服务能力	有网站	15	网站应具备信息发布、艺术欣赏、咨询指导等基本功能。	
		有网页	10	网页应有信息发布功能。	
372	网站原创信息更新量（条/月均）	10	10		原创信息指本馆第一手采写或基层采写并供稿的工作动态信息。以2014年上网的信息数量与全年月份的平均值为依据确定得分。上网检查。
		8	8		
		5	5		
373	资源数字化存储量(TB)	0.3	10	含群众文化、非物质文化遗产数字化资源	指将群众文化的各种文献资源进行数字化处理，如制成光盘提供查询、进行磁盘列阵处理提供网上使用、提供给文化信息共享工程等。按照群众文化文献资源进行数字化处理的资源总量确定得分。
		0.2	8		
		0.1	5		
374	数字服务活动项目数（项）	3	10	数字服务包括网上教学、展览、指导以及利用数字资源开展服务、提供远程辅导等活动。	以2014年网上查询数据为依据。
		2	8		
		1	5		

进入"内容为王"的时代，文化馆应把握时代的新要求新机遇，实现现代转型，在社会文化中发挥示范引领作用，在做好场馆服务和业务服务的同时，增强数字文化服务能力，建设丰富适用的数字资源，加强公共数字文化的惠民服务，实现优秀文化信息资源的全民共享。文化馆的网站平台建设可以和全国文化信息资源共享工程有机地结合起来，利用计算机、手机、电视、移动播放器等丰富的终端服务设备传送数字文

化资源，开展技术创新和服务。在构建现代公共文化服务体系的历史进程中，文化馆作为公共文化服务的主力军，承担着覆盖城乡、便捷高效、保基本、促公平的基础性作用，必须认清形势，抢抓机遇，创新推动互联网与文化馆服务深度融合，让人民群众更好地享受丰富、高效、便捷、均等的"互联网＋"公共文化产品和服务。

【思考题】

1. 数字文化服务目前在推进过程中存在着哪些问题？

2. 数字文化服务如何有效对接城乡居民的需求？

3. 市、县级图书馆评估定级中涉及哪些数字化要求？

4. 市、县级文化馆评估定级中涉及哪些数字化要求？

【参考文献】

[1]2015年全国公共数字文化建设工作会议召开[N]．中国文化报，2015-12-17.

[2]王金云，吕刚．数字图书馆建设的技术体系及技术标准[J]．图书馆理论与实践，2006(1)：76.

[3]国家数字图书馆——公共数字文化服务新业态[N]．中国文化报，2013-08-01.

[4]张晓林，肖珑，孙一刚，等．我国数字图书馆标准与规范的建设框架[J]．图书情报工作，2003(4)：9.

[5]齐洋，汤珊红．国内外数字图书馆标准规范建设研究[J]．情报理论与实践，2010(12)：13.

[6]中华人民共和国文化部网站．文化部办公厅关于开展县以上公共图书馆第五次评估定级工作的通知[EB/OL]．[2012-12-28]．http://zwgk.mcprc.gov.cn/auto255/201212/t20121221_29410.html.

[7]李丹，申晓娟，王秀香，等．新起点　新视野　新任务——第五次全国公共图书馆(成人馆部分)评估定级标准解读[J]．中国图书馆学报，2013，39(2)：7.

[8]周和平．数字图书馆的建设与发展[N]．文汇报，2012-07-30.

[9]成伟．浅谈文化馆的数字化建设与服务[J]．大众文艺(学术版)，2014(24)：4.

[10]吴江．数字文化馆建设的构想[N]．中国文化报，2013-04-23.

[11]成伟．浅谈文化馆的数字化建设与服务[J]．大众文艺(学术版)，2014(24)：4.

[12]国家数字文化网．文化部办公厅关于开展第四次全国文化馆评估定级工作的通知[EB/OL]．[2015-04-16]．http://www.ndcnc.gov.cn/cpcca/pinggu/201504/t20150416_1087929.htm.

[13]国家数字文化网.《文化馆评估标准》解读[EB/OL].[2015-05-12]. http://www.ndcnc.gov.cn/cpcca/pinggu/201505/t20150512_1098551.htm.

[14]杜染. 公共数字文化建设与群众文化的现代化[EB/OL].[2014-10-15]. http://www.cacanet.cn/detail_politrid.aspx? futiid=232100.

[15]张云峰. 关于文化馆数字化服务的思考[J]. 大众文艺(学术版),2015(18):13.

第七章 数字文化服务标准化 ▶ ▶

附录 7-1

关于进一步加强公共数字文化建设的指导意见

文社文发〔2011〕54 号

各省、自治区、直辖市文化厅（局）、财政厅（局），新疆生产建设兵团文化广播电视局、财政局，国家图书馆、文化部全国文化信息资源建设管理中心：

构建覆盖全社会的公共文化服务体系，是深入贯彻落实科学发展观，开创经济、政治、文化、社会四位一体的社会主义建设新局面、实现全面建设小康社会奋斗目标的重要任务。公共数字文化建设作为公共文化服务体系建设的重要组成部分，是数字化、信息化、网络化环境下文化建设的新平台、新阵地，是利用信息技术拓展公共文化服务能力和传播范围的重要途径，对于消除数字鸿沟，满足人民群众不断增长的精神文化需求、提高全民族文明素质，构建社会主义核心价值体系具有重要意义。现就进一步加强公共数字文化建设提出如下意见：

一、提高对公共数字文化建设重要性的认识

文化是一个民族的精神和灵魂，是国家发展和民族振兴的强大力量。文化建设是我国现代化建设总体布局的重要组成部分，加快公共文化服务体系建设是我国"十二五"时期经济社会发展的重要任务。近年来，党中央、国务院做出一系列关于公共文化服务体系建设的重大战略部署，我国公共文化服务体系建设呈现出蓬勃发展的良好态势，文化事业投入大幅增长，公共文化基础设施发展迅速，一批重点文化工程取得丰硕成果，覆盖城乡的公共文化服务体系正在形成。在党中央、国务院的高度重视下，在各级党委、政府的支持下，我国公共文化服务体系建设已进入整体推进、科学发展、全面提升的新时期新阶段，面临重要的战略发展机遇。

在数字化、信息化、全球化的时代背景下，深刻认识并准确把握国内外形势新变化新特点，结合人民群众不断增长的精神文化需求，将信息技术、数字技术、网络技术等现代科学技术和传播手段应用于公共文化服务体系建设，进一步加强公共数字文化建设，是适应时代发展的必然要求和战略选择。公共数字文化服务具有辐射面广、传播速度快、资源广泛共享等特点，有利于解决当前制约公共文化服务体系发展的突出矛盾和问题，对公共文化服务体系建设具有十分重要的意义。近年来，文化部、财政部共同组织实施了全国文化信息资源共享工程（以下简称"文化共享工程"）、数字图书馆推广工程和公共电子阅览室建设计划，并取得积极进展，为"十二五"时期的公共数字文化建设奠定了基础。但同时也必须看到，当前公共数字文化建设还不能满足人民群众日益增长的精神文化需求，在制度设计、资源整合、服务机制建设等诸多方面均有待加强。

进一步加强公共数字文化建设，是加快公共文化服务体系建设，全面提升公共文化服务能力和服务水平，使人民基本文化权益得到更好保障，让人民共享文化发展成果的需要；是深入推进文化体制改革，创新文化发展体制机制，增强文化发展活力与动力的需要；是维护文化安全，积极抢占网络文化阵地，把握信息技术环境下文化发展主导权的需要；是繁荣发展社会主义先进文化、全面提高人民思想道德素质和科学文化素质，构建社会主义核心价值体系的需要。各地文化厅（局）、财政厅（局）要高度重视公共数字文化建设工作，将其纳入当地政府文化发展规划和公共文化服务体系建设，加强领导，科学规划，加大投入，完善机制，全面推进公共数字文化建设。

二、明确公共数字文化建设的指导思想、建设原则和目标任务

（一）指导思想。以邓小平理论和"三个代表"重要思想为指导，深入贯彻落实科学发展观，坚持开拓创新、与时俱进，坚持为人民服务、为社会主义服务的方向，以重点公共数字文化惠民工程为抓手，以现代信息技术为支撑，以资源建设为重点，以打造基于新媒体的服务新业态为目标，努力满足信息化环境下人民群众日益增长的精神文化需求，充分发挥公共数字文化建设在传承先进文化、传播科学知识、提高公民文明素质、增强民族凝聚力和创造力、提升国家文化软实力等方面的重要作用。

（二）建设原则。坚持政府主导、社会参与的原则，突出公益性，维护和保障广大公众的基本文化权益；坚持统筹规划、协调发展的原则，发挥重点公共数字文化惠民工程的整体优势；坚持需求主导、服务为先的原则，了解群众对公共数字文化的需求，建设丰富适用的数字资源，加强公共数字文化的惠民服务；坚持规范建设，科学管理的原则，发挥先进信息技术和标准规范在公共数字文化建设中的基础作用；坚持共建共享、开放共赢的原则，加强合作共建，鼓励、引导社会力量参与公共数字文化建设，开创互利共赢的局面。

（三）目标任务。公共数字文化建设包括数字化平台、数字化资源、数字化服务等基本内容，以制度体系、网络体系、资源体系、管理体系和服务体系建设为着力点，构建海量分级分布式公共数字文化资源库群，建成内容丰富、技术先进、覆盖城乡、传播快捷的公共数字文化服务体系，为广大群众提供丰富便捷的数字文化服务，切实保障信息技术环境下公共文化服务的公益性、基本性、均等性、便利性。重点实施文化共享工程、数字图书馆推广工程和公共电子阅览室建设计划三大公共数字文化惠民工程，在此基础上，广泛动员各方面力量，逐步拓展范围，带动数字美术馆、数字文化馆、数字博物馆、数字爱国主义教育基地等建设，大力整合汇聚非物质文化遗产、国有艺术院团、民间文艺社团等方面的数字化资源，不断丰富和加强公共数字文化建设，从而丰富公共文化服务内容，拓展公共文化服务阵地，整合公共文化服务资源，创新公共文化服务手段，提高公共文化服务水平，完善公共文化服务体系。

三、实施重点公共数字文化惠民工程

"十二五"时期，重点实施文化共享工程、数字图书馆推广工程和公共电子阅览室建设计划，加强统筹，协调发展，提升三大公共数字文化惠民工程的整体效能。三大公共数字文化惠民工程是公共文化服务体系的基础性工程，是政府提供公共文化服务的重要手段，是实现广大人民群众基本文化权益的重要途径，是改善城乡基层群众文化服务的创新工程。文化共享工程实施多年，初步构建起覆盖城乡的公共数字文化服务网络，初步实现了优秀文化信息资源的全民共享；数字图书馆建设经过十多年的发展，在数字资源、技术与标准规范方面成果显著，为公共数字文化建设提供强有力的服务资源保障与技术、标准支撑；公共电子阅览室作为基层服务窗口，是汇聚共享工程、数字图书馆及互联网海量信息资源的公共数字文化服务终端。三大惠民工程既有内在联系又各有侧重，在组织实施上，应统一规划，统筹兼顾；在技术平台和网络建设上，应做好协调，不重复建设；在资源建设上，应各有侧重，突出特色；在标准规范上，应统一规则，相互兼容。三大惠民工程互为支撑，互相促进，形成合力，共同在公共数字文化建设中发挥重要作用。

(一)文化共享工程

文化共享工程作为公共文化服务体系的基础工程和重要平台，相继列入国家"十一五"规划和"十二五"规划。经过九年来的建设，文化共享工程已初步建成国家、省、市/县、乡镇/街道、村/社区五级服务网络，包括 1 个国家中心、33 个省级分中心、2867 个县级支中心、22963 个乡镇基层服务点，以及与全国农村党员干部现代远程教育工作和农村中小学现代远程教育工程合作共建的 59.7 万个基层服务点，数字资源建设总量达到 108TB。"十二五"时期，文化共享工程将进一步加大整合力度，建设"公共文化数字资源基础库群"，资源总量达到 530TB；在城市社区、文化馆新建基层服务点，加强已建基层点的管理，发展完善覆盖城乡的服务网络，到"十二五"末达到基层服务点 100 万个，入户覆盖全国 50% 以上的家庭；利用"云计算"和"三网融合"技术，提升整个网络的服务能力与管理能力；大力推进进村入户，广泛开展惠民服务，实施以"农村实用技术人才培养计划"为重点的网络培训；与公共电子阅览室建设计划相结合，加快建设以公共图书馆、学校电子阅览室、社区文化活动中心为载体的未成年人公益性上网场所，更好地满足人民群众特别是广大青少年的精神文化需求。

(二)数字图书馆推广工程

数字图书馆推广工程的核心内容是建设覆盖全国的数字图书馆虚拟网、互联互通的数字图书馆系统平台和海量分布式数字资源库群，形成完整的数字图书馆标准规范体系，借助全媒体提供数字文化服务。数字图书馆推广工程将进一步加强资源共享，扩大资源总量，形成规模效益，有效扩充全国各级公共图书馆的数字资源，避免重复建设；将全面提升各级公共图书馆的文献保障水平和信息服务能力，拓展服务渠道，丰富服务手段；将推广我国在数字图书馆软硬件平台建设方面的成果，搭建标准化和开放性的数字图书馆系统；将为广大公众提供多层次、多样化、专业化、个性化的数字图书馆服务，打造基于新媒体的图书馆服务新业态。到"十二五"末，全国各级公共图书馆可用数字资源量将得到较大、均衡的增长，工程数字资源总量达到 10000TB，其中国家图书馆数字资源总量达到1000TB，与2010年年底的480TB相比翻一番；每个省级数字图书馆可用数字资源量达100TB，每个市级数字图书馆可用数字资源量达30TB，每个县级数字图书馆可用数字资源量达4TB。工程的实施将整体提升我国各级图书馆的服务能力和服务水平，到"十二五"末，以互联网、移动通信网、广电网为通道，借助手机、数字电视、移动电视等新兴媒体，使数字图书馆的服务覆盖全国省、市、县、乡镇(街道)、村(社区)，促进公共文化服务新业态的形成。

(三)公共电子阅览室建设计划

公共电子阅览室建设计划以保障人民群众的基本网络文化权益为目标，以未成年人、老年人、进城务工人员等群体为重点服务对象，依托文化共享工程的服务网络和设施，以及文化共享工程、国家数字图书馆丰富的数字资源，与文化共享工程建设、乡镇文化站建设、街道(社区)文化中心(文化活动室)建设，以及中央文明办组织实施的"绿色电脑进西部活动"相结合，在城乡基层大力推进公共电子阅览室建设，努力构建内容安全、服务规范、环境良好、覆盖广泛的公益性互联网服务体系。实施公共电子阅览室建设计划，将为广大人民群众特别是未成年人提供公益性上网场所，吸引广大人民群众参与积极、健康的网络文化活动；将进一步完善全国各级公共图书馆、文化馆(站、室)的软硬件设施，增强各级公共图书馆、文化馆(站、室)的数字文化服务能力，把更多适应人民群众需求的数字资源传送到社区、城镇和农村，活跃基层群众的文化生活，推进全社会的信息化。到"十二五"末，努力实现公共电子阅览室在全国乡镇、街道、社区的全覆盖。

四、提高公共数字文化供给能力，创新公共数字文化服务机制

在实施重点公共数字文化惠民工程的基础上，全面加强公共数字文化的制度体系、网络体系、资源体系、管理体系和服务体系建设，提高公共数字文化供给能力，创新公共数字文化服务机制。

(一)推进公共数字文化建设制度设计，实现科学规划。开展专题调研，推进公共数字文化建设的制度设计和机制研究，实现科学规划和全面可持续发展。充分发挥专家作用，成立专家委员会，加强宏观研究工作，包括顶层设计、总体规划、技术创新、绩效评估等；积极开展公共数字文化建设管理体制创新研究，坚持政府主导、多方参与、统筹兼顾、动态协调的原则，不断完善管理格局，创新管理机制，提升管理和服务水平；探索并创建科学的运行机制，推进建立各部门协调联动机制，加强各有关部门的责任分工、协调与合作；构建纵横联合的区域联动机制，加强协调合作，推动公共数字文化建设的顺利实施。

(二)发展完善公共数字文化设施网络，实现双向互动。依托各级公共图书馆、文化共享工程各级中心、公共电子阅览室以及文化馆(站、室)、社区文化中心等公共文化基础设施，发展完善公共数字文化设施网络；以文化共享工程的服务网络和数字图书馆的虚拟网为基础，构建覆盖城乡、便捷高效的数字文化服务网，将各类数字资源，包括电子图书、电子期刊、电子报纸、图片、音视频等，分发推送到基层，实现全国用户对资源的统一搜索和主动获取；在提供资源服务的同时，采集用户的个性化行为需求和数字资源使用信息，从而掌握舆情信息和文化需求，引导资源投放和服务侧重，形成双向互动的良性循环，保障公共数字文化服务的高效运行。

（三）加强公共数字文化资源建设，实现共建共享。统筹规划文化共享工程与数字图书馆推广工程的数字资源建设，调动各地积极性，拓展资源征集渠道，提高公共数字文化资源供给能力；建立群众对数字文化服务需求的反馈机制，突出精品，体现特色，适应群众文化需求，有针对性地开展资源建设；注重建立资源之间的关联，实现数字资源的深层揭示与知识组织，以文本、动画、影像、音视频、在线讲座和在线展览等多种手段展现优秀文化资源，弘扬中华优秀文化；构建分级分布式公共文化资源库群和全国数字资源保障中心，在全国范围内形成有效的数字资源保障体系。

（四）搭建集中统一的运行管理平台，实现规范管理。采取科学化、系统化、规范化的管理手段，确保公共数字文化体系的稳定运行和有效监管。搭建中央控制管理平台，实时采集各级各类终端的运行情况信息及用户的个性化需求信息，实现对各级服务站点和个人用户的精细化管理；构建公共数字文化安全管理平台，应用网络安全技术、网络安全设施，保障用户上网安全；建立健全管理制度，通过统一管理、专业化培训、标准化服务以及统一标识、树立品牌形象等管理及推广手段，扩大公共数字文化在社会上的影响力。

（五）打造基于新媒体的服务新业态，实现创新发展。打造基于互联网、广播电视网和移动通信网的跨网络、跨终端的服务新业态，通过服务模式创新、新技术与新媒体应用、系统平台搭建与推广等方式，建设基于互联网的综合服务系统、覆盖全国移动通信网的数字内容体系，借助新兴媒体，提供多层次、多样化、专业化、个性化的数字文化服务，扩大公共文化服务的覆盖面和辐射力，切实保障人民群众获取公共文化服务的普遍性和均等性。建设满足不同层次用户需要的开放式数字文化服务平台，使数字文化建设成果能够融入人民群众日常生活与工作学习，为全民共享。

（六）鼓励开放合作的数字文化建设新局面，实现互利共赢。在资源建设、技术平台建设等方面，加强与教育、科研等系统数字图书馆建设项目的合作共建、互联互通；吸引群众参与数字资源建设，探索、引导社会力量参与公共数字文化建设，鼓励企业开发和推广弘扬民族精神、反映时代特点、有益于未成年人健康成长的数字文化产品；鼓励企业以优惠条件参与公共数字文化建设，通过与电视媒体、网络媒体和通信运营商的合作，拓展公共数字文化的服务渠道，同时扩大合作者的用户群体，开创互利共赢的局面；积极探索国际文化交流与合作模式，进一步扩大中华文化的传播范围。

五、加强领导，完善投入和保障机制

（一）加强组织领导和统筹规划。各地要高度重视公共数字文化建设工作，将其纳入当地政府文化发展规划和公共文化服务体系建设，切实加强组织领导，做好统筹规划，充分发挥文化共享工程、数字图书馆推广工程、公共电子阅览室建设计划三大数字文化惠民工程的整体优势，依托各级公共图书馆、文化共享工程各级中心、公共电子阅览室以及文化馆（站、室）、社区文化中心等公共文化基础设施，注重与教育、科研等系统的合作共建，形成合力，共同促进公共数字文化的建设。要重点做好资源建设，开展惠民服务，加大宣传力度，营造全社会共同关注、参与和支持公共数字文化建设的良好氛围，让群众充分享受公共数字文化服务，使公共数字文化建设成果惠及更广泛的基层群众。

（二）完善投入和保障机制。中央财政设立专项资金，对三大公共数字文化惠民工程建设所需经费予以补助。各地要积极争取地方党政领导的重视和支持，确保地方财政资金足额按时到位，并做好经费管理和使用，使财政资金充分发挥效益。要研究制定政策措施，鼓励社会力量投资文化建设，逐步形成政府投入为主、社会多渠道筹资为辅的投入格局；加强对公共数字文化建设有关政策法规的研究，完善法律法规，加强政策保障。各级文化主管部门要建立管理和考核机制，对公共数字文化建设工作进行督导和检查。

（三）注重人才培养和队伍建设。建立人才培养机制，为公共数字文化建设提供人力资源基础。充分发挥中央和地方文化单位积极性，通过分级培训的方式，不断提高从业人员的思想水平和业务素质，培养一支既具备较高技术素质和专业知识，又具备实际技能的人才队伍。国家图书馆和全国文化信息资源建设管理中心要组织力量编制教材，面向省级图书馆和省级支中心开办骨干培训班；各地要组织好本地区的培训工作，重点建设一批爱岗敬业、善于管理服务设施和组织基层文化服务项目的专业队伍；要拓宽视野，把社会工作者、志愿者作为人才队伍建设的有机组成部分，切实做好人才配置工作，以适应公共数字文化建设工作的需要。

各地文化厅（局）、财政厅（局）要按照本意见的精神，结合当地实际，加强调查研究，认真贯彻落实，及时总结经验，不断完善提高，积极探索新时代公共文化服务新方式，进一步加强公共数字文化建设，为文化发展注入新的活力，繁荣和传播社会主义先进文化，推动社会主义文化大发展大繁荣。

文化部　财政部
二〇一一年十一月十五日

附录 7-2

文化部办公厅关于印发《文化部公共数字文化工程管理办法》的通知

各省、自治区、直辖市文化厅(局),新疆生产建设兵团文化广播电视局,本部各司局,国家图书馆,文化部全国公共文化发展中心:

为加强公共数字文化工程建设和管理,促进公共数字文化工程规范科学发展,文化部制定了《文化部公共数字文化工程管理办法》,现印发给你们,请结合实际,认真遵照执行。

特此通知。

文化部办公厅

2015 年 6 月 18 日

文化部公共数字文化工程管理办法

第一章　　总则

第一条　为加强对公共数字文化工程建设的组织管理,完善工作机制,提高工程建设的科学化水平,更好保障人民群众基本文化权益,按照党的十八届三中全会关于构建现代公共文化服务体系的要求,结合公共数字文化建设工作实际,制定本办法。

第二条　本办法所称的公共数字文化工程是指文化部、财政部组织实施的全国文化信息资源共享工程、数字图书馆推广工程、公共电子阅览室建设计划等,承担以下任务:

(一)优秀公共数字文化资源的征集、建设与使用;

(二)推进公共图书馆、文化馆等公共文化机构数字化服务;

(三)推进乡镇(街道)、村(社区)公共数字文化服务;

(四)公共数字文化服务标准体系建设;

(五)公共数字文化服务平台建设。

第三条　按照"统筹管理、分类实施、规范服务、提高效能"的原则,建立文化部统筹协调,专家委员会咨询指导,工程组织实施单位具体负责,省级文化行政部门配合实施的工作机制。

第四条　按照政府向社会力量购买公共文化服务相关文件要求,放开准入条件,通过政府采购、委托管理等方式,以资源建设、服务应用为重点,推动公共数字文化工程的设备升级和机制创新,逐步提高社会力量参与的比例。

第五条　公共数字文化工程建设应加强知识产权的保护和运用,遵守国家关于信息安全和保密管理的有关规定，健全和落实信息安全管理的规章制度。

第六条　公共数字文化工程建设严格执行国家有关法律法规政策，并接受文化、财政、审计、纪检监察等部门的监督检查。

第二章　机构与职责

第七条　文化行政部门作为管理部门负责公共数字文化工程建设的组织管理。组织实施单位受管理部门委托，负责公共数字文化工程建设的具体实施。

第八条　文化部承担以下职责：

（一）牵头制定和发布公共数字文化工程建设发展规划、年度计划及相关管理政策文件；

（二）发布公共数字文化资源建设、平台建设和服务推广等方面的重要工作文件；

（三）建立公共数字文化工程工作协调机制和专家咨询制度，统筹指导工程建设；

（四）根据公共数字文化工程建设发展规划和年度计划，审核工作任务，并向财政部提出资金分配建议；

（五）对公共数字文化工程实施情况进行监督检查，确定奖惩。

第九条　省级文化行政部门承担以下职责：

（一）牵头制定和发布本地区公共数字文化工程建设实施方案及相关管理政策文件；

（二）发布本地区公共数字文化资源建设、平台建设和服务推广等方面的重要工作文件；

（三）建立本地区公共数字文化工程工作协调机制和专家咨询制度，统筹指导本地区工程建设；

（四）根据工程建设重点和要求，汇总审核本地区公共数字文化建设工作任务，向文化部提出工程任务申请，同时向本地财政部门提出资金申报建议；

（五）对本地区公共数字文化工程实施情况进行监督检查，确定奖惩。

第十条　文化部组织实施单位承担以下职责：

（一）受文化部委托，组织实施本单位职责范围内的公共数字文化工程建设；

（二）负责编制工程建设发展规划、年度计划及资源建设、平台建设和服务推广等方面的重要工作文件，报文化部审批；

（三）受文化部委托，编制和发布本年度相关公共数字文化建设项目申报指南，并负责申报评审的具体组织工作；

（四）负责中央财政专项资金支持的相关公共数字文化资源建设、平台建设和服务推广；

（五）完成本单位承担的网络建设、软硬件系统开发及数字资源建设等任务。

第十一条　省级组织实施单位承担以下职责：

（一）在省级文化行政部门的指导下，按照本单位职责，组织实施本地区公共数字文化工程建设；

（二）负责编制本地区工程建设发展规划和年度计划，报省级文化行政部门批准和文化部组织实施单位备案；

（三）负责本地区公共数字文化资源建设、平台建设和服务推广；

（四）完成本单位承担的网络建设等任务。

第十二条　省级以下组织实施单位根据本地区公共数字文化工程建设发展规划和相关管理政策文件，组织实施公共数字文化工程建设。

第十三条　文化部设立国家公共数字文化建设专家委员会，承担工程建设的咨询职能。负责为全国公共数字文化建设提供咨询指导，参与重大项目、规划、方案的论证，工程建设的申报评审、中期督查、后期验收，公共数字文化队伍培训，以及其他相关工作。

第三章　工程实施管理

第十四条　依据国家及文化部相关规划，结合事业发展需要，文化部组织实施单位承担公共数字文化工程发展规划编制的具体工作。

省级文化行政部门委托地方组织实施单位，依据本地区经济和社会发展规划纲要和文化改革发展规划纲要，结合事业发展需要，编制本地区公共数字文化工程发展规划，并报文化部备案。

第十五条　文化部组织实施单位依据工程发展规划，负责拟订公共数字文化工程年度计划，明确年度工作要点、进度安排、激励约束机制等，于每年1月底前报文化部批准后实施。

地方组织实施单位依据本地区工程发展规划，负责拟订本地区公共数字文化工程年度计划，于每年年底前将下年度工作计划报省级文化行政部门批准后实施，并报文化部组织实施单位备案。

第十六条　公共数字文化工程建设实行立项申报制度。资源建设、平台建设、服务推广等相关工作，严格履行申报、审核、评审、审批、立项程序。

第十七条　文化部组织实施单位承担的、由中央本级专项资金予以支持的项目，依据文化部审定的发展规划和年度计划执行，履行《中央本级项目支出预算管理办法》规定的审批程序。执行过程中涉及重大调整、变更或新增内容的，应按照申报、审批程序执行。

第十八条　由中央财政转移支付、各省级文化行政部门组织实施的公共数字文化建设项目，执行以下立项审批程序：

（一）文化部委托文化部组织实施单位依据工程规划与年度计划，于每年2月底前向各省发布本年度公共数字文化建设项目申报指南。

（二）各省级文化行政部门委托地方组织实施单位，组织本地区符合申报条件的公共文化机构、企业和有关社会组织，按要求向文化部组织实施单位提交申报材料。

（三）文化部委托文化部组织实施单位对各省申报的建设项目进行评审。评审专家从国家公共数字文化建设专家委员会中随机抽取产生。文化部对评审过程予以监督。评审结果公示后由文化部批准实施。

（四）项目执行过程中涉及重大调整、变更的，应由工程组织实施单位提出申请、省级文化行政部门同意，经文化部组织实施单位审核后报文化部批准。

第十九条　建立公共数字文化工程验收制度，重点对工程规划实施情况、完成情况、资金使用情况和实际效果等进行检查验收。

（一）工程项目验收包括中期检查和结项验收。中期检查结果纳入结项验收考核之中。

（二）中央转移支付资金支持的地方工程建设任务，验收工作由管理部门委托组织实施单位开展。

（三）中央本级资金支持的工程建设任务，验收工作由文化部组织开展。

第四章　重点任务

第二十条　在文化部的统筹协调下，组织实施单位依据工程规划与职能任务要求，遵循"开放接口、兼容互用"原则，面向各级各类公共文化服务机构，构建开放互动、共建共享的统一服务管理平台，为基层群众提供集成化、一站式公共数字文化服务。

第二十一条　按照"需求导向、分工合作、共建共享"原则，文化部统筹制定资源建设规划，发布资源建设目录。

资源建设应突出工程功能定位和重点方向。全国文化信息资源共享工程重点建设与文化艺术普及和基本公共文化服务相适应的资源；数字图书馆推广工程重点建设与公共图书馆服务相适应的资源；公共电子阅览室建设计划重点为基层群众提供公共数字文化资源导航服务，原则上不进行资源建设。

第二十二条　按照"技术支撑、需求牵引"的原则，适应现代信息技术的发展，建立信息技术应用定期更新机制，促进公共数字文化服务方式与手段及时升级换代。

工程组织实施单位应结合公共文化服务机构免费开放，建立公共数字文化服务宣传推广机制，保证人民群众的知情权、参与权和监督权。

第二十三条　文化部结合国家公共文化服务标准化建设，统筹组织制订公共数字文化服务标准、评价标准和技术标准。

（一）已有国家标准和行业标准的，由组织实施单位在工程实施过程中推广应用；尚无相关国家标准和行业标准的，由文化部依托相关标准化技术委员会制订通用标准，组织实施单位组织制订个性化标准。

（二）各地区开展公共数字文化工程建设，应遵循国家标准和行业标准要求。

（三）标准制定和落实情况作为工程建设评价的重要依据。

第二十四条　按照"统一规划、分级实施、合作共享"的原则，将公共数字文化队伍培训统筹纳入全国基层文化队伍培训范围，建立培训资源共建共享机制。

（一）文化部组织实施单位重点面向省级工程实施人员开展管理和业务骨干培训。

（二）各省级文化行政部门负责制订本地区培训计划，重点组织开展地市级、县区级工程实施人员和基层服务人员培训。

（三）培训情况纳入工程建设评价和考核指标。

第五章　评价、考核与奖惩

第二十五条　建立工程组织实施单位内部自评、管理部门评价、第三方评估和群众监督相结合的科学评价机制。

（一）文化部组织实施单位按年度对工程实施情况开展自评，向文化部报告自评结果。各省级文化行政部门会同文化部组织实施单位组织本地区工程建设年度检查评价，结果报送文化部。

（二）文化部委托第三方专业机构，定期对工程建设与服务情况、群众满意度等进行检查评估。

（三）工程建设与服务的评价结果纳入各级文化行政部门对本级工程组织实施单位的年度考核。

第二十六条　建立公共数字文化工程年度考核制度，重点考核工程规划和年度计划的实施情况，以及资金使用情况。

各级文化行政部门对本级组织实施单位就公共数字文化工程建设进行年度考核。省级文化行政部门应将考核情况报文化部备案。

各级文化行政部门对公共数字文化工程建设的年度考核情况，应纳入工程组织实施单位领导班子和个人年度考核指标体系。

第二十七条　文化部根据评价和考核结果，对工作成绩突出的地区、单位和个人给予表扬奖励；对工作不力的地区和单位提出整改意见，限期整改达不到要求的予以通报批评，并核减下一年度工程建设资金；对工程实施过程中出现严重失误，造成重大损失和严重社会影响的地区和单位给予通报批评，并取消有关项目申报资格。

第六章　附则

第二十八条　工程建设经费管理另行制定办法。

第二十九条　本办法由文化部负责解释。

第三十条　本办法自印发之日起施行。

第八章　广场文化活动服务标准化

【目标和任务】

了解广场文化活动的相关概念，熟悉广场舞的特点、广场舞的发展、广场舞的功能；了解广场文化活动存在的问题和治理方式；掌握广场文化活动服务制度设计框架和服务标准设计。

第一节　广场文化活动概述

一、广场文化活动的相关概念

1. 广场文化活动场地

广场文化活动场地是指具备室外适用电源、夜间照明等基础设施配套的场地，包括城乡商业广场，机关、企事业单位、大专院校和社会组织、社区、公共文化体育场馆等用于免费开放、公益服务的室外空地、边角空地。

2. 广场活动文化团队

广场活动文化团队是群众自发组织的，活动在广场上，每年活动天数不少于100天，团队固定人数不少于8人，有团队负责人，开展排舞、有氧健身操、搏击操、啦啦操、健身腰鼓、健身秧歌等文化体育活动的组织。

3. 广场舞

广场舞是指在公共场所由群众自发组织的文化体育活动，以自娱性与表演性为一体，以热情欢快的表演内容、以集体舞为主体来表演的舞蹈形式，包括排舞、有氧健身操、搏击操、啦啦操、健身腰鼓、健身秧歌等样式。广场舞具有以下特点。

(1)特殊性：广场舞的舞台和观众是一体的，这是广场舞蹈特有的性质。

(2)集体性：表演方式都以集体舞出现，少则几十人，多则几百人。

（3）自娱性：自广场舞蹈产生以来，自娱性是广场舞蹈的主要特征。

（4）自发性：很多群众自发地组织跳广场舞活动，为了集体的健康和娱乐活动，他们不计报酬，尤其是负责带音响设备的几乎不会缺席。

4. 广场文化活动协管员

广场文化活动协管员是指本着服务社会、践行志愿精神、热心公益文化事业的宗旨，由相关部门选聘，在广场舞活动过程中从事现场秩序维护、安全协调、文化活动组织管理的兼职人员。

二、广场舞活动的发展

广场舞是我国历史文化、民族文化、区域文化、外来文化共同作用的产物，与社会发展息息相关，每个时期广场舞的表现形式各不相同，如 20 世纪八九十年代流行的是霹雳舞、交谊舞，以及后来的街舞等。广场舞的发展与人们的健身、娱乐要求相适应，现代舞蹈呈现国际化趋势，如近年来国外的瑜伽、普拉提、印度舞、肚皮舞等越来越受到大众尤其是女性的青睐，广场舞也不同程度地融入了这些时尚的舞蹈元素。与此同时，中国传统的武术、杂技，以及各个地区的民族舞蹈也逐渐被引用到广场舞中，广场舞呈现出多元舞种交融的趋势。

广场舞蹈源于社会生活，产生在人民群众之中。现代广场舞的发展趋势主要体现在多元舞种交融和贴近时尚潮流两个方面。现代广场舞的编排既适应各个年龄段人群的特征，又紧跟时代发展潮流，与时代发展相适应。现代广场舞音乐的选择不再是传统的音乐风格，它广泛融合了各种音乐曲风，如爵士、民族、通俗、英伦、DJ 舞曲、摇滚、电子等，既有舒缓轻柔的曲调，也有动感激越的风格。在舞蹈动作的编排上既有传统秧歌的套路，也越来越多地融入了各种时尚舞蹈元素。必须承认，广场舞作为中国社会的一种特殊舞蹈文化形态，具有其特殊意义，它既是集健康、娱乐于一体的文化活动，又是确保社会和谐的有效形式。

从各地开展的广场舞实践来看，广场舞的发展主要存在以下现状：一是群众需求特别旺盛，基础广泛，人数众多。从参加的人群来看，以老年人为主，这也可以看出我国已步入老龄化社会。二是矛盾突出，原因在于城镇化程度高，土地紧缺，群众喜爱室外活动胜过室内活动，但户外公共文化空间缺乏，所以会出现温州松台山高音炮对峙事件。三是各级政府开始重视治理。比如文化部等四部门出台相应的指导意见，各地出台的广场舞文明公约，绍兴等地制定的广场舞管理和服务规范等。

三、广场舞活动的功能

广场舞作为一种极具特色的广场文化，在新时代不断发展的今天，其文化内涵不断丰富，对群众文化的建设有着很大的推动作用，在公共文化服务体系建设中的地位也越来越重要。

1. 健身功能

广场舞相对于其他传统的跑步等体育健身项目，动作简单易学，容易为普通大众接受。它可随兴而舞，随心而跳，不受空间、时间、主题、节奏所限制。广场舞可以使中老年人全身心地投入自然状态之中，改善心肺功能，加速新陈代谢，促进消化，消除大脑疲劳，陶冶心灵，提高协调能力，从而达到增强体质、增进健康、延缓衰老和提高人体活动能力等作用。随着 1995 年《全民健身计划纲要》的颁布和实施，越来越多的上班族也走出办公室，也参与到了广场舞健身中。

2. 精神愉悦功能

舞蹈作为一种文化艺术形式，其本身是一种区别于语言文字的人体动态文化，其本身所具有的这种属性，使得舞蹈可以突破语言文字的障碍，更便于人与人之间的情感交流，让人们在跳舞过程中，拉近彼此的距离。群众在广场上健身，在身体得到锻炼的同时，还能与同一片区的居民有更多的沟通和交流，增进彼此的感情，使他们的精神生活得到极大的丰富。广场舞本身所具有的欢快的节奏、通俗的配乐和简洁的舞蹈动作，都受到了广大中老年人的喜爱，而街舞等青春型的舞蹈又受到了广大青年朋友的青睐，吸引大量人们参与到广场舞中，因而很好地满足了不同层次人们对多元化文化的需求。

3. 社会交往功能

文化是一个空间的精神内涵所在，对于生活于都市的现代人来说，构筑一定的具有舒适性、愉悦性、文化性、生态性、可达性的公共空间是必要的，也是必需的。在某种意义上，广场舞承载了文化交流的社会重任，它为群众搭建了一个交流的文化平台，是群众提升精神境界、积累审美经验的理想场地。这个文化平台自由度高，能接纳任何人的登台和亮相，集群效应高，因此，群众的热情、艺术思维、创造能力都能在这个平台上得以展现。广场舞活动不仅是城市精神文明建设的重要组成部分，更有效地丰富了城市居民的精神生活，提高了城市居民的社会认同感和城市归属感。

4. 审美功能

广场舞作为一种文化艺术形式，集节奏韵律感和艺术美感为一体。参与练习的群众需要用心感受音乐的意境，把舞蹈动作与音乐节拍高度融合，塑造出不同节奏的不同舞姿。表演的群众在受到身体锻炼和艺术熏陶的同时，也呈现给观众高度的意境美和形态美，这也是广场舞自娱性、健身性和表演性特点的体现。

四、广场舞活动存在的问题

1. 缺少城市公共空间

改革开放以来，我国城镇化快速发展的同时出现了只讲规模不讲质量、城镇化水平低、规划不合理、城市公共空间少、人均绿地面积小等问题。随着人民生活的改善和群众健身锻炼的需要，城市居民参加健身活动的人数越来越多，对活动健身场地的需求也越来越大。而我国的城市发展中没有合理的规划，没有预留出足够的城市公共空间。广场舞的场地没有明确规划，所以随意占地和争抢"地盘"的现象时有发生。

2. 管理职责不明确

广场舞扰民问题得不到有效解决的原因是管理职责不明确，有关部门的不作为。由于相关法规并没有明确执法主体，管理职责不明确，执行难度大，而且管理的对象大多是中老年人群，确实存在"不服管"的情况。所以，谁都不愿意出面解决。广场舞的音乐很可能成为噪声，严重干扰他人休息和学习。一些群众在无法寻求解决途径的前提下，会自己寻求极端的解决方法，进而激化了健身与扰民的矛盾。

3. 缺乏管理制度

良好的管理制度对维护社会公共秩序有着十分重要的作用，其可以规范、影响人们的行为，对个人行为起到约束的作用，是人们进行社会活动的准则和依据。目前，相关部门对群众开展广场健身的时间、地点、音响的音量及审批程序等都没有明确的规定。部分广场舞地段的人流、车流量比较大，给跳舞者的人身、财产安全带来一定安全隐患；广场设施配电接电存在安全问题；装备配置不足，如在城市主城区 LED 屏幕，社区固定音箱和拉杆式音箱不足；缺少人员参与管理，包括发动志愿者服务。以上问题均需相关部门制定相应的管理制度来解决。

4. 缺乏有效的沟通机制

广场舞扰民问题难以解决在于双方之间没有沟通的平台，缺少有效的沟通，缺乏相互理解。没有良好的沟通渠道，缺乏沟通对话的中间人，相互不能有效地沟通，就容易导致冷战甚至是过激行为。

广场舞活动是满足现阶段中国广大百姓健身和精神需求的有效载体，我们应该满足群众的这一需求，让广场舞发挥它的最大社会价值。这项工作需要政府、社区、群众的共同努力。

图 8-1 "万人同跳一支舞，共创排舞吉尼斯世界纪录"活动在杭州举行

五、广场舞活动的多元治理

首先，政府应该起到良好的组织、协调、规划作用，做好公共服务工作。在具体实施过程中，政府应该为群众广场舞活动的开展提供一个良好的外部社会环境，同时结合当地的具体情况，制定相关的法律法规和实施办法，使群众体育的开展范围、开展方向等有据可依。政府应该在社会公共资源配置上充分考虑群众体育的需求，为群众广场舞活动提供尽可能多的公共资源。在对待社区上，政府应该充分引导扶持社区的发展，以便让社区在群众广场舞活动开展中发挥更大的作用。

其次，社区作为政府与群众之间的媒介，应充分发挥一定的监管、协调、规划作用。在以广场舞为代表的参与性强、参与人数多的群众体育中，社区更应该积极发挥自身作用，协助政府宏观性指导实施工作的完成。具体到广场舞，社区应该在当中积极地协调，以平衡不同利益群体之间的需求与矛盾，最终达到整个社区的和谐发展和群众体育的健康开展。另一方面，群众在积极地参与广场舞活动时，应该具有高度的公民自觉性，从自身条件及周围环境出发，充分地遵循社区与政府的指导与要求，遵循相关的法律法规，尊重他人的正当权益。

最后，要充分依靠公众的自我管理去解决。群众自发娱乐健身活动过程中出现的矛盾和问题，需要在政府主导下，依靠群众的自组织管理去解决。解决的方式不是冷冰冰的管控，更不是简单的一罚了之，而是提供交流的平台和机会，促使双方在行使自己自由的同时也不妨碍他人的自由。以整治广场舞为例，管理部门、广场舞参考者、周边居民等各方都可以表达出自己的利益诉求，并达成平衡和共识。这显然比简单的规范管理来得更有效，能最大限度地促进群体自身与社会大众的同步和协调。政府、社区、群众之间形成良好的沟通、合作关系，才能使政府在广场文化活动的发展中提供良好、高效的公共服务。

▶▶ 扩展阅读

温州市鹿城区的广场舞治理

为进一步加强全区广场舞文明秩序的管理，温州市鹿城区从管理的制度化、规范化入手，逐步建起一套管理监督体系。2014年8月，鹿城区出台《户外文体活动噪声扰民专项管理办法》，明确责任主体，规定噪声扰民处罚流程，强化特殊时期敏感时段的监管，实行广场舞投诉统一受理派单制度，并对不作为、不履职行为进行问责，从原先的道德自律提升到制度规章的约束。同时成立了广场文化活动综合管理协调领导小组，将区委宣传部、文明办、公安分局、城管与执法局、环保局、文广新局、体育局、公园管理处等纳入成员单位，明确职能分工。如宣传部牵头部门协调与宣传引导，公安部门受理投诉并牵头联合执法，环保部门负责取证，城管部门配合日常管理等。并下设道德宣传组和联合执法组，在培养公德意识的同时加强巡查处罚力度，对扰乱公共秩序行为的予以坚决取缔，进一步强化教育和监督。现在，市民遇到噪声扰民问题，拨通投诉电话，来自公安、城管与执法、环保等相关单位的工作人员就会上门，对其反映的噪声音量进行监测。如果监测数据超标，工作人员将寻找噪声污染源，并对责任人员或单位进行劝导，情况严重还将对其处罚。为让市民投诉有"门"，表达诉求意见建议，鹿城区还拓展多种渠道和平台，启动广场治噪网络总动员，公开征集网民观察员，发动市民积极参与监督，并深化"三微"平台功能，对民意反映的问题予以督导解决。

总之，广场舞作为基层群众文化体育活动的重要组成内容，政府应该通过积极引导、扶持、规范，为其健康、规范、有序发展提供良好环境。政府要做好顶层设计，通过"管放结合"的形式让管理"软着陆"，对广场舞进行有效引导和规范。广场舞的健康发展需要文化、公安、环保等部门联动，多方合力。文化部门要加大公共文化活动场地的投入，发挥好文化馆等公益性事业单位的服务作用，组织专业人员积极参与广场舞活动的组织工作。公安部门应维护好治安，为广场舞创造良好的环境，减少不安全因素，保障公共安全；环保部门则需要合理规划公共场所的用地空间，并对广场舞音乐的音量及活动时间进行合理限定，避免对周边居民产生噪声污染。此外，学校、企事业单位可以充分协调内部公共空间，为广场舞活动提供场所，增加公共空间的供给。

第二节　广场文化活动服务标准化建设

在社会转型时期，利益主体多元化、利益诉求多样化、利益冲突显性化的问题会日益突出。公共部门在面对复杂的利益纠纷时，必须容纳和消解社会矛盾，变"堵"为"疏"，如，应将广场舞纳入制度化、规范化的渠道之中，为"老有所乐"提供载体，实现多元利益的有机协调。作为转变公共服务理念、提升公共服务质量的一个重要样本，将广场文化活动纳入制度设计和公共文化服务的轨道，尊重与回应了多元利益主体的诉求，是一种积极的尝试。从目前的实际情况看，广场文化活动主要存在政府管理缺位问题，特别是缺少相关的制度设计，仅仅靠广场规约难以有效达到群众自治的效果。

一、以广场舞为代表的广场文化活动制度探索

从国家层面上来看，2015 年 1 月 14 日中共中央办公厅、国务院办公厅印发的《关于加快构建现代公共文化服务体系的意见》(中办发〔2015〕2 号)明确提出"引导广场文化活动健康、规范、有序开展"。2015 年 8 月 26 日，文化部、体育总局、民政部、住房

城乡建设部联合发布《关于引导广场舞活动健康开展的通知》。

从地方层面上来看，作为制度设计的有益探索，浙江省绍兴市出台了《关于加强市区广场舞管理的实施意见（试行）》，并于 2014 年 7 月 15 日起试行。这是国内较早由政府做出的广场舞管理规定。该实施意见明确实行"属地政府牵头、相关部门依法管理、社区和公园等场地管理单位配合"的三级联动机制。各地政府负责制定区域内广场舞管理实施细则及管理工作，组织、协调各部门执行实施意见；公安部门会同环保等部门做好违法广场舞活动的查处和执法工作；环保部门依法建立广场舞音响噪声监测技术标准，配合公安部门做好巡查监测和执法工作；规划部门做好广场舞场地的汇总划定工作；文明办和文化、体育部门积极开展广场舞比赛、广场舞优秀团队评比等活动。意见要求各区政府、市直各开发区管委会采用疏堵结合、法理兼顾原则，在充分考虑和尊重市民意见的基础上，根据实际情况划定广场舞活动的场地与时间，在划定的广场舞场地内设置相关公示牌。规划部门从全局角度考虑场地之间的联系，就近合并，适当减少广场舞场地，提高公共空间利用率。按照国家《声环境质量标准》，意见也对广场舞的声音明确了限制：以居住、文教为主的区域为一类区域，音量应控制在白天 55 分贝、夜间 45 分贝；居住、商业、工业混杂区为二类区域，音量控制在白天 60 分贝、夜间 50 分贝，确保不影响市民正常休息。此外，绍兴市还将设立广场舞违规活动及冲突举报平台，公安、环保部门需第一时间联合开展执法，并加强针对广场舞活动的巡查力度。

二、广场文化活动制度设计框架

广场文化活动的制度主要通过制定地方政府的指导意见，同时发布广场舞基本服务标准的方式来设计。

1. 总体目标

通过统筹广场文化活动管理，建立长效管理机制，提高精细化管理水平，提升公共文化现代治理能力，切实缓解和消除广场舞冲突及隐患，提升市民公共行为素养，促进社会和谐稳定。实行属地政府牵头、相关部门（单位）依法管理、社区和公园等场地管理单位配合的三级联动机制，形成依法、规范、自律、自管的良性管理模式。培养广场舞文化，促进广场舞规范化、制度化发展，为"民有所乐""民有所健"发挥积极作用。

2. 管理原则

广场舞文化活动的管理原则是：政府负责，部门配合；堵疏结合，法理兼顾；以人为本、综合治理。

3. 主要任务

广场舞文化活动的主要任务是：划定广场舞场地；制定落实管理办法；探索管理方法；强化场地规划建设。

4. 职责分解

按照属地原则，各县市区政府负责制定本区域实施细则；通过协调机制，与公安、环保、规划、文明办、体育等部门协同治理。

5. 广场文化活动内容供给的基本标准

根据人民群众的基本文化需求，由当地文化部门设置广场舞供给目录清单，围绕文化广场设施布局、资源配置、队伍建设、投入保障等制定服务内容标准。重点把握以下特点：一是需求导向。要依据当地群众的偏好，本着"引领风尚""向上向善"的原则遴选舞蹈内容。二是基本供给。该内容是面向大众，普及性的，对于更高层面的高端舞蹈培训是要走产业的路子。三是因地制宜。有些民族区域要考虑民族舞蹈的供给，沿海开放城市经济发达地区的广场舞考虑更时尚的内容。

6. 广场文化活动场地的标准

根据市级、县级、乡镇、社区服务人口数，政府配备相应面积的广场舞场地，要纳入城乡建设总体规划，建设经费纳入当地政府财政预算，纳入政府目标管理责任制。各省在制定本省的基本公共文化服务保障标准时应将文化广场纳入基本公共文化服务内容，作为城乡居民免费的公共文化活动空间。场地标准还包括设施和装备基本配备，在有条件的广场可以设置 LED 屏幕，通过播放视频的方式远程控制广场舞教学，还可覆盖无线网络，供给利用平板电脑学跳广场舞的群众。

7. 广场文化活动服务和管理规范

这是从软件方面对政府和文化部门提出的要求。通过服务和管理的规范，重点解决以下问题：一是广场空间资源分配问题，避免广场舞群众争抢"地盘"。二是噪声扰民问题。三是安全问题。四是服务效能问题。

8. 广场文化活动评价标准

评价标准主要包括四个层面：一是绩效考核标准，也就是对政府和公共文化机构在广场舞供给、服务、文化广场建设投入等方面完成情况的考核。二是公共文化机构评估，特别是文化馆等文化机构在引导广场舞的活动、文艺团队建设等方面的评价。三是评价评优标准，这是对各地推动广场舞发展，有序管理广场舞的发展性评价。四是社会评价标准，由社会第三方独立开展的广场舞满意度评价。

三、广场舞活动服务标准设计

广场舞活动基本服务标准的规范性引用文件包括：《中华人民共和国环境噪声污染防治法》《声环境质量标准》和文化部、体育总局、民政部、住房城乡建设部联合印发的《关于引导广场舞活动健康开展的通知》。

1. 广场舞时间管理

(1)夏令时间

早上 6:00—9:00，晚间 18:30—21:30。

（2）冬令时间

早上 6:30—8:30，晚间 18:30—20:30。

（3）暂停时间

高考、中考等特殊时段，从考前 3 天到考试结束，暂停广场舞活动。

2. 广场舞音量管理

以最近建筑物为检测点，以居住、文教为主的区域音量控制在昼间 55 分贝、夜间 45 分贝；以商住、工业混杂为主的区域音量控制在昼间 60 分贝、夜间 50 分贝。

3. 广场舞场地管理

（1）场地级别

按实际面积测算，可分五级，见表 8-1。

表 8-1　广场舞场地级别

面　积	级　别
20 平方米～200 平方米（含）	小型广场舞场地
200 平方米～800 平方米（含）	中小型广场舞场地
800 平方米～2000 平方米（含）	中型广场舞场地
2000 平方米～10000 平方米（含）	大型广场舞场地
10000 平方米以上	特大型广场舞场地

（2）场地要求

广场舞对场地的要求包括：场地平整；与居民生活、工作场所保持 10 米以上距离；有 3 支以上广场舞团队的场地，应划分功能区；设置统一的广场舞活动场地指示牌和 logo 等标示。

（3）设施配备

①中小型级别以上（含）的广场舞场地，应配有室外适用电源、夜间照明装置；

②中型级别以上（含）的广场舞场地，应配有音量分贝电子显示牌；

③大型级别以上（含）的广场舞场地，应配有 LED 屏幕。

（4）人员配备

①中小型、中型广场舞场地，应配有不少于 1～2 名广场舞协管员志愿者岗位，由所在地社区（村）、街道（乡镇）负责；

②大型广场舞场地，应配有不少于 2～3 名广场舞协管员志愿者岗位，由所在地社区（村）、街道（乡镇）负责；

③特大型广场舞场地的广场舞协管员志愿者岗位，由区文化广电新闻出版局负责。

4. 广场舞活动管理

（1）活动内容

文化团队、个人可在规定时段内参与广场的排舞、有氧健身操、搏击操、啦啦操、健身腰鼓、健身秧歌等各类有益身心、积极健康的广场舞活动。

（2）活动规约

广场参与舞者应自觉履行以下广场活动规约：

①维护治安秩序，不从事摆摊设点、兜售物品、杂耍卖艺或其他经营性活动；

②维护环境卫生整洁、美观，不在建筑物、构筑物或其他公用设施上涂写、刻画或未经批准张挂、张贴宣传品和其他影响城市面貌和环境卫生的行为；

③维护交通秩序，不随意停放机动车和非机动车，妨碍广场周边的交通秩序；

④服从广场舞协管员的管理。

5. 广场舞协管员

（1）选聘

广场舞协管员由区文化广电新闻出版局、街道（乡镇）、社区（村）从文化管理员、社会体育指导员、文化志愿者及其他热心公益的居民中选聘，并给予适当补贴，每年集中培训时间不少于 5 天。

（2）基本要求

①应着装整洁，佩戴统一的徽章或服务证。

②在规劝不文明的行为时应敬礼，表明身份，面带微笑，耐心和气；服务对象提出批评、建议时，应耐心听讲、认真解释。

③服务过程中严禁吸烟、喝酒、吃零食。

④不应向任何组织或个人索要或接收任何礼品和有价礼卡、礼券，不接受宴请及消费娱乐活动。

⑤提前 30 分钟到岗，每场活动应巡视不少于 2 次。

⑥对广场舞活动过程中出现的安全隐患、场面失控及其他违反相关规定的情形，要及时阻止事态发展并第一时间向相关部门报告。

第三节　广场文化活动服务标准化的实践：
河南省漯河市"幸福漯河健康舞"

河南省漯河市立足文化惠民，于 2011 年启动了"幸福漯河健康舞"活动。2013 年，"幸福漯河健康舞"被评为河南省首届"群星奖"优秀公共文化服务项目。2013 年 11 月，该项目入选第二批国家公共文化服务体系示范项目创建。漯河市采取有力措施，加大投入力度，推动活动全面普及，成功打造了群众欢迎、踊跃参与的公共文化项目品牌。目前，全市参加"健康舞"舞蹈队的群众已达 60 万人，参与"健康舞"活动的群众达 160 万人次。"幸福漯河健康舞"成为漯河市规模最大的群众文化活动，并辐射到周口、平顶山、许昌等周边 6 个地市，江苏、甘肃、内蒙古等省区 20 多个市县先后来漯河考察学习。

一、"幸福漯河健康舞"标准化的创新做法

1. 提供"四免费"服务，扶持"健康舞"推广

推广"幸福漯河健康舞"，提供"四免费"服务，即免费赠送音响器材、免费赠送服装、免费赠送健康舞音乐和示范 DVD、免费参加学习培训，鼓励群众参与到积极向上、健康的文化活动中来。从 2013 年到 2015 年，先后培训群众 6 万人次，分批次配备服装 15 万套，配备音响 1400 套。全市所有乡镇、村都设立了固定活动点，都建立了健康舞活动队伍。"幸福漯河健康舞"不仅在市区可以跳，而且实现了村村跳。市文广新局协调有关部门完善活动场地的硬件配备，在活动广场安装电源插口，增设灯光设施。同时，加大社会力量的投入，吸引有实力的企业出资回报社会，赞助活动的推广普及。

2. 实行"五统一"管理，规范"健康舞"发展

大中城市出现的跳广场舞与居民纠纷的现象，归根到底是活动场所的缺乏和引导管理的欠缺。漯河市推出"幸福漯河健康舞"之初，就建立了"五统一"管理制度：统一活动时间，夏季每天早上 6:00 以后、冬季每天早上 6:30 以后，夏季每天晚上 7:30—9:00、冬季每天晚上 6:30—8:30；统一地点，沿河居民安排在沙澧河景区内广场活动，同时发挥会展中心广场、黄河广场、双汇广场、市体育场等大型公共广场的优势，把附近居民尽可能地安排在公共广场活动，其他居民就近安排在社区广场活动；统一音乐，根据漯河市创编的"健康舞"动作设计音乐，主要从《中国味道》《光芒》《天下姐妹》等弘扬主旋律歌曲中精选音乐片段合成；统一动作，根据广大参与者尤其是中老年人的健身需求，摒弃对群众舞蹈的简单模仿，创编了三套"健康舞"动作在全市推广；统一服装，即参加活动要穿着免费赠送的服装，提高自我约束、自我管理意识，树立良好的公益形象。

3. 培训骨干队伍，推动"健康舞"普及

切实加强群众文化活动队伍建设，选好配齐县区、乡镇、街道专职文化干部，每年把乡镇、街道文化工作者轮训一遍。市文广新局组织成立了漯河市社会文化协会，广泛开展文化志愿者招募工作，动员社会各界的专业文化艺术工作者、有一定艺术特长的文艺爱好者、群众文化热心人进入文化志愿者队伍，全市先后招募文化志愿者1320 人。加强对文化志愿者、"健康舞"教练员、基层业余文化骨干的培训。目前，"幸福漯河健康舞"活动中拥有文化专业技术人员 85 人、有舞蹈艺术特长的志愿者 110 人、业余文化骨干 2000 余人，全市形成了一支专业人员引领、志愿者支持、业余文化骨干热心服务、市民群众踊跃参与的公共文化活动队伍。市、县区、乡镇、街道文化工作者加强对创建工作的指导，组织广大教练员、志愿者和文化骨干积极开展"幸福漯河健康舞"的舞蹈培训、队伍的组建，有力推动了活动在全市普及。全市现有"健康舞"活动队伍 1462 支。其中，市区登记在册、有一定规模和组织的"健康舞"活动队伍 350 多支。郾城区全区 178 个行政村，共建立"健康舞"队伍 260 多支，舞阳县保和乡 38 个行

政村已组建"健康舞"活动队伍 39 支。各舞蹈队深入机关、学校、企业、社区、农村，开展健康舞的比赛、展演活动，极大丰富了基层群众的精神文化生活。

4. 多层次举办大赛，打造"健康舞"品牌

"幸福漯河健康舞"活动已连续举办三届漯河市"幸福漯河健康舞"大赛，每年一届。每届全市性大赛从初选到决赛历时近 3 个月。赛前，市群艺馆组织人员分赴各乡镇开展舞蹈培训，规范健康舞动作，进行初赛选拔，选拔出优秀舞蹈队参加县区举办的复赛。经过乡镇初赛、县区复赛，获胜的舞蹈队进入漯河市"幸福漯河健康舞"大赛总决赛。每届进入全市大赛的队伍都在 100 支以上，直接参与的群众在万人以上，观看大赛的群众突破 10 万人次。2014 年进入全市大赛的队伍最多，达 330 支，直接参与群众 2 万多人。坚持群众是文化消费的主体，又是文化创造的主体，通过比赛鼓励注重创新，一批以年轻人为主体的舞蹈团队也投入"幸福漯河健康舞"的竞赛舞台。

5. 注重机制创新，引导"健康舞"深化

(1) 形成系列制度设计，实现规范化发展。漯河市先后出台了《"幸福漯河健康舞"活动规范》《"幸福漯河健康舞"活动队伍星级评比办法》《"幸福漯河健康舞"星级辅导员评比办法》《"幸福漯河健康舞"示范项目督导检查制度》《"幸福漯河健康舞"业务考核评比办法》《"幸福漯河健康舞"志愿者招募管理制度》《示范项目创建专项资金管理制度》等 9 项制度。

(2) 列入市政府民生实事，不断加大投入。"幸福漯河健康舞"连续三年被列入市政府民生实事，省级创建资金 50 万元，漯河市级财政共下拨活动经费 133 万元，企业赞助资金 200 万元，严格按照专项经费资金管理办法，专款专用，全部用于创建活动开展。

(3) 成立组织机构，推进专项工作。市政府成立"幸福漯河健康舞"活动领导小组，市文化广电新闻出版局成立项目创建工作领导小组，加强对项目创建工作的策划组织和过程管理。两级领导小组定期召开会议，及时协调解决创建工作中的问题。对项目的普及推广、设施建设、队伍建设、经费保障等进行专项检查，发现问题督促整改。

(4) 纳入考核，上下联动。市文广新局将项目创建作为全市文化重点工作纳入全年目标，将活动开展作为全市"两馆一站"业务考评的主要内容，纳入工作奖惩。各级文化部门积极争取体育、财政、城建、沙澧河建管委、交通、卫生、公安、文联、工会等部门的配合支持，形成了部门联动机制，推动了"幸福漯河健康舞"活动顺利开展。

二、"幸福漯河健康舞"取得的成效

漯河市通过开展"幸福漯河"系列活动，大力发展群众文化，影响广泛，形成了现代公共文化服务体系建设的"漯河模式"，也为河南省及我国中部地区推进开展基层群众文化活动提供了新的启示和思路。两年来，中央、省、市新闻媒体对"幸福漯河健康舞"的宣传报道达 1000 多条。

1. 倡导了健康文明的生活方式

"幸福漯河健康舞"脱胎于中国舞蹈家协会创编推广的"百姓健康舞",通过创新创编舞曲、精选组合动作而成,编排规整,简单易学,具有陶冶情操、强身健体、娱乐交流等多元功能,适用于20~80岁的城乡人群,迎合了市民群众健身的需求。目前漯河市推出的三套舞蹈,对每一节舞蹈的时间长度和节奏快慢都进行了科学控制,运动量经过科学测算,通过上肢运动、下肢运动、站立、跑跳等舞蹈动作的系统训练,可使人体健康水平得到锻炼提高。三套健康舞各有特点,第一套的以肩、臂等上半身锻炼为主,适合办公室白领及年龄偏大的人群。第二套加强了腿部力量型动作,受众面较广。第三套增加了跑跳,锻炼了心肺功能,更加适合中青年人群。

2. 营造了和谐团结的社会文化氛围

"幸福漯河健康舞"作为一项集体活动,每场训练、演出、比赛都需要参与的群众具有团队合作精神。只有全体队员紧密配合,随着舞曲恰当表演各种舞姿、舞步,随着旋律自然地做出收缩与舒展、推进与拉伸、挺身与屈体等舞蹈动作,才能舞出激情,舞出风采。参与"幸福漯河健康舞"的群众大多是中老年人。通过"幸福漯河健康舞"活动,一大批中老年人尤其是孤寡老人、独居老人走出家门,参加集体活动,在训练、演出之余相互沟通交流,抒发情感,消除隔阂,满足了中老年人社会交往的心理需求,改善了人际关系,不知不觉中拉近了人与人的距离,促进了社会和谐。在城市,一个社区甚至附近社区的居民相互认识了,熟悉了。在农村,干群关系更亲密了。

3. 培育形成了公共文化服务体系建设品牌

以"幸福漯河健康舞"为龙头,带动全市群众文化活动的蓬勃开展。全民阅读、经典诵读、群众歌咏展演、群艺舞台演出、戏迷票友擂台赛、少儿艺术节、校园艺术节等多种内容和形式的活动不断涌现。各县区也相继涌现出一批有影响的群众文化活动。比如郾城区的周末戏迷秀、情暖农家文艺演出;舞阳县的农民画大赛、中国象棋公开赛、戏迷擂台赛等;临颍县的戏迷俱乐部;源汇区的舞动漯河大家跳、激情广场大家唱;召陵区的民间艺术大赛等。基层群众文化生活不断得到丰富和提升。

4. 促进了全市公共文化服务设施的不断完善

"幸福漯河健康舞"推动了地方党委、政府落实公共文化服务体系建设的主导责任,促进了全市公共文化服务设施的不断完善,带动全市公共文化服务体系建设提档加速。漯河市近年投资5.6亿元,规划新建了市图书馆新馆,市博物馆,市群艺馆A馆、B馆,总建筑面积达3.5万平方米。2015年,通过以奖代补、先建后补等方式,加大物资投入,大力加强农村公共文化服务设施建设。各县区、乡镇按照"有场地、有灯光、有音响、有器材、有队伍、有活动"的"六有"标准,采取与驻村共建相结合、与美丽乡村建设相结合、与文明单位帮扶相结合等措施,切实加强农村基层综合性文化服务中心建设,新建改建农村文化活动中心700个。

三、"幸福漯河健康舞"的示范意义

1. 顺应了社会老龄化的发展需求

截至 2014 年，我国 60 岁及以上的老年人口总数达 2.12 亿人，占总人口比重达 15.5％。广场舞的流行与社会老龄化发展趋势密不可分。在老龄化社会背景下，身体健康状况下降是影响中老年人生活质量的重要因素之一，有研究表明，大约有 1/3 的老年人存在失落、孤独、抑郁、焦虑等心理问题。"幸福漯河健康舞"的蓬勃开展，满足了中老年人有组织、有计划地系统锻炼身体的需求，提高了中老年人身体的健康水平，同时也满足了空巢老人、独居老人参与社会交往的心理需要。长期参加健康舞活动的中老年人大都精神头十足，感觉生活充实，生活质量得到明显改善。

2. 打造了群众展示自我的舞台

广场舞作为一种大众健身形式，简单易学，不受年龄、人数、场地和设备的限制。群众自觉学习广场舞，主动运用广场舞，以传教别人的方式来传播广场舞，因而广场舞具有广泛的群众基础，深受广大群众的喜爱。按照心理学家马斯洛著名的需求层次理论，当人们满足了生活的基本需求之后，就会去满足实现自我价值的需求。漯河市开展"幸福漯河健康舞"活动，始终坚持以群众为主体，让群众成为文化活动的主角，让群众在活动中自我展示、自我娱乐、自我教育。通过举办多层次的比赛，为群众构建展示自我的舞台，实现了群众展示自我的心理需求，激发了群众参与健康舞的积极性和展示自我才艺的主动性，增强了"幸福漯河健康舞"活动的生命力。

3. 丰富了积极向上的群众文化

"幸福漯河健康舞"挤压了赌博、打麻将、打扑克等存在空间，潜移默化地提高了人们的艺术修养和审美能力。在"幸福漯河健康舞"的舞曲中，采用《中国味道》和《光芒》等弘扬主旋律的歌曲，传递了社会正能量，营造了积极向上的社会文化氛围。参加同一个舞蹈队的群众一般是同一社区或临近社区的群众，人们经常一起参加集体活动，增强了对社区的认同感、归属感和集体荣誉感，增强了凝聚力。相互熟悉的人在一起参加集体活动，能够在无形中强化自我约束意识，规范自己的道德行为，为创新传统文化、引领流行文化、扶持大众文化发挥了积极作用。

【思考题】

1. 广场舞作为群众喜闻乐见的一种文化活动，目前存在着一些问题，你是如何看待这些问题的？

2. 广场舞活动服务标准化包括哪些内容？

3. 通过学习"幸福漯河健康舞"的案例，结合本地实际，思考如何引导和扶持广场舞的有序开展？

【参考文献】

[1]刘生杰，郭显德. 太极拳与广场舞对中老年妇女健身效果的比较研究[J]. 中国体育科技，2013(5)：103.

[2]孙美娜. 探析广场舞在群众文化发展中的地位与作用[J]. 大众文艺（学术版），2013(19)：27.

[3]杨奕. 浅析广场舞在全民健身中的作用与价值[J]. 科技视界，2014(1)：255.

[4]李子闯. 广场舞健身文化的创新与发展[J]. 科教文汇，2014(9)：104.

[5]张信思，刘明辉，赵丽娜. "广场舞矛盾"与城市公共文化空间的规划管理[J]. 中国园林，2014(8)：114.

[6]张晓莉. 广场舞锻炼与中老年妇女幸福感相关研究[J]. 广州体育学院学报，2014(6)：35.

[7]张建明. 广场舞健身与扰民的矛盾如何化解[J]. 运动，2014(12)：4-5.

[8]中共中央办公厅、国务院办公厅印发《关于加快构建现代公共文化服务体系的意见》[EB/OL]. [2015-01-14]. http://news. xinhuanet. com/politics/2015-01/14/c_1113996899. htm.

[9]绍兴市出台首个广场舞管理意见 7月15日起试行[EB/OL]. [2014-07-03]. http://zjnews. zjol. com. cn/system/2014/07/03/020119912. shtml.

[10]徐娟. 根治广场舞扰民不能一罚了之[N]. 人民公安报，2015-02-05.

[11]郑瑶瑶. 让广场舞"欢而不扰"[J]. 今日浙江，2014(20)：45.

[12]范周. 广场舞究竟惹了谁[N]. 中国文化报，2015-02-13.

[13]杨朝清. 解"广场舞困境"需制度设计[N]. 经济日报，2014-02-19.

文化部　体育总局　民政部　住房城乡建设部
关于引导广场舞活动健康开展的通知

文公共发〔2015〕15 号

各省、自治区、直辖市文化厅（局）、体育局、民政厅（局）、住房城乡建设厅（建委），新疆生产建设兵团文化广播电视局、体育局、民政局、建设局：

广场舞是深受广大群众喜爱的文化体育活动，包括排舞、有氧健身操、搏击操、啦啦操、健身腰鼓、健身秧歌等多种样式，近年来在全国蓬勃开展，在丰富城乡基层群众精神文化生活、推动全民健身运动广泛开展、展示群众良好精神风貌等方面发挥了积极作用。但广场舞活动场地和设施结构性欠缺、噪声扰民、引导扶持和管理机制不健全等问题日益凸显，不利于广场舞活动的健康发展。为促进广场舞活动健康、文明、有序开展，现就有关事项通知如下：

一、总体要求

1. 目标任务

以活跃基层群众文化生活、提高公民身体素质和道德素质、促进基层社会和谐稳定为根本，以扶持、引导、规范为重点，培育一批扎根基层、综合素质较高、专兼职结合的广场舞工作队伍，推出一批具有文化内涵、审美品位和健身功能，便于群众接受的广场舞作品，培育一批具有导向性、示范性的广场舞品牌活动，实现城乡基层广场舞活动健康、文明、有序开展。

2. 工作原则

坚持积极引导与尊重群众意愿相结合。坚持弘扬社会主义核心价值观，加大对广场舞的引导和扶持力度，切实加强基层文化阵地建设。尊重群众意愿，引导群众需求，为群众开展广场舞活动提供便利条件，创造良好发展环境。

坚持统筹协调与因地制宜相结合。整合各方优势资源，形成工作合力，加强对城乡基层广场舞活动的统筹协调。鼓励各地因地制宜，结合当地文化资源和特点，开展富有地方特色、符合群众品位的广场舞活动，吸引基层群众积极参与。

坚持创新管理与规范服务相结合。牢固树立现代治理理念，按照建设服务型政府的要求，与基层社会管理机制相结合，创新广场舞活动的管理方式。加强法制宣传和社会公德教育，不断提升广场舞工作的规范化水平。

二、为广场舞活动创造良好条件

3. 为基层群众就近方便地提供广场舞活动场地。积极优化广场用地和文化、体育活动设施布局，在旧城区改造和新城区建设时，按人口规模或服务半径以及有关要求配套建设选址适中、与地域条件协调、适合开展群众性文体活动的场地。发掘利用城乡商业广场、企业和社区场地、边角空地等社会场地资源，盘活现有场地存量。加大公共文化体育场馆免费开放力度，充分提高场馆利用率，根据群众需求特点实行错时开放，适当延长夜间、休息日开放时间。做好室外广场适用电源、夜间照明等基础设施配套，合理配置广场舞活动设备器材，有条件的地方应当为各类广场舞团队免费提供移动音箱等设备。

4. 为广场舞活动提供优质服务。充分尊重各地传统文化和群众审美需求特点，大力支持基层群众自发开展具有文化艺术内涵、体现科学健身理念、符合群众审美特点的形式多样的广场舞活动。充分发挥公共文化体育单位的骨干作用，将广场舞作为公共文化体育单位的重要工作内容，采取划片指导、结对帮扶、培训指导等多种方式，加大对广场舞活动的服务和指导力度。广泛开展免费发放教学光盘、公益培训、展演展示、原创作品征集评选等普及推广活动，为广大群众更好地学跳广场舞提供方便。

5. 为广场舞活动搭建良好平台。各级文化、体育行政部门要因地制宜组织开展各类群众文化体育活动，引导基层群众结合地域、民族文化特色，充分挖掘和利用本地优秀文化资源，创新广场舞活动形式和组织方式，丰富活动内容，提升活动内涵。广泛开展社会主义核心价值观主题广场舞活动，结合广场舞作品创作、队伍培训、宣传推广等引导基层群众培育和践行社会主义核心价值观。通过政府购买服务等方式，对优秀广场舞团队予以扶持、表扬、宣传，大力培育广场舞活动品牌，为广大群众搭建展示文艺才能、参与文化创造的良好平台。

三、加强对广场舞活动的规范管理

6. 完善广场舞管理规范。大力宣传《中华人民共和国环境噪声污染防治法》、《国家声环境质量标准》等法律法规，提高基层群众的法治意识和社会公德意识。推动基层政府和社区自治组织结合本地实际制定人性化、针对性强的广场舞活动管理办法、活动准则或文明公约。探索实施广场文化活动登记备案制、星级评定制等相关管理制度，提升广场舞管理的制度化、规范化、科学化水平。

7. 鼓励群众自我管理。积极引导和推动建立基层广场舞协会等文化体育社团组织，充分发挥其自我管理、自我教育、自我服务、自我监督的作用，吸纳广场舞团队负责人、文艺骨干、社会体育指导员、群众代表参与广场舞管理，统筹组织辖区内广场舞团队及基层群众协商制定和落实相关管理规定，广泛吸取群众智慧，依靠群众力量，提升管理水平。

8. 将广场舞活动纳入基层社会治理体系。按照属地化管理的原则，建立由政府牵头、相关部门依法管理、场地管理单位配合、社区居委会和业主委员会以及相关社会组织等广泛参与的广场舞活动管理机制，推动相关管理规范有效落实，加强日常巡查，关注群众诉求，及时了解基层广场舞活动开展情况，把因广场舞产生的矛盾化解在基层、化解在萌芽状态。

四、加强组织领导和统筹协调

9.加强组织领导。积极推动将广场舞工作纳入当地现代公共文化服务体系建设和群众体育事业发展的总体规划,纳入当地政府重要议事日程,纳入公共文化服务协调机制的工作内容,明确各部门职责分工,加强统筹协调,形成分工明确、统筹有力、部门联动、齐抓共管的工作格局。

10.加强经费保障。通过现有资金渠道加大对广场舞活动的投入,重点支持城乡基层广场舞活动设施建设、设备配备、队伍培训、作品创作、普及推广、展示交流。积极拓展资金来源渠道,引导和鼓励社会力量对广场舞活动给予资金及设备支持。

11.加强队伍建设。结合全国基层文化、体育队伍培训工作,强化对基层文化、体育工作者和群众文体骨干开展广场舞编创、普及推广、规范管理等方面知识的系统培训,培养一支适应广场舞工作需要的编创、培训、管理人才队伍。切实加强文化管理员、社会体育指导员、文化志愿者等兼职队伍建设,吸纳有丰富实践经验的广场舞团队负责人和领头人参与管理和服务。

12.加强宣传引导。积极拓宽宣传渠道,充分利用传统媒体及各类新兴媒体,大力宣传广场舞工作的好做法、好经验,树立一批优秀广场舞工作者典型、广场舞领头人典型、广场舞团体典型,营造健康、文明、规范、有序参与广场舞活动的良好氛围。

各地区、各有关部门要充分认识广场舞活动的重要意义,切实强化组织领导,抓好贯彻落实,制定符合本地实际的具体工作方案。各省(区、市)文化厅(局)、体育局、民政厅(局)、住房城乡建设厅(建委)要会同有关部门加强监督检查,确保本通知各项要求落实到位。

特此通知。

文化部　体育总局　民政部　住房城乡建设部

2015 年 8 月 26 日

国家体育总局关于进一步规范广场舞健身活动的通知

各省、自治区、直辖市，新疆生产建设兵团体育局：

2015 年，文化部会同体育总局、民政部、住房城乡建设部联合印发了《关于引导广场舞活动健康开展的通知》，积极促进和规范了广场舞健身活动的开展。但是，广场舞健身活动依然存在场地不足、噪声扰民、管理服务不到位等突出问题，个别地方甚至发生了健身群众抢占活动场地的冲突，成为社会舆论关注的焦点。为进一步有效规范广场舞健身活动，推动广场舞健身活动健康发展，积极发挥各级体育部门服务全民健身的职能作用，现就有关事项通知如下：

一、多措并举增加广场舞健身活动场地供给

各级体育部门要积极促进当地人民政府按照配置均衡、规模适当、方便实用、安全合理、因地制宜的原则，科学规划、统筹建设广场舞健身活动场地，多措并举增加广场舞健身活动场地供给。扩大增量，将广场舞健身活动场地建设纳入城乡"多规合一"，纳入全民健身场地设施建设规划，纳入 15 分钟体育健身圈，与其他全民健身场地设施统筹安排。盘活存量，鼓励适合广场舞健身的体育场地在发挥原有体育功能的前提下，合理划分不同健身项目开放时段，采用分时段办法向广场舞健身爱好者开放，有效提高体育场地利用率；主动协调政府有关部门，利用公园、广场、绿地以及"金角银边"等城市空置场所，为广场舞健身爱好者提供活动场地；通过政府购买服务等方式，支持企事业单位、社会团体的体育场地向广场舞健身爱好者开放。体育部门要对辖区内广场舞健身活动场地进行摸底、登记，并积极推动场地管理单位在场地平整、适用电源、夜间照明以及其他配套设施等方面不断提高服务质量。

二、严格规范广场舞健身活动行为

体育部门要以问题为导向，切实加强广场舞健身活动日常监管，及时化解在广场舞健身活动中产生的矛盾冲突。积极引导场地管理单位制定广场舞健身活动管理规范，不得在烈士陵园等庄严场所开展广场舞健身活动，不得通过广场舞健身活动非法敛财、传播封建迷信思想，不得因广场舞健身活动产生噪声影响周边学生上课和居民正常生活，不得因参加广场舞健身活动破坏自然生态、环境卫生和公共场地设施，扰乱社会治安、公共交通等公共秩序。采取多种形式传播团结友爱、健康向上的广场舞健身文化，引导广场舞爱好者自觉树立践行社会主义核心价值观，促使社会公众不断加深对广场舞健身活动的认知和了解，使其成为广场舞爱好者交流沟通的重要载体，成为家庭和睦、社区和美、社会和谐的积极力量；引导广场舞爱好者制定自律公约，推动其自我管理、自我教育、自我服务、自我监督，增进广场舞健身团队之间相互理解、共同发展。协助广场舞健身团队获得周边居民理解，营造和谐、安定的广场舞健身活动氛围和居民居住环境。加强广场舞健身活动的舆论宣传，引导各方合理预期，避免突发事件引起舆论激化。

三、切实加强广场舞健身活动组织和队伍建设

各级体育部门要积极协同有关方面加强广场舞健身活动的组织建设和队伍建设。体育部门对辖区内广场舞健身团队进行摸底，鼓励其在县级体育部门备案；鼓励、支持具备条件的广场舞健身团队登记成立社会团体或社会服务机构等社会组织；指导、支持各地广场舞健身社会组织联合成立广场舞行业协会，加强自律管理。县级体育部门对备案的广场舞健身团队在健身场地、人才培训、活动交流等方面提供帮助。鼓励各级老年体协、农民体协、社会体育指导员协会以及基层文化体育组织利用场地、人才和技术资源，为广场舞健身活动提供指导，协调、解决广场舞健身活动中遇到的实际困难和问题。积极引导、培养群众认可度高、经验丰富的广场舞健身团队负责人成为社会体育指导员，优先进行主要包括广场舞在内的专门培训，使其成为体育部门加强对广场舞活动进行有效管理的得力助手，努力打造一批综合素质高、责任心强、乐于奉献、热心服务广场舞健身活动的社会体育指导员队伍。

四、建立和完善广场舞健身活动部门联动、齐抓共管的工作机制

体育总局社会体育指导中心成立全国广场舞健身活动推广委员会，制定广场舞健身活动发展规划，推出广场舞健身活动标准，提供广场舞健身活动指导。各级体育部门要开拓工作思路，创新工作方法，从提高全民健身治理体系和治理能力现代化水平的高度，加强广场舞健身活动管理与服务。将广场舞健身活动健康开展作为贯彻落实全民健身计划的重要内容，力争纳入各级政府年度民生实事加以推进。在部门联动、齐抓共管的全民健身工作机制中，明确有关部门职责分工，协调各部门不断加强统筹规划、政策协调，形成工作合力，提高工作实效，确保责任到位、措施到位、落实到位。加强与广场舞健身活动场地所属街道、社区、公园、广场等管理单位的联系，推动管理措施的有效落实。充分调动社会力量特别是广场舞健身爱好者的积极性和创造性，培养、使用管理水平高、服务意识强的高素质人员，推进广场舞健身活动标准化、规范化、信息化建设。加大科学决策和社会舆论监督力度，努力为广场舞健身活动营造规范、有序、和谐的社会环境。

国家体育总局

2017 年 11 月 9 日

后　记

　　公共文化服务水平的发展和进步是衡量一个社会物质富裕、精神富有程度的重要标志。考察近年我国公共文化发展的态势，我们欣喜地看到，国家通过顶层设计和地方实践相结合，在加快构建公共文化服务体系建设方面不断发力、不断创新，文化软实力不断增强。同样，我们也关注到，公共文化在服务区域之间、城乡之间、人群之间，以及服务方式之间仍有较大差异，文化发展还存在着不平衡不充分的突出问题。公共文化服务均等化要通过标准化建设去推进。

　　此次编写，遵循了简洁、通俗、翔实、有用的原则，在编写角度和案例选取上，力求为基层的行政领导、从业人员提供工作思路和抓手，从而实现"学得会，用得上，有实效"的目标。多数素材包括案例，都是源于近年一线的实践经验及制度成果。

　　最后，由衷地感谢文化和旅游部公共服务司领导的信任，感谢各位前辈、同行在编写过程给予的无私指导和资料分享，感谢北师大出版社编辑的严谨工作。书中的点滴成果也是在参考并应用已有研究成果基础上完成的，虽然我可以说，倾尽了自己的努力，但仍然会有疏漏之处，诚恳地欢迎大家提出宝贵意见。

阮可

2018 年 12 月于浙江大学紫金港

图书在版编目(CIP)数据

公共文化服务标准化建设/阮可编著. —北京:北京师范大学出版社,2019.1

(全国基层文化队伍培训用书)

ISBN 978-7-303-23498-1

Ⅰ.①公… Ⅱ.①阮… Ⅲ.①公共管理—文化工作—标准化—中国—业务培训—教材 Ⅳ.①G123-62

中国版本图书馆 CIP 数据核字(2018)第 025538 号

营 销 中 心 电 话　010-58805072　58807651
北师大出版社高等教育与学术著作分社　http://xueda.bnup.com

GONGGONG WENHUA FUWU BIAOZHUNHUA JIANSHE

出版发行:北京师范大学出版社　www.bnup.com
　　　　　北京市海淀区新街口外大街 19 号
　　　　　邮政编码:100875
印　　刷:北京京师印务有限公司
经　　销:全国新华书店
开　　本:787 mm×1092 mm　1/16
印　　张:16
字　　数:350 千字
版　　次:2019 年 1 月第 1 版
印　　次:2019 年 1 月第 1 次印刷
定　　价:49.80 元

策划编辑:周　粟　　　　责任编辑:王艳平
美术编辑:王齐云　　　　装帧设计:王齐云
责任校对:陈　民　　　　责任印制:马　洁